KB206252

여리고에서 배우는
성경적 재정관리

반드시 이길 수밖에 없는 전쟁

여리고에서 배우는
성경적
재정관리

김광주 · 김의수 지음

jBFS

—

반드시 이길 수밖에 없는 전쟁

여리고에서 배우는 성경적 재정관리

JBFS(Jericho Biblical Financial Study)

—

"믿고, 돌면, 무너진다."

《여리고에서 배우는 성경적 재정관리》는 '여호수아 6장, 여리고 전쟁'을 통해 어렵고 딱딱한 성경적 재정원리를 누구나 쉽고 재미있게 이해하여 자신의 재정관리에 적용할 수 있게 하고, 여리고BFS의 재정회복 5단계와 변화 5단계로 삶의 모든 영역에서 탁월해질 수 있도록 안내합니다.

이 책은 3년 동안 집필한 초고(draft, 草稿)를 바탕으로 다양한 연령, 교회 직분과 직업을 가진 기독교인 평가단 100명의 의견을 반영하여 2017년 2월 1일 초판 1쇄를 발행하였습니다.

이후부터 수많은 교회와 단체 및 교역자와 크리스천 대상 여리고BFS 특강과 세미나를 진행했으며 그러는 동안 2019년 3월 19일 1차, 2024년 10월 1일 2차 개정을 거쳐 총 5쇄에 이르게 되었습니다.

성경적 재정관의 본질은 돈이 아닌
'샬롬(shalom, 하나님과의 화목)'이다.

이에 그가 그들을
자기 마음의 완전함으로 기르고
그의 손의 능숙함으로
그들을 지도하였도다

시편 78:72

차
례

◆1편

믿음   무엇을 믿을까?
 마인드(mind) · 전략(strategy)   051

2. 자족함의 비밀 _ 세상에 내 것은 없다

3. 드리기 _ 두 얼굴의 축복

차
례

♦ 2편

실행 | 어떻게 돌까?   **143**
실행(practice) · 전술(tactics)

차례

◆3편

경계

무너질까 조심하라!
분별(discernment)   **233**

10. 무너짐의 법칙 _ 보았고 탐냈고 가졌고 숨겼다

탁월함의 회복

방선기 목사(일터사역 미니스트리즈 대표)

재정관리에 관한 책은 수없이 많습니다. 기독교적인 관점에서 쓰인 책도 꽤 많이 있습니다. 그러나 성경적 근거를 가지면서도 실생활의 재정관리에 구체적으로 적용할 수 있는 책은 많지 않습니다.

이 책은 여호수아가 여리고성을 정복하는 여호수아서를 비유로 사용하여 크리스천들이 불편해하고 어려워하는 현실의 재정문제를 탄탄한 성경적 토대 위에 재미있게 설명하고 있습니다.

특히 이 책의 저자들은 성경적 재정교육 분야는 물론 현실의 재정관리 실무에서도 오랜 경험과 영향력을 가졌기 때문에 성경적 재정관리의 본질 위에 구체적이고 실용적인 내용들이 균형을 잃지 않고 잘 정리되어 있다는 점도 큰 장점입니다.

이 책이 재정관리에 관한 다른 도서들과 특별히 다른 점은 재정문제와 관련된 크리스천들의 궁극적인 갈등, 즉 돈이 지배하는 자본주의 사회에서 '어떻게 살아갈 것인가?'의 문제를 깊이 있게 풀어냈다는 점입니다. 크리스천들의 재정관리는 돈과 관련된 기술적인 문제에 그치지 않고 가치 있는 삶을 살기 위해 가장 중요한 요소이기 때문입니다. 그때 우리는 세상 사람들과 차별된 크리스천으로서 진정한 탁월함을 회복할 수 있습니다.

따라서 지금 당장 현실적인 재정문제로 고민하는 사람들은 물론, 맘몬이 득세하는 세상에서 크리스천답게 살기 원하고 삶의 모든 영역에서 탁월해지기를 원하는 사람들이 이 책을 통해 많은 지혜와 축복을 얻을 수 있으리라고 확신합니다.

돈보다 샬롬

우리의 삶에서 돈은 너무나 중요합니다. 예수님께서도 돈 문제를 결코 작게 여기지 않으셨습니다. 그런데도 그동안 교회에서 교인들에게 어떻게 재정관리를 해야 하는지 제대로 가르치지 못하였습니다. 솔직히 말하면 목회자 스스로 이것을 가르치기에 자신이 없었고 다른 사람들에게 가르칠 수 있을 만한 교인도 찾기 힘들었기 때문이었습니다.

이 책의 핵심은 성경적 재정관의 본질은 돈의 문제가 아닌 하나님과의 관계, '샬롬'이라는 것입니다. 그러나 우리가 샬롬의 축복을 온전히 누리려면 돈과의 전쟁에서 반드시 승리해야 합니다. 또한 그 전쟁은 이스라엘이 여리고성을 정복한 것처럼, 너무나 쉽고 반드시 이길 수밖에 없는 전쟁입니다. 이 거룩한 전쟁을 돈과 소유에 관한 하나님의 말씀 위에 현실의 재정관리 분야에서 오랫동안 쌓아온 저자들의 경험을 토대로 실생활에 쉽게 적용할 수 있게 만들어져 참 좋았습니다.

하나님이 원하는 경제적 자유는 돈의 많고 적음이 아닙니다. '천지에 있는 모든 것이 다 하나님의 것'이기 때문입니다. 이것을 늘 기억하여야 두 주인을 섬기는 실수에서 벗어날 수 있습니다.

하나님께 재정의 복을 갈망하는 교인도 있고 돈 벌고 저축하는 것을 하나님의 말씀에 어긋난다고 생각하는 사람도 있습니다. 이 책으로 그러한 갈등들이 잘 해결될 수 있으리라 생각합니다.

우리의 샬롬은 더 많은 돈이 아닌 자족에서 비롯됩니다. (빌립보서 4:11-12)

추천의 글   13

따라서 당장의 현실이 혹은 비천에 혹은 풍부에 처했더라도 상관없이 다만 우리가 하나님 안에 있기만 하면 됩니다. 우리의 연봉은 '일용할 양식'일 뿐이지만 대신 우리는 평안, 즉 샬롬을 약속받았기 때문입니다.

이 책을 읽는 모든 이가 재정에 대한 하나님의 놀라운 계획을 발견할 수 있기를 축복합니다.

이 책은 혼란, 혼탁, 혼합, 혼동의 재정원칙으로 몸살을 앓고 있는 기독교인들에게 위로부터 내려온 하나님의 '신선한 충격'과 같은 선물이다. 하나님의 경제에 대한 이해를 바탕으로 세상의 경제를 바라보고 적용하는 노력이 필요하다는 저자들의 생각에 너무 기뻤다. 맘몬과의 전쟁을 위해 선포한 '여리고성 전쟁'에도 적극 참여하고 싶다. 적극 추천한다.

임종표(PCK 동아프리카 선교사)

한국 교회를 위협하는 최대의 적은 맘몬이즘(Mammonism)이다. 돈과 소유에 대한 성경적 가르침은 배웠지만 적용하는 방법은 배우지 못했기 때문이다. 이 책은 '여리고성 전쟁'이라는 스펙터클하고 통쾌한 전쟁 이야기를 바탕으로 한국 교회를 위협하는 맘몬을 이기는 실용적인 무기로 가득 찼다. 모든 교역자와 성도의 필독서로 강추한다.

전경호 목사(다음세대코칭센터 대표)

성경적 재정교육에서 아쉬웠던 부분이 말끔히 해소되었다. 이 책을 읽는 사람들이 우리 앞의 여리고 전쟁을 승리로 이끄는 전투력인 성경적 재정원리를 쉽게 이해하고 현실에 적용하여 우리의 샬롬을 가로막는 여리고성을 완전히 무너뜨릴 수 있으면 좋겠다.

신이철(한국크라운재정사역 대표)

재정과 돈의 문제는 경제와 경영학의 주제를 넘어 성경과 신학의 핵심 주제 가운데 하나이다. 이 책은 여리고 전쟁을 도구로 사용하여 기독교인에게 돈의 문제를 돌아가지 않고 직면케 한다. 믿음의 답은 문제를 직시할 때 시작되는 법이다.

김종일 목사(동네작은교회 담임 / 교회개척학교 숲 대표코치)

티테디오스(Titedios)

초기교회 성도들은 서로의 이름 앞에 '티테디오스(Titedios)'라는 애칭을 붙여 부르는 것을 즐겼다고 합니다. 예를 들어 '티테디오스 요한', '티테디오스 바울' 이렇게 말입니다. 여기서 '티테디오스'는 '결코 염려하지 않는 사람'을 뜻합니다. 비록 시대는 다르지만 그때도 오늘날같이 부의 양극화가 심했기 때문에 서민들의 하루는 걱정과 염려가 일상이었습니다. 그런데 예수님을 만나고부터 그들은 '결코 염려하지 않는 사람'으로 완전히 바뀌었고 그것을 스스로 혹은 서로를 축복하기 위해 이름 앞에 '티테디오스'를 붙였다고 합니다.

그런데 오늘을 살아가는 우리가 가장 많이 염려하는 것은 무엇일까요? 다른 문제들도 있겠지만 그 가운데 돈을 떼어놓을 수는 없습니다. 물론 하나님도 우리의 염려가 어디서 오는지 아십니다. 그래서 성경에는 창세기부터 요한계시록에 이르기까지 돈과 소유에 대한 말씀이 2,350구절 이상 있으며 이는 성경 전체의 8%가 넘는 분량으로 알려져 있습니다. 또한 예수님의 비유말씀 36개 가운데 16개가 재정에 관한 이야기라고 합니다(한국크라운재정사역 교재). 누구를 위하여? 바로 우리를 위하여 말입니다.

성경에서 돈의 문제는 크게 세 영역으로 구분할 수 있습니다. 첫째는 물질에 대한 기독교인의 가치관을 뜻하는 성경적 재정관, 둘째는 돈과 소유에 관한 하나님의 말씀인 성경적 재정원리, 마지막 셋째는 성경적 재정원리를 우리의 일상에 적용하는 성경적 재정관리입니다.

성경적 재정관은 하나님께서 우리 각자에게 허락하신 물질을 어떻게 이해하고 관리해야 하는지에 대한 근본으로, 세상의 법에 비교하면 헌법과 같습니다. 또한 성경적 재정원리는 우리 각자에게 주신 물질을 성경적 재정관에 따라 어떻게 관리하고 사용해야 하는지에 대한 원칙으로 설명할 수 있습니다. 세상의 법에 비교하면 법률과 같습니다. 마지막으로 성경적 재정원리를 우리의 일상에 적용하는 방법을 뜻하는 성경적 재정관리는 세상의 법에 비교하면 시행령이나 시행규칙과 같습니다.

여기서 중요한 것은 이들 세 영역이 마치 톱니바퀴처럼 유기적으로 결합해야 한다는 점입니다. 세상의 법도 마찬가지입니다. 시행령과 시행규칙은 해당 법률 속에서 구현되어야 하고 해당 법률은 헌법을 위배하지 않아야 합니다. 그러나 안타깝게도 성경적 재정관과 재정원리, 그리고 성경적 재정관리는 그렇지 못한 경우가 많습니다. 이렇게 된 원인은 성경적 재정관과 재정원리는 주로 성경과 말씀을 통해 이해하고 배우지만 성경적 재정관리는 일상의 삶 가운데 실천적이고 구체적인 행위를 통해 나타나기 때문입니다. 즉, 전자는 영성의 영역이지만 후자는 행위의 영역입니다. 물론 성령 충만한 영성이 행위를 이끌지만 때로는 행위가 영성을 구축하기도 합니다. 그러나 영성을 우선할 수밖에 없는 교회의 역할로 인해 성도들의 현실적인 재정관리가 영성과 유리되어 세상의 재테크에 휘둘려왔던 것도 사실입니다. 그 결과 기독교인은 재테크를 잘 못합니다. 설령 재테크를 잘해도 믿음을 의심받는 경우도 있습니다. 그러나 우리가 알아야 하는 것은 세상의 모든 재테크 원리가 성경에서 비롯되었다는 사실입니다.

> 땅은 너로 말미암아 저주를 받고 너는 네 평생에 수고하여야 그 소산을 먹으리라 땅이 네게 가시덤불과 엉겅퀴를 낼 것이라 (창세기 3:17-18)

여기서 우리는 놀라운 사실을 발견하게 됩니다. 하나님께서 아담 부부에게 땅, 즉 토지와 함께 '평생의 수고'라고 표현하신 노동과 그로 인한 소산인 자본을 주셨습니다. 그런데 토지, 자본, 노동은 경제학에서 자본주의의 세 가지 요소로 규정되어 있습니다. 즉, 자본주의는 하나님의 선물입니다.

자본주의가 하나님의 선물이라는 사실은 역사적으로도 증명할 수 있습니다. 예컨대 자본주의의 모순에 반하여 등장한 사회주의와 공산주의는 언제, 누구에 의해 주장되고 탄생되었는지에 대한 역사적 사실을 확인할 수 있습니다만 정작 그들이 극복해야 한다고 한 자본주의, 또한 우리가 살아가는 자본주의가 언제, 누구에 의해 만들어졌는지에 대한 역사적 기록은 없습니다. 그것은 최초의 인간인 아담 부부가 에덴동산에서 쫓겨난 때로부터 시작되었기 때문입니다. 동시에 하나님은 가시덤불과 엉겅퀴로 상징되는 자본주의의 본질적인 모순도 정확하게 선포하였습니다. 정말 신비롭지 않습니까?

따라서 성경적 재정관리는 세상에서 '재테크'라는 이름으로 유혹하는 온갖 것, 예컨대 재테크의 마법이라고 부르는 복리는 물론 자본주의 그 자체가 하나님의 선물이라는 사실을 알고 성경에 기록된 원리들을 현실의 삶에 적용할 수 있다면 얼마나 놀라운 결과를 얻을 수 있는

티테디오스(Titedios)

지 확인하는 과정이기도 합니다. 이처럼 성경적 재정관리는 돈을 벌고 불리며 쓰는 것에 관한 하나님의 말씀을 일상에 적용하고 습관으로 만드는 과정이라 설명할 수 있습니다. 참고로 감리교 창시자인 웨슬리 목사는 1948년의 설교에서 기독교인의 경제생활에 대한 세 가지 규칙으로 '가능한 한 많이 벌어라', '가능한 한 많이 저축해라', '가능한 한 많이 나누어라'라는 메시지를 남겼는데 이것은 성경적 재정원리를 가장 단순하고 명확하게 정의한 것이 아닐까 생각합니다.

특히 아담 부부에게 땅과 함께 가시덤불과 엉겅퀴를 주셨던 것처럼 우리의 삶을 위해 만들어주신 각종 제도에 깃든 사탄의 간계를 분별하는 것은 성경적 재정관리에서 매우 중요합니다. 즉, 성경적으로 돈을 관리한다는 것의 핵심은 믿음과 분별의 영역을 잘 이해하고 적용하는 것입니다. 예컨대 선지자 엘리야의 제자가 죽고 난 다음 그의 남겨진 가족이 빚쟁이들에게 핍박받게 된 것(열왕기하 4:1)은 그 제자의 믿음이 부족해서가 아니라 돈을 다루는 방법, 즉 분별이 부족했기 때문입니다. 이 같은 현실은 성경적 재정관리가 주님의 몸 된 교회와의 협력은 물론 하나님 보시기에 좋은 신앙생활을 통해 완성될 수밖에 없는 이유임과 동시에, 기독교인들은 자본주의의 본질적인 모순을 극복하기 위해 누구보다 앞장서야 할 책임이 있다는 것을 뜻합니다. 왜냐하면 자본주의는 최초의 사람, 아담 부부의 원죄로 인해 생겨났기 때문입니다.

그런데 여기서 궁금한 점이 있습니다. 하나님은 왜 아담 부부를 살려주셨을까요? 하나님은 분명히 선악과의 열매를 먹으면 "반드시 죽으리라"(창세기 2:17) 말씀하셨습니다. 그 이유는 에덴동산에서 살았던 그들의 일상에서 찾을 수 있습니다. 놀라운 것은 우리가 지상낙원이라 생각하는 에덴동산에도 없는 것이 너무 많았다는 사실입니다. 예컨대 살아가는 데 필요한 모든 것이 완벽하게 공급되었으니 일용할 양식을 위해 염려하고 수고할 필요가 없었습니다. 또한 환난과 질병도 없었으니 불행도 없었으며 따라서 행복이 무엇인지도 몰랐습니다. 아담 부부에게는 그 모든 것이 당연했습니다. 따라서 그들은 기도할 필요도 감사할 이유도 없었으며 오히려 그 이상의 것을 바라는 탐욕에 사로잡혀 분별의 능력조차 없었습니다. 아담 부부가 너무나 쉽게 뱀의 유혹에 빠진 이유였지요. 이것은 아담형 인간, 즉 아무런 부족함 없이 성장한 자녀가 사회적으로 성숙하지 못해 부모의 마음을 아프게 하는 경우와도 같습니다. 어쩌면 하나님도 같은 마음이 아니었을까 생각해 봅니다. 하나님을 의지하고 항상 기도하며 감사하는 자녀로 살게 하려고 땅과 함께 가시덤불과 엉겅퀴를 주시지 않았을까요? 모든 것을 주었으나 감사와 기도가 없는 아담형 인간이 아니라 광야 40년의 고난 속에서도 기도와 감사로 하나님을 증거했던 여호수아형 인간이 되기를 바라는 진정한 사랑이 아니었을까요?

그렇다고 오해하지 않으면 좋겠습니다. 하나님께서 우리를 위하여 기록해 놓은 성경적 재정원리의 목적은 세상의 재테크처럼 우리의 통장을 다른 사람들보다 훨씬 빵빵하게 채우는 것이 아닙니다.

우리가 알거니와 하나님을 사랑하는 자 곧 그의 뜻대로 부르심을 입은 자들에게는 모든 것이 합력하여 선을 이루느니라 (로마서 8:28)

아시다시피 복음의 속살은 사랑입니다. 또한 사랑은 우리 이웃은 물론 우리가 속한 공동체 안에서의 협력을 통해 구체화됩니다. 그렇다면 우리의 선한 협력을 위해 각자에게 주신 무기는 무엇일까요?

> 오직 주께서 각 사람에게 나눠 주신 대로 하나님이 각 사람을 부르신 그대로 행하라 내가 모든 교회에서 이와 같이 명하노라 (고린도전서 7:17)

맞습니다. 하나님께서 우리에게 먼저 주신 것은 돈이 아닌 은사입니다. 그래서 하나님은 "자기 일에 즐거워하는 것보다 더 나은 것이 없"(전도서 3:22)다고 말씀하시며 각자가 받은 은사들로 서로의 필요를 채워 복음의 속살인 사랑을 완성하기를 원하십니다. 물론 어떤 이는 물질의 은사로 부르심을 받기도 합니다. 그러나 모든 사람을 그렇게 부르신 것은 아닙니다. 그래서 우리는 돈을 잘 벌고 불리는 사람을 일컬어 무심코 '능력자'라 표현하는 것을 경계해야 합니다. 그 순간 물질이 아닌 다른 은사로 부르심을 받은 사람은 '무능력자'로 전락될 수 있으며 그것은 세상과 맘몬이 원하는 것입니다. 따라서 물질의 은사를 받았다고 생각하면 오히려 "주님, 왜 하필이면 저입니까?"라는 질문을 되뇌며 하나님께서 나에게 기대하실 것들을 기쁘게 행하는 선한 협력으로 답해야 하지 않을까 생각합니다.

그렇습니다. 성경적 재정관리의 목적은 누구나 통장을 빵빵하게 채우는 것이 아니라 성경적 재정원리에 따라 관리하면 돈 걱정 없이 우리를 부르신 은사에 집중할 수 있을 뿐만 아니라 하나님의 능력을 덧입어 각자 받은 은사에 탁월함을 더하여 서로의 선한 협력으로 사랑을 실천하는 삶을 살게 하는 것입니다. 그 결과 누구나 '티테디오스'를 외치며 부르심에 응답하는 삶으로 하나님을 증거할 수 있다고 믿습니다.

교회에서 자주 인용하는 포도원 주인의 예화(마태복음 20:1-16)에서도 성경적 재정관이 무엇인지 생각해 볼 수 있습니다. 예컨대 포도원의 주인이 불러 모은 일꾼들이 주인으로부터 품삯으로 받은 한 데나리온에 대한 생각은 달랐지만, 틀림없는 사실은 일꾼들의 품삯을 정하는 이는 일꾼이 아니라 포도원 주인이라는 것입니다. 더 중요한 것은 공평하지 않다고 불평하는 일꾼이나 감히 생각도 못 했던 품삯을 받아 들고 기뻐하는 일꾼 모두 하나님 나라의 백성이라는 사실입니다.

성경적 재정관리 역시 하나님께로부터 받은 물질을 어떻게 이해하고 일상의 재정관리에 어떻게 적용할 것인가에 대한 각자의 생각은 다를 수 있지만, 모든 것이 하나님의 것이라는 진리를 잊지 않는다면 그 때와 과정만 다를 뿐 누구나 하나님의 뜻 안에서 맡겨주신 재정을 잘 관리할 수 있다고 생각합니다. 왜냐하면 우리는 모두 하나님 나라의 백성이기 때문이며 성경적 재정관리를 배우기에 힘써야 하는 이유도 하나님 나라의 백성답게 살기 위함이기 때문입니다. 그렇게 생각하면 부자가 천국에 가는 것이 낙타가 바늘귀를 통과하는 것보다 더 어렵다고 하신 말씀도 부자라고 해서 절대로 천국에 가지 못한다는 것이 아니라 오직 하나님만이 부자를 천국에 갈 수 있게 한다는 뜻으로 이해할 수 있지 않을까 생각합니다. 마찬가지로 부자가 쌓아놓은 재물을 아무 소용 없게 만드는 이도 하나님입니다.

하나님은 이르시되 어리석은 자여 오늘 밤에 네 영혼을 도로 찾으리니 그러면 네 준비한 것이 누구의 것이 되겠느냐 하셨으니 (누가복음 12:20)

따라서 성경적 재정관과 재정원리의 명확한 목적은 우리 각자에게

티테디오스(Titedios)

맡겨주신 물질을 하나님의 뜻에 따라 관리하고 쓰는 것이 핵심이라고 생각합니다. 그렇습니다. 누구나 돈 걱정 없이 사는 것이 아니라 각자의 형편이 어떠하든 믿음으로 내일을 소망하며 하나님의 뜻 안에서 어떻게 돈을 관리하고 써야 하는지를 함께 나누어 각자의 현실에 적용하는 것입니다. 그 결과 하나님의 능력을 덧입어 일상의 모든 영역에서 탁월함을 회복하고 하나님을 증거하는 삶을 살아갈 수 있다고 믿습니다.

이 책의 저자들은 지난 20년 이상을 재정 컨설턴트로 일해오는 동안 오래전부터 (사)한국크라운재정사역을 비롯한 성경적 재정사역 관련 활동을 통해 하나님과의 화목, 샬롬의 축복에 눈뜨게 되었습니다. 이후 극동방송을 비롯한 다양한 기독교 방송과 교회 등에서 기독교인의 현실적인 재정 고민을 나누어왔습니다. 그런 시간을 통해 많은 기독교인이 성경적 재정관을 일상의 재정관리에 적용하는 데 어려움을 겪고 있고, 심지어 세상의 재테크에 휘둘리며 살아가고 있다는 사실을 알게 되었습니다.

그것은 두 가지 이유 때문이라고 생각합니다.

첫 번째는 성경적 재정에 관한 교재로 미국을 비롯한 글로벌 사역 단체에서 출간한 책을 많이 사용하는 현실입니다. 그러나 미국과 한국은 자본주의에 대한 경험을 포함한 경제와 사회, 문화 등 거시적인 환경은 물론 세금, 대출, 금융시장의 특성, 개인의 가처분소득을 관리하는 방법 등 재정관리에 실질적인 영향을 미치는 구체적인 환경이 매우 다릅니다. 심지어 우리는 일제강점기를 거치면서 미국의 자본주의가 일본을 거쳐 이식되다 보니 돈을 관리하는 수단의 선택도 크게 차이 납니다.

두 번째는 성경적 재정관리에 관한 교재 대부분이 영성, 예컨대 돈과 소유에 관한 말씀인 성경적 재정원리에 치중하여 그것을 우리 일상에 구체적으로 적용하는 데 한계가 있다는 사실입니다. 그 결과 세상의 '재테크'에 휘둘리는 경우가 많습니다. 이는 영성 중심의 성경적 재정관과 성경적 재정원리와는 달리 현실의 재정관리에 적용하는 데 필요한 성경적 재정관리에 대한 교육이 사실상 없었기 때문입니다.

　그러한 한계를 접하면서 어느 순간부터 돈과 소유에 관한 하나님의 말씀들을 누구나 쉽고 재미있게 이해할 뿐만 아니라 각자가 처한 현실을 바탕으로 자신의 재정관리에 구체적으로 적용할 수 있는 교재가 있으면 좋겠다는 기도가 이 책의 집필로 이어졌습니다.

　2017년 초판이 발행된 이후 지금까지 하나님의 말씀과 세상의 현실 사이에서 재정문제로 갈등하는 기독교인은 물론 수많은 목회자가 공감과 응원을 보내주셨으며 교회들은 성경적 재정관리가 성도들의 실생활에 스며들 수 있도록 JBFS특강과 세미나를 개설해 주었습니다. 이 모든 과정 하나하나가 기적이었으며 우리가 하나님의 능력을 덧입지 않으면 보잘것없는 작은 것 하나라도 해낼 수 없는 존재임을 확인하는 시간이었습니다.

　참고로 이 책에 인용된 성경말씀과 해석은 성경적 재정원리를 일상에 적용하기 위한 목적이 앞서다 보니 영성의 기준으로 보면 저자들의 근본적인 한계에 더하여 턱없이 부족할 수 있음을 미리 밝힙니다. 또한 이것은 성경적 재정관리가 주님의 몸 된 교회와의 협력은 물론 하나님 보시기에 좋은 신앙생활과 함께 완성될 수밖에 없는 이유이기도 합니다. 그 결과 단순히 돈의 문제를 해결하는 것에 그치지 않고 우리를 향한 하나님의 탄식(누가복음 16:8)에 응답하는 마음으로 하나님과 더욱 화목할 수 있으리라 생각하며 그 축복의 여정을 마치는 순간, 우리 앞의 맘몬의 견고한 성은 마치 여리고성처럼 단박에 무너질 것이라고 믿습니다.

끝으로, 책의 기획과 출간에서부터 개정2판에 이르기까지 '반드시 이길 수밖에 없는 전쟁', 여리고BFS에 함께해 주신 모든 분께 감사와 존귀를 올려드립니다. 아무쪼록 이 책이 우리 모두의 선한 전쟁을 승리로 이끄는 데 조금이라도 유익한 도구가 되기를 간절히 바라며 기도합니다.

'티테디오스(Titedios)', 당신을 축복합니다.

2024년 10월 1일
언제나 주님 안에서
JBFS 김광주, 김의수

돈은 성경적 재정관의
본질이 아니다

"지금, '샬롬'하신가요?"

평안을 뜻하는 '샬롬(shalom)'은 '기쁘다' '즐겁다' '힘들다' '아프다' '괴롭다' 등과 같은 육체적 상태 혹은 외부환경과의 관계에서 비롯된 감정으로부터의 평안만을 뜻하지 않는다.

만약 그랬다면 "험악한 세월을 보냈다"(창세기 47:9)는 야곱의 고백, "숱한 매질과 옥살이"(고린도후서 11:23)를 해야 했던 바울, 심지어 "이 잔을 내게서 옮기시옵소서"(마가복음 14:36)라며 두렵고 약한 인간의 괴로움을 토해내었던 예수님조차 '샬롬'했다 말할 수 없기 때문이다. '샬롬'은 육체나 세상이 아닌 먼저 하나님과의 관계에서 비롯되는 감정 상태의 지배를 받는다.

우리는 하나님과의 관계에서 기쁘거나 즐거운 감정에 충만하기도 하지만 때로는 '부끄럽다' '두렵다'처럼 하나님의 시선을 피하고 싶은 감정 상태에 빠질 때도 있다. 그러나 '샬롬'은 지금의 내 모습이 어떠하든 상관없이 하나님께서 언제나 나와 함께하신다는 확신과 믿음으로 말미암아 영적으로 화목한 상태, 즉 하나님과의 평화를 뜻한다.

그렇다면 샬롬을 온전히 누릴 수 있는 사람은 누구일까?

욥기의 주인공과 같이 그 누구도 하나님의 시험을 완벽하게 통과하지 못한다. 오히려 주님은 "감히 눈을 들어 하늘을 쳐다보지도 못하고 다만 가슴을 치며 이르되 하나님이여 불쌍히 여기소서 나는 죄인이로소이다"(누가복음 18:13)라고 고백하는 세리를 더 의롭다 말씀하신다.

따라서 아무리 즐겁고 풍족하더라도 그것이 하나님과의 관계에서가 아닌 세상 것들과의 관계에서 화목한 사람을 '샬롬'하다고 말할 수는 없다. 그래서 '샬롬'은 누구나 쉽게 가질 수 있는 평화가 아니다. 그래서일까? 우리 주변에 이렇게 말하는 사람이 점점 많아지고 있다.

"정직하게 돈 벌기가 너무 힘들어요. 내가 나쁜 사람일까요?"
"빚을 갚고 나면 생활비도 부족해요. 그래도 십일조는 꼭 해야 하나요?"

그러나 돈은 성경적 재정관의 본질이 아니다. 천지에 있는 모든 것의 주인이신 하나님께서 그깟, 돈 때문에 우리에게 말씀하실 이유가 없기 때문이다. 물론 하나님은 우리에게 정직을 원하시고 본래 하나님의 것을 기쁨으로 되돌려 받기를 바라시지만 돈보다 앞서 '샬롬'하기를 원하신다.

하나님은 분명 우리의 가난을 원치 않으신다. 성경 그 어디에도 그런 말씀은 없다. 오히려 부자가 되기를 바라신다. 이스라엘을 향한 하나님의 축복에 재물에 대한 풍요가 빠지지 않고 등장하는 이유다. 또한, 게으른 사람을 꾸짖으며 얼른 일어나라 재촉하고 개미에게 배울 것을 강권(잠언 6:6, 9)하신다. 그래야 부자가 될 수 있다. 오랫동안 주인을 속인 죄로 해고를 통보받은 종의 '부도덕한 지혜를 도리어 칭찬'(누가복음 16:8)하며 신실한 종이었던 남편이 남기고 간 빚에 허덕여 아들들까지 뺏기게 된 과부에겐 "모든 이웃에게 빈 그릇을 빌리되 조금 빌리지 말라"(열왕기하 4:3)고 말한다. 기왕에 할 거면 최선을 다해 열심히 하라는 것이다. 가난에서 탈출하라는 것이다. 부자가 되라는 것이다.

그러면서도 하나님은 부자들을 매우 걱정하시면서 제자들에게 "그들은 풍족한 중에서 넣었거니와 이 과부는 가난한 중에서 자기의 모든 소유를 전부 넣었다"(마가복음 12:44)고 이르시며 그들의 드리기조차 폄하하신다. 그렇다면 우리의 가난을 원치 않고 부자 되기 바라시는 하나님께서 이처럼 부자를 탐탁지 않게 생각하는 이유는 무엇일까?

'샬롬'이다. 먼저 하나님과 화목하기를 원하신다. 한 손에 돈을 움켜쥔 채 나머지 다른 한 손으로 주님의 옷자락을 만질 수 없기 때문이다. 즉, 하나님은 우리의 부요를 싫어하는 것이 아니라 그것을 어떻게 사용하는가를 바라보는 것이다. 예컨대 예수님은 게으르고 도덕과 윤리조차 의심되는 "먹보와 술꾼, 세리와 죄인을 친구"(마태복음 11:19)로 삼았다. 그것은 우리의 부요가 향해야 할 방향을 나타낸다고 생각한다. 즉 "그중의 제일은 사랑이라"(고린도전서 13:13)고 하신 것처럼 우리의 부요가 구원의 도구로 사용되기를 원하신다. 그때 우리는 하나님과 온전히 화목할 수 있기 때문이다.

그렇다면 우리가 하나님과 화목할 때 어떤 일이 생겨날까? 여러 가지 열매를 맺을 수 있겠지만 그 가운데 단연코 '탁월함'이라 생각한다.

이에 그가 그들을 자기 마음의 완전함으로 기르고 그의 손의 능숙함으로 그들을 지도하였도다 (시편 78:72)

다윗의 마음이 완전하다는 것은 하나님과 온전히 화목함을 뜻하고 손의 능숙함은 그로 인한 하나님의 능력, 곧 탁월함이기 때문이다. 즉, 우리는 탁월함으로 세상에서 하나님을 더욱 증거할 수 있다. 그러나 우리는 약하기 때문에 시험에 들지 않을 정도의 적당한 물질이 필요하다고 생각할 수 있다. 동의한다. 문제는 '적당한'에 대한 기준이다. 우리가 돈의 문제에 시달리는 것도 그 때문이다. '적당한'의 기준은 돈의 많고 적음이 아니라 하나님과 나의 관계에서 결정되기 때문이다.

한 사람이 두 주인을 섬기지 못할 것이니 혹 이를 미워하고 저를 사랑하거나 혹 이를 중히 여기고 저를 경히 여김이라 너희가 하나님과 재물을 겸하여 섬기지 못하느니라 (마태복음 6:24)

여기서 우리는 두 가지를 이해할 수 있다.

첫째는 하나님 외 다른 주인, 즉 재물을 동시에 섬기지 말라고 하셨지 부자가 되지 말라고 하지는 않으셨다. 이는 돈보다, 돈을 벌고 관리하는 과정에서 돈이 주인의 자리를 차지하지 않아야 한다는 말씀으로 이해한다. 예컨대 돈을 적게 벌고 가졌어도 나누는 사람이 있고 많게 벌고 가졌어도 나누지 못하는 사람이 있다. 우리 안의 비교와 탐욕 역시 두 주인일 수 있다. 그래서 창세기 3장 18절의 말씀 가운데 가시덤불

PROLOGUE

과 엉겅퀴는, 돈을 잘 다스리지 못하면 그 마음에 가시덤불과 엉겅퀴가 생기고 자라 하나님에게서 멀어지고 마침내 불행해질 수 있다는 것을 경계하는 말씀이기도 하다.

둘째는 양자택일이 아닌 순서의 문제라는 점이다. 즉 재물을 먼저 섬기면 당연히 하나님은 보이지 않고 하나님의 능력을 덧입어 탁월해 질 수도 있다. 그러나 하나님을 먼저 섬기면 나를 불러주신 달란트에 능력을 부어주실 뿐만 아니라 필요한 물질도 공급해 주신다. 이른바, '원 플러스 원'인 셈이다. 특히 재물에 대한 관심이 다른 사람과의 관계, 즉 비교에서 비롯되었다면 더 큰 문제가 될 수 있다. 만족이 없는 비교 는 '적당히' 포장된 탐욕의 다른 이름이기 때문이다. 그러는 동안 우리 는 하나님과의 화목에서 점점 멀어진다.

흔히들 번영신학, 즉 하나님의 축복을 단순히 부의 획득이나 사회적 성공 그리고 개인의 건강에 연결하면서 결과적으로 번영은 믿음에 대 한 보상이지만 가난과 고난은 불신앙과 죄의 증거라고 말하는 사람들 의 한계 역시 하나님과의 화목에서 찾을 수 있다. 예컨대 그들은 성경 에 기록된 수많은 말씀을 하나님과 나의 관계가 아니라 돈으로 연결하 여 해석하기를 즐긴다.

"내게 능력 주시는 자 안에서 내가 모든 것을 할 수 있느니라"(빌립 보서 4:13)는 부자가 되려고 마음만 먹으면 능히 못 할 것이 없다는 뜻으 로, "내가 온 것은 양으로 생명을 얻게 하고 더 풍성히 얻게 하려는 것 이라"(요한복음 10:10)는 주님이 우리를 경제적으로 풍요롭게 하려고 오셨다는 뜻으로 설명한다. 심지어 '타국 떠나는 주인이 세 명의 종에게 각각 맡긴 달란트를 밑천 삼아 두 배로 불린 종들은 크게 칭찬했지만 한 달란트를 땅에 숨겨놓았다가 내어놓은 다른 종은 집 밖으로 내친 이야기'(마태복음 25:14-30)를 우리가 재테크에 힘써야 하는 이유로 설명하기도 한다.

그러나 천지에 있는 모든 것의 주인이신 하나님께서 단순히 재테크에 실패했다고 지옥으로 내치실 만큼 옹졸하거나 인색하지는 않다. 또한, 비유와 은유를 즐겨 쓰시는 예수님께서 돈을 단지 치부수단으로 말씀하신다는 생각 자체가 번영신학의 천박함을 증명한다.

특히 번영신학의 가장 큰 오류는 우리가 하나님과 화목해야 하는 이유와 목적이 마치 돈인 것처럼 오해하게 만든다는 점이다. 그러나 세상의 어느 누가 다른 사람의 돈벌이를 위해 자기 아들을 내어주겠는가? 그런데 하물며 하나님일까? 심지어 하나님과의 화목은 돈으로 살 수 있는 물건도 아니다. 돈을 포함하여 천지에 있는 모든 것의 주인이신 하나님은 아무 부족이 없는 분이기 때문이다.

마찬가지로 시중에 범람하는 유대인들의 재정관에 대해서도 되돌아볼 필요가 있다. 전 세계의 금융자본을 지배하면서 소위 '신자유주의*'

---

* 신자유주의(新自由主義, neoliberalism)
국가권력의 시장개입을 비판하고 시장의 기능과 민간의 자유로운 활동을 중시하는 이론. 1970년대부터 경제적 자유 방임주의를 주장하면서 본격적으로 대두되었다. 신자유주의는 자유시장과 규제완화, 재산권을 중시한다. 이른바 '세계화'나 '자유화'라는 용어도 신자유주의의 산물이다. 자유 방임경제를 지향함으로써 비능률을 해소하고 경쟁시장의 효율성 및 국가 경쟁력을 강화하는 긍정적 효과가 있는 반면, 불황과 실업, 그로 인한 빈부격차 확대 등의 부정적인 측면도 있다.

를 선동하는 미국의 월가, 그 가운데 금융 마피아로 일컬어지기도 하는 중심세력이 거의 유대인이라는 사실은 잘 알려져 있다. 또한, 신자유주의가 신앙적으로는 번영신학에 치우쳐 있다는 것을 생각할 때 유대인의 율법서인 탈무드, 그 가운데 특히 유대인의 재정관을 마치 하나님의 재정관과 동일시하거나 오히려 앞세우는 현상을 경계해야 한다. 그것은 성경적 재정원리에 대한 이해가 부족하거나 겉으로는 월가의 탐욕을 비난하면서 속으로는 추종하기 원하는 세력일 수도 있기 때문이다.

사랑을 선택할까?
징계의 늪에서 헤맬까?

성경적 재정관과 재정원리를 일상의 재정관리에 구체적으로 적용하다 보면 딱 한 가지로 규정하기 힘든 모호함과 복잡성이 있다. 예컨대 똑같은 양의 물질이 주어졌을 때 그것을 자신에 대한 상급으로 생각하는 사람도 있고 힘든 이웃을 섬기라는 뜻으로 생각하는 사람도 있다. 그러나 어떤 생각이 옳다기보다 오히려 한 가지 답에서 벗어나야 한다고 생각한다. 그 누구도 하나님 앞에서 완벽할 수 없기 때문이다.

성경적 재정관을 이야기할 때 가장 많이 인용하는 '자족'도 마찬가지다. 경제적인 형편이 넉넉한 사람 혹은 정반대의 사람에게 자족이란 단어가 동일하게 느껴질 수 있을까? 어떤 이에게는 자족이 은근한 자랑일 수 있으나 다른 이에겐 자족이 강요된 상처가 되는 경우는 없을까? 이것은 똑같은 양의 물질이 주어졌을 때 각자의 생각이 다를 수 있다는 것과 마찬가지다.

그래서 자족이란, 구체적인 행위가 모든 사람에게 동일하기보다 때로는 넘어지고 그래서 깨어지더라도 매일매일 수없이 솟구쳐 오르는 나의 욕망을 하나님의 뜻 안에서 이해하고 적용하기에 힘쓰면서 결국은 하나님의 권세에 복종하는 일상이 기쁨이 되는 과정을 뜻하는 것이 아닐까 생각한다.

성경적 재정관리 역시 물질에 대한 두 가지 관점, 즉 자기 명의로 된 모든 종류의 물질을 소유 또는 위탁(맡겨주심)이라는 상반된 관점에서 해석하고 적용하는 것에서부터 시작된다. 예컨대 창세기 3장 17절의 "너는 네 평생에 수고하여야 그 **소산**을 먹으리라(through painful toil you will eat of **it** all the days of your life)"는 말씀에서 '소산(it)'이라는 단어가 소유인지 위탁인지를 분별하는 것이 중요하다. 어느 것을 선택하느냐에 따라 하나님과의 관계가 달라지기 때문이다. 예수님의 제자 되기 원하는 부자 청년에게 예수님은 이렇게 말씀하셨다.

> 가서 네게 **있는 것**을 다 팔아 가난한 자들에게 주라 그리하면 하늘에서 보화가 네게 있으리라 그리고 와서 나를 따르라
>
> Go, sell everything you **have** and give to the poor, and you will have treasure in heaven. Then come, follow me. (마가복음 10:21)

한글성경에서 번역된 '있는 것'과 영문성경의 'have'를 단순하게 해석하면 그 청년의 '소유'를 뜻하는지 '맡겨주신 것'인지 명확하지 않지만, 이어지는 22절의 말씀을 보면 소유를 뜻한다는 것이 명확하다.

> 그 사람은 재물이 많은 고로 이 말씀으로 인하여 슬픈 기색을 띠고 근심하며 가니라

부자 청년은 자신에게 주어진 물질을 자신의 것, 즉 소유로 생각했

고 그것으로 예수님과의 관계는 끝났다.

반대로 광야의 이스라엘 백성들을 만나로 먹이신 사건인 출애굽기 16장 16절의 말씀을 생각해 보자.

> 너희 각 사람은 먹을 만큼만 이것을 거둘지니 곧 너희 사람 수효대로 한 사람에 한 오멜씩 거두되 각 사람이 그의 장막에 있는 자들을 위하여 거둘지니라 하셨느니

즉, 각자 먹을 만큼만 가지되 그 이상의 것은 그의 장막에 있는 다른 사람들을 위한 것임을 명확히 하셨다. 여기서 우리는 '청지기'라는 단어를 생산할 수 있다. 나의 소유는 내가 먹고 마시며 생활할 수 있는 만큼이며 그 이상의 것은 다른 사람들을 위해 나에게 맡겨주신 것이다.

이것은 하나님께서 우리가 지나친 소유욕에서 비롯되는 탐욕의 노예가 되어 예수님을 떠난 부자 청년의 삶이 아니라 하나님과의 화목 안에서 살아가기 원하기 때문이다. 창세기에서 요한계시록에 이르기까지 돈과 소유에 대한 말씀을 지나치다 싶을 만큼 하시는 이유도 저주와 징계가 아닌 하나님의 온전하신 사랑을 누리게 하려는 마음이다. 이는 우리가 성경적 재정원리를 절박한 마음으로 공부하고 우리의 일상에 적용해야 하는 이유이기도 하다.

그러나 언젠가부터 우리의 원죄를 바탕으로 하나님의 선한 징계를 숙주 삼은 사탄의 영향력이 커지면서 우리 앞에 가시덤불과 엉겅퀴를

더욱 강하게 번식시켜왔고 급기야 '신자유주의'라는 이름으로 자본가들의 탐욕에 이용당하면서 우리의 괴로움도 커지고 있다.

그러나 분명한 사실은 하나님의 자본주의가 각자의 소산을 나누는 애초의 작동원리를 통해 "하나님의 나라가 이 땅에서도 이루어지게" 하는 것이지만, 맘몬의 그것은 이 땅에 돈의 권세가 넘쳐나게 한다는 것이다. 구체적으로는 하나님의 자본주의는 돈이 많은 곳에서 적은 곳으로 흐르게 하지만 맘몬의 그것은 돈이 적은 곳에서 많은 곳으로 흐르게 한다.

더 분명한 것은 맘몬의 자본주의를 즐기는 세력이 존재하며 하나님이 '이 세대의 아들들'로 부르는 그들의 프레임이 있다는 사실이다. 따라서 기독교인이라면 먼저 우리에게 선물로 주신 하나님의 자본주의에 대한 참된 이해를 바탕으로 세상의 경제를 바라보고 해석하며 적용하도록 노력해야 한다.

그러나 안타깝게도 우리는 교회 안에서 돈에 관한 이야기를 자유롭게 나눌 수 없었고 실질적인 재정교육도 부족했다. 그 결과 성경적 재정원리가 공간적으로는 교회 안에서 시간상으로는 예배할 때나 존재하는 원리로 화석화되면서, 교회 밖으로 내몰린 기독교인들이 하나님의 것이 아닌 세상의 것을 '재테크'라는 이름으로 교육받아오는 동안 자기도 모르게 맘몬의 그물에 붙잡혀 고통받는 일이 많다. 빛의 아들들인 우리에게 최대의 분별이 필요한 이유이며 여리고성 전쟁이 곧 프레임 전쟁인 이유이기도 하다.

따라서 《여리고에서 배우는 성경적 재정관리》는 기본적으로 크리스천과 세상의 프레임 전쟁에서 출발한다. 구체적으로는 복음주의 기독교인과 배타적 선민사상에 결박되어 살아가는 유대인과의 전쟁이며 또한 복음주의 기독교에 바탕을 둔 성경적 재정관과 신자유주의에 결박된 물질적 번영신학과의 전쟁이기도 하다.

그렇다면 무엇으로 분별하고 어떻게 싸울까? 그것을 위해 우리에게 주신 무기가 돈과 소유에 관한 하나님의 말씀, 즉 성경적 재정원리다.

우리가 갈등하는 세 가지 문제

많은 크리스천 가정도 다른 사람과 비슷한 고민을 안고 있다. 과다한 사교육비와 높은 주거비용, 제대로 관리되지 않는 소비지출은 물론 대중교통비와 건강보험료처럼 갈수록 증가하는 공공비용 등 때문이다. 그래서 특별히 과소비한 것도 아닌데 늘 적자에 시달리면서 노후준비는커녕 빚이 늘어난다. '드리기'에 대한 의심이 생기는 것도 이때일 수 있다. 하나님의 선한 징계에 숙주로 번식한 사탄의 간계가 작동하는 것이다.

물론 과다한 사교육비처럼 결단이 필요한 영역도 있다. 소비지출 등 분별과 지혜가 필요한 영역도 있으며 보험료와 저축, 투자처럼 지식이 필요한 영역도 있다. 예컨대 이미 투자의 시대에서 대부분 크리스천 가정의 재정관리는 아직도 저축의 시대에 머물러 있다. 그것은 미국의 자

출정식

본주의가 일본을 거쳐 이식된 영향이 크다. 그러나 그 방법이 결단이든 분별이든 지혜든 지식이든 상관없다. 성경적 재정원리를 토대로 현실의 재정관리에 적용해야 한다는 사실이 중요하다. 그것이 가장 쉽고 완전하기 때문이다.

그런데도 우리는 성경적 재정원리를 알지 못하거나 심지어 그것을 세상의 재테크에는 적용할 수 없다는 막연한 생각이 퍼져 있다. 이 책은 그런 사람들이 우리가 갈등하는 세 가지 문제를 해결하는 데 큰 도움이 될 수 있다.

첫째는 하나님께서 우리에게 주신 약속이다.

하나님께서 우리에게 허락하신 약속은 재정 혹은 비재정적인 영역을 포함하여 어떤 형편에서든 샬롬, 즉 하나님과 화목하는 축복이다. 그러나 그것은 현실을 살아가는 우리에게 분명 쉽지 않은 '전쟁'이기도 하다. 특히 재정적으로 누구나 부러워할 만한 성공을 거두었지만 스스로 만족하지 못하고 불안해하거나, 다른 사람들은 모르는 비재정적인 영역 때문에 하나님과 화목하지 못하는 사람도 많다. 그것은 자본주의의 원천요소인 땅에 가시덤불과 엉겅퀴가 함께 뿌려졌기 때문이라고 생각한다. 즉 돈의 문제는 단지 재정적인 영역에만 존재하는 것이 아니라 삶에 대한 태도, 자녀들에 대한 양육관, 다른 사람들과의 관계 같은 비재정적인 영역에 지배를 받는 경향이 크다.

여리고성경적재정교육(여리고BFS)의 재정회복 5단계 역시 ① 성경적 재정원리 이해 ② 달란트(은사) 중심의 재무목표 수립 ③ 자족의 생활화로 지출과 부채 감소 ④ 성경적 재정원리에 따른 저축과 투자 ⑤ 하나님과의 화목으로 재정적 평안을 누림으로 구성되어 있지만, 여기에 그치지 않고 최종적으로는 변화 5단계, 즉 ① 맘몬의 여리고성 무너뜨림 ② 하나님과의 화목 회복 ③ 하나님의 능력 덧입음 ④ 삶의 모든 영역에서 탁월함 ⑤ 하나님께 영광을 올려 드림으로 이어지는 선순환 사이클에 진입하는 것을 목표로 한다.

둘째는 하나님과 우리의 역할이다.

뜻밖에도 많은 그리스도인이 돈이 속되다고, 많이 벌고 저축하는 게 하나님의 말씀에 어긋난다고 생각한다. 그러면서 이렇게 말한다.

"재테크를 왜 해? 하나님께서 모두 알아서 해주실 건데."

만약 당신도 그렇게 생각한다면 하나님께서 베드로에게 주신 말씀을 함께 나누고 싶다.

또 두 번째 소리가 있으되 하나님께서 깨끗하게 하신 것을 네가 속되다 하지 말라 하더라 (사도행전 10:15)

하나님께서 이방전도에 부정적이었던 베드로에게 위 말씀으로 이방인 고넬료를 만나게 하셨듯이, 성경적 재정원리를 통해 우리가 속되다고 생각하는 돈을 이미 깨끗하게 해놓으셨다. 그러나 교회가 그것을 체계적으로 정리하지 못했고 가르치지 않았으며 우리도 당연히 배우지 못했다. 또한 "천지에 있는 것이 다 여호와의 것"(역대상 29:11)이듯 세상의 모든 제도와 법률 또한 우리를 위해 만드신 여호와의 것이기에, 성경적 재정원리를 배워 이해하고 이를 일상에 적용하는 것은 하나님의 청지기가 된 우리가 당연히 해야 할 의무라고 생각한다.

다만 경계해야 할 것은 애초에 우리에게 선물로 주신 하나님의 자본주의를 맘몬의 것으로 둔갑시켜 유혹하는 이 세대의 아들들이다. 그들의 그물에 걸려들면 아무리 돈을 많이 벌어도 늘 불안해하면서 하나님과 멀어질 수밖에 없다. 하나님께서 빛의 자녀인 우리가 이 세대의 아들들보다 뛰어나지 못하다고 한탄(누가복음 16:8)하시는 이유다.

또한 하나님과의 화목을 위해 우리 앞에 가로막힌 맘몬의 여리고성을 무너뜨리는 방법이 단지 'YES와 NO' 혹은 '거룩함과 죄'라는 두 가지 길만 있는 것은 아니라고 생각한다. 구약의 드리기가 죄와 벌의 프레임이었다면 사랑과 은혜로 승화된 신약에서의 드리기는 나와 하나님의 관계, '샬롬'이라고 생각하기 때문이다. 즉 구약의 재정관이 무섭고 엄격한 감독관이 눈을 부릅뜨고 지켜보는 시험이었다면 신약의 재정관은 감독 없이 자율에 맡겨진 시험으로 각자에게 주어진 재정문제를 나와 하나님의 관계, '샬롬'으로 풀어가는 과정이 아닐까 생각해 본다.

마찬가지로 구원이 개별적이듯 드리기 역시 하나님과의 개별적인 관계라는 데 동의한다면 그것을 권면할지언정 다른 사람을 정죄하는 수단이 되면 안 될 것이며 우리 또한 하나님과의 온전한 화목을 위해 더욱 힘써 애쓸지언정 드러내어 자랑하지 못할 것이다. 우리가 하나님의 법에 완벽하게 다가갈 수 있도록 우리 앞에 화목제물로 찾아오신 예수님의 십자가 사랑만이 내 앞에 우뚝 선 여리고성을 완벽하게 무너뜨릴 수 있다고 믿기 때문이다.

마지막 셋째는, 크리스천이니까 돈을 벌고 불리기가 불리하다는 오해이다. 온갖 수단과 방법을 가리지 않는 맘몬의 세력에 맞서 정직하게 돈을 벌어야 하고, 그렇게 번 돈조차 십일조와 각종 헌금을 뗀 나머지로 불려야 하니 당연히 불리할 수밖에 없다는 생각이 많다. 그런 생각들이 특히 드리기의 본질인 '십일조'를 단지 '십분의 일'이라는 비율로 매몰시켜 버렸다. 그러나 소유의 양과 크기가 성공의 기준인 세상의 재테크와 동일한 방법으로는 맘몬의 여리고성을 무너뜨리지 못한다. 대신 우리는 하나님의 방법으로 싸워야 한다.

성경 어디에도 하나님께서 우리에게 공급하여 주실 물질의 양을 제한해 두셨다는 구절은 없다. 오히려 하나님께서는 우리의 필요에 부족하지 않도록 채워주시겠다고 말씀하신다. 다만 그 필요가 하나님의 기준이라는 사실이 중요하다. 더욱이 '십분의 일'은 물론 나머지 '십분의 구'도 하나님의 것이기 때문에 지금의 소득을 열 배, 백 배로 높여줄 수도 있다.

기업을 경영하는 CEO들은 더 많은 돈을 주더라도 유능한 직원을 뽑기를 원한다. 예컨대 프로스포츠의 천국인 미국에서는 뛰어난 선수를 데려오기 위해 천문학적인 돈을 지급한다. 한 사람의 탁월한 직원이나 선수가 그 기업의 성과와 구단의 성적을 좌지우지하기 때문이다. 그렇다면 하나님의 능력은 어떤가? 또한 하나님이 우리에게 내민 청구서에 찍혀 있는 스카우트 비용은 얼마인가? 그러니 크리스천이기 때문에 불리하다는 것은 억측이며 변명이다.

이상의 세 가지 문제를 이해하고 해결하는 열쇠가 여리고성 전쟁에 있다.

반드시 이길 수밖에 없는 전쟁, 여리고

삶은 전쟁이다. 셀 수 없을 만큼 많은 전쟁을 겪는다. 성경에도 수많은 전쟁 이야기가 등장한다. 그 가운데 여리고성 전쟁은 가장 '스펙터클(spectacle)'한 전쟁이었다. 성경의 모든 전쟁 가운데 가장 '시시'했으며 동시에 가장 '강력'했기 때문이다. '시시함'과 '강력함'을 하나의 사건에서 동시에 느낀 전쟁, 그것이 곧 여리고성 전쟁이다.

알다시피 여리고는 요단강을 건너 약속의 땅 가나안으로 들어선 이스라엘이 첫 번째로 맞닥뜨린 전쟁이었다. 또한 그것은 여호수아의 첫 번째 전쟁이기도 했다.

이스라엘에게 광야 40년의 세월은 참 혹독한 시험이었다. 애굽에서 나온 사람들 가운데 갈렙과 여호수아를 제외하면 단 한 사람도 살아남지 못했고 심지어 모세조차 여리고 맞은편 비스가 산꼭대기에 올라 가나안을 바라보며 생을 마감하는 것에 만족해야 했다. 그야말로 완벽한 세대교체였다. 이제 이스라엘은 새로운 지도자 여호수아를 앞장세워 본선의 땅, 가나안으로 들어간다. 그러나 하나님은 본선 첫 게임에서부터 막강한 상대를 만나게 했다.

고증에 의하면 그 당시 여리고 성벽은 높이 7.2m, 두께 6m 이상이었다. 그것도 이중으로 지어졌기 때문에 여호수아 군대의 첫 번째 상대치고는 너무나 강력했다. 그러나 그렇게 견고했던 성벽이 너무나 싱겁게 무너져 내렸다. 다윗은 골리앗을 쓰러뜨리기 위해 물맷돌이라도 필요했지만, 이스라엘이 여리고성을 무너뜨리는 데는 작은 돌멩이조차 필요 없었다. 그렇다면 하나님은 무슨 이유로 가장 막강한 상대를 가장 시시하게 무너뜨렸을까?

출애굽에서부터 광야 40년이 지나 완벽한 세대교체로 가나안 땅에 입성한 신세대 이스라엘 민족 앞에 맨 처음 등장한 여리고성은 세상을 살아가는 우리에게 참 많은 생각을 하게 한다. 이것은 어린 자녀가 장성하여 마침내 부모의 품을 떠나 세상에 나오는 것과 똑 닮아있다. 광야 40년이 이스라엘에게 예선이었듯, 우리에게 예선은 부모의 집에서 수고 없이 공급받았던 미성년의 시절이었다. 또한, 이스라엘이 본선에서 첫 번째로 만난 여리고가 가장 강력했던 것처럼 우리가 성인이 되어 세상이라는 본선 무대에서 첫 번째로 만나는 가장 강력한 상대, 즉 우리의 첫 번째 여리고성은 '돈'이다. '첫 월급 재테크'가 새내기 직장인에게 가장 중요한 관심사인 이유다.

또한, 여리고성은 가나안을 정복해야 하는 이스라엘에게 반드시 넘어야 할 산, 무너뜨려야 할 성이었다. 그것을 넘지 않고, 무너뜨리지 않고서는 젖과 꿀이 흐르는 땅, 가나안도 없기 때문이다. 우리도 마찬가지다. 땅에서의 시간 동안 수없이 많은 여리고성을 만나지만 그 가운데 돈 문제는 반드시 넘어야 할 산, 무너뜨려야 할 성이다.

그러나 이스라엘에게 여리고성이 그랬던 것처럼, 우리 앞에 버티고 선 맘몬과의 싸움도 반드시 이길 수밖에 없는 전쟁이다. 또한 그것은 여리고성 전쟁의 결말처럼 우리에겐 너무나 쉬운 전쟁이며 동시에 가장 강력한 전쟁이다. 친절하신 하나님은 여리고성 전쟁을 통해 그 증거를 보여주신다. 그렇다면 견고한 성 여리고가 겉으로 보이는 것처럼 아무런 힘의 작용도 없이 저절로 무너졌을까? 아니다. "견고한 진도 무너뜨리는 하나님의 능력"(고린도후서 10:4)이 있었다. 그래서 여리고성 전쟁을 가장 스펙터클한 전쟁이라 말한다.

여리고성 전쟁에서 여리고 백성의 프레임은 철옹성 같은 이중성벽이었다. 그들은 당연히 여호수아 군대가 사다리를 이용하여 칼과 창으로 공격하리라 여겼으며 자신들의 견고한 성이 지켜줄 수 있다고 확신했다. 이것을 세상에 빗대면 끝없는 비교와 경쟁으로 생각할 수 있다. 그러나 여호수아는 여리고 백성이 짜놓은 프레임에 말려들지 않고 오직 하나님의 프레임, 즉 믿음과 협력을 사용했고 마침내 무너뜨렸다.

우리도 마찬가지다. 마치 하이에나처럼 덤벼드는 맘몬의 권세에 맞서 승리하기 위해서는 그들의 프레임을 잘 이해하는 것은 물론 여리고성 전쟁을 통해 확인한 하나님의 프레임으로 승리해야 한다.

반드시 이길 수밖에 없는 전쟁, 여리고. 이제 그 전쟁을 다시 들여다 보자.

1 이스라엘 자손들로 말미암아 여리고는 굳게 닫혔고 출입하는 자가 없더라

2 여호와께서 여호수아에게 이르시되 보라 내가 여리고와 그 왕과 용사들을 네 손에 넘겨주었으니

3 너희 모든 군사는 그 성을 둘러 성 주위를 매일 한 번씩 돌되 엿새 동안을 그리하라

4 제사장 일곱은 일곱 양각 나팔을 잡고 언약궤 앞에서 나아갈 것이요 일곱째 날에는 그 성을 일곱 번 돌며 그 제사장들은 나팔을 불 것이며

5 제사장들이 양각 나팔을 길게 불어 그 나팔 소리가 너희에게 들릴 때에는 백성은 다 큰 소리로 외쳐 부를 것이라 그리하면 그 성벽이 무너져 내리리니 백성은 각기 앞으로 올라갈지니라 하시매

6 눈의 아들 여호수아가 제사장들을 불러 그들에게 이르되 너희는 언약궤를 메고 제사장 일곱은 양각 나팔 일곱을 잡고 여호와의 궤 앞에서 나아가라 하고

7 또 백성에게 이르되 나아가서 그 성을 돌되 무장한 자들이 여호와의 궤 앞에서 나아갈지니라 하니라

8 여호수아가 백성에게 이르기를 마치매 제사장 일곱은 양각 나팔 일곱을 잡고 여호와 앞에서 나아가며 나팔을 불고 여호와의 언약궤는 그 뒤를 따르며

9 그 무장한 자들은 나팔 부는 제사장들 앞에서 행진하며 후군은 궤 뒤를 따르고 제사장들은 나팔을 불며 행진하더라

10 여호수아가 백성에게 명령하여 이르되 너희는 외치지 말며 너희 음성을 들리게 하지 말며 너희 입에서 아무 말도 내지 말라 그리하다가

내가 너희에게 명령하여 외치라 하는 날에 외칠지니라 하고

11 여호와의 궤가 그 성을 한 번 돌게 하고 그들이 진영으로 들어와서 진영에서 자니라

12 또 여호수아가 아침에 일찍이 일어나니 제사장들이 여호와의 궤를 메고

13 제사장 일곱은 양각 나팔 일곱을 잡고 여호와의 궤 앞에서 계속 행진하며 나팔을 불고 무장한 자들은 그 앞에 행진하며 후군은 여호와의 궤 뒤를 따르고 제사장들은 나팔을 불며 행진하니라

14 그 둘째 날에도 그 성을 한 번 돌고 진영으로 돌아오니라 엿새 동안을 이같이 행하니라

15 일곱째 날 새벽에 그들이 일찍이 일어나서 전과 같은 방식으로 그 성을 일곱 번 도니 그 성을 일곱 번 돌기는 그날뿐이었더라

16 일곱 번째에 제사장들이 나팔을 불 때에 여호수아가 백성에게 이르되 외치라 여호와께서 너희에게 이 성을 주셨느니라

17 이 성과 그 가운데에 있는 모든 것은 여호와께 온전히 바치되 기생 라합과 그 집에 동거하는 자는 모두 살려 주라 이는 우리가 보낸 사자들을 그가 숨겨 주었음이니라

18 너희는 온전히 바치고 그 바친 것 중에서 어떤 것이든지 취하여 너희가 이스라엘 진영으로 바치는 것이 되게 하여 고통을 당하게 되지 아니하도록 오직 너희는 그 바친 물건에 손대지 말라

19 은금과 동철 기구들은 다 여호와께 구별될 것이니 그것을 여호와의 곳간에 들일지니라 하니라

20 이에 백성은 외치고 제사장들은 나팔을 불매 백성이 나팔 소리를 들

을 때에 크게 소리 질러 외치니 성벽이 무너져 내린지라 백성이 각기 앞으로 나아가 그 성에 들어가서 그 성을 점령하고

21 그 성안에 있는 모든 것을 온전히 바치되 남녀노소와 소와 양과 나귀를 칼날로 멸하니라

22 여호수아가 그 땅을 정탐한 두 사람에게 이르되 그 기생의 집에 들어가서 너희가 그 여인에게 맹세한 대로 그와 그에게 속한 모든 것을 이끌어내라 하매

23 정탐한 젊은이들이 들어가서 라합과 그의 부모와 그의 형제와 그에게 속한 모든 것을 이끌어내고 또 그의 친족도 다 이끌어내어 그들을 이스라엘의 진영 밖에 두고

24 무리가 그 성과 그 가운데에 있는 모든 것을 불로 사르고 은금과 동철 기구는 여호와의 집 곳간에 두었더라

25 여호수아가 기생 라합과 그의 아버지의 가족과 그에게 속한 모든 것을 살렸으므로 그가 오늘까지 이스라엘 중에 거주하였으니 이는 여호수아가 여리고를 정탐하려고 보낸 사자들을 숨겼음이었더라

26 여호수아가 그 때에 맹세하게 하여 이르되 누구든지 일어나서 이 여리고성을 건축하는 자는 여호와 앞에서 저주를 받을 것이라 그 기초를 쌓을 때에 그의 맏아들을 잃을 것이요 그 문을 세울 때에 그의 막내아들을 잃으리라 하였더라

27 여호와께서 여호수아와 함께하시니 여호수아의 소문이 그 온 땅에 퍼지니라

출정식 ────────────────────────

◆ **ACTION PLAN**

• 여호수아서 6장 묵상하기

출정식
여리고성 vs 맘몬

□ 내 삶의 여리고성 리스트

암송
한 사람이 두 주인을 섬기지 못할 것이니
혹 이를 미워하고 저를 사랑하거나 혹 이를 중히 여기고 저를 경히 여김이라
너희가 하나님과 재물을 겸하여 섬기지 못하느니라

(마태복음 6:24)

나는 맘몬의 여리고성을
반드시 무너뜨리겠다!!!

결단일   년   월   일

기독교인으로서 자신의 재정에 관해, 해결하기를 원하는 문제나
답을 얻기를 원하는 의문을 적어보자.
책을 다 읽은 다음 그 해결책이나 답을 스스로 찾아 적어보자.

ex) • 빚 갚기도 힘든데 십일조는 꼭 해야 할까?
     • 열심히 살아왔는데 나의 재정은 왜 항상 쪼들릴까?
     • 재테크를 한다는 것은 두 주인을 섬기는 것과 같을까?

1. _____
2. _____
3. _____
4. _____
5. _____
6. _____
7. _____
8. _____
9. _____
10. _____

◆ 1편 ◆
믿음

보이는 소망이
소망이 아니니
보는 것을
누가 바라리요

로마서 8:24

무엇을 믿을까?
마인드(mind) · 전략(strategy)

믿음은 기독교인들의 삶을 규정한다. 여리고성 전쟁도 마찬가지다. 그것은 전쟁의 시작과 끝, 전개과정에서 이스라엘 백성의 일관된 행동을 통해 나타난다. 일반적으로 군대가 행진할 때, 선두는 방향을 잡고 후미는 선두와의 간격을 잘 유지하면서 대오를 이탈하거나 뒤처지지 않도록 한다. 이때 선두와 후미, 중간에 있는 모든 병사가 심리적인 동요 없이 정신적으로 하나 되는 것이 전쟁의 승패를 좌우하는데 그것이 여리고성 전쟁에서는 '믿음'이었다.

그렇다면 여리고성 전쟁의 시작과 끝, 그리고 전개과정에서 이스라엘 백성을 하나로 만든 믿음이 구체적으로 어떻게 나타났는지 이해하면서 그것을 우리 일상과 재정관리에 적용해 보자.

하나님께서는 여리고성 전쟁을 통해 세 가지 사실을 확인시켜 주셨다.

첫째, 우리가 약속의 땅에 이르려면 여리고 전쟁에서 반드시 승리해야 한다는 것. 둘째, 그것은 너무나 쉬운 전쟁이라는 것. 마지막 셋째, 반드시 이길 수밖에 없는 전쟁이라는 사실이다.

이것을 돈에 비유해도 마찬가지다.

첫째, 우리가 샬롬의 축복을 온전히 누리려면 돈과의 전쟁에서 반드시 승리해야 한다는 것. 둘째, 그것은 너무나 쉬운 전쟁이라는 것. 마지막 셋째, 반드시 이길 수밖에 없는 전쟁이라는 사실이다.

그런데도 우리는 자주 이 세 가지 사실을 잊고 산다. 심지어 이렇게 생각할 때도 있다. 첫째, 신앙생활에도 돈이 많으면 편리하다. 둘째, 믿음이 좋은 사람에게 물질의 축복은 당연하다. 셋째, 지금 가진 것에 만족하기보다 더 많이 불려야 한다.

이런 생각들은 하나님께서 맨 처음 아브라함에게 약속했던 '복'(창세기 12:2)이나 믿음의 조상들에 대한 구체적인 '축복'을 맘몬의 프레임으로 이해하기 때문이다. 즉, 어쨌든 돈이 필요한 현실에서 '축복=돈'으로 생각하는 경향이 많다. 먼 길 떠난 주인이 돌아와 종들에게 맡겨놓은 달란트를 결산하는 이야기(마태복음 25:14-30)나 불의한 종의 지혜를 칭찬하는 이야기(누가복음 16:1-9) 등에서 말씀 본래의 뜻과는 상관없이 세상에서의 처세를 먼저 떠올리기도 한다.

그러나 우리가 기억해야 할 것은 말씀 속에 깃든 본래의 뜻을 인식하는 것이다. 즉, 하나님께서는 우리에게 재물을 맡기시되 결산은 나중에 하신다. 따라서 우리가 싸워 이겨야 할 돈과의 전쟁은 일회성이 아닌 평생의 싸움이다. 또한, 주인의 소유를 낭비한 불의한 종이 그의 처세술로 얻을 수 있는 대가는 '그들(채무자)이 그를 영주할 처소로 영접'한다는 것일 뿐, 그것이 영원히 보장된다는 약속은 없다.

그러나 기독교인은 믿음을 통한 영원한 생명은 물론 현실의 삶 속에서도 '샬롬(평안)'의 축복을 약속받은 사람들이다. 따라서 그 약속을 믿는다는 것은 이스라엘 민족이 여리고성을 넘어 축복의 땅으로 갈 수 있다는 것을 믿는 믿음과 같다.

> 모세가 대답하여 이르되 그러나 그들이 나를 믿지 아니하며 내 말을 듣지 아니하고 이르기를 여호와께서 네게 나타나지 아니하셨다 하리이다
>
> (출애굽기 4:1)

때때로 우리는 모세와 같이 하나님께 약속의 증거를 요구하기도 한다. 우리가 하나님의 음성에 예민하게 귀 기울이면 다양한 방법으로 들려주시는 하나님의 음성을 들을 수 있고 그래서 늘 "깨어 있으라"(마태복음 25:13) 말씀하시지만 우리는 부끄럽게도 그렇지 못할 때가 많다. 그런 우리에게 하나님은 "보이는 소망이 소망이 아니니 보는 것을 누가 바라리요"(로마서 8:24)라는 말씀으로 우리가 믿음의 실체를 깨닫기 원하신다.

그렇다면 돈과의 전쟁 역시 여리고성 전쟁과 같은 믿음의 토대 위에서 싸워나가야 한다. 여리고BFS가 다음 세 가지 믿음의 확증과 함께 시작되는 이유다.

첫째, 돈과의 전쟁에서 반드시 승리해야 한다는 것.
둘째, 그것은 너무나 쉬운 전쟁이라는 것.
셋째, 이 전쟁은 반드시 이길 수밖에 없다는 것.

여리고BFS의 성경적 재정관 1

우리가 하나님의 은혜를 입었다면
"이 세대의 아들들이 빛의 아들들보다 뛰어나다"는
하나님의 탄식에 응답하자.

우리의 무기는 하나님과의 화목이다.

나눔 Q1

—

나는 하나님의 사람이라고 생각하는가?
그렇다면 그 같은 자의식이 나의 직업 또는 자녀들의
진로선택에 어떤 영향을 끼치는지 함께 나누어보자.

선택받은 자
나는 하나님의 사람

여호와의 종 모세가 죽은 후에 여호와께서 모세의 수종자 눈의 아들 여호수아에게 말씀하여 이르시되 내 종 모세가 죽었으니 이제 너는 이 모든 백성과 더불어 일어나 이 요단을 건너 내가 그들 곧 이스라엘 자손에게 주는 그 땅으로 가라 내가 모세에게 말한 바와 같이 너희 발바닥으로 밟는 곳은 모두 내가 너희에게 주었노니 곧 광야와 이 레바논에서부터 큰 강 곧 유브라데강까지 헷 족속의 온 땅과 또 해 지는 쪽 대해까지 너희의 영토가 되리라 네 평생에 너를 능히 대적할 자가 없으리니 내가 모세와 함께 있었던 것 같이 너와 함께 있을 것임이니라 내가 너를 떠나지 아니하며 버리지 아니하리니 (여호수아 1:1-5)

나는 하나님의 사람

여리고성 전쟁은 하나님께서 모세를 계승한 여호수아를 그의 종으로 지명하면서 가나안 정복과 영원히 함께하시겠다는 약속으로 시작한다. 여기서 우리가 알아야 할 첫 번째는 '나는 하나님의 사람'이라는 믿음이다.

때때로 우리는 하나님과 나를 주인과 종으로 규정하면서 기도한다. 그러나 하나님과 우리의 관계를 단순히 주인과 종으로만 여기면 이해하기 힘든 일이 한둘이 아니다. 예컨대 어느 주인이 주인의 뜻을 그르치고 속이며 주인보다 자기 곳간을 채우기에 여념이 없는 종을 내치지 않고 그냥 두겠으며 그토록 불의한 종을 구원하기 위해 당신의 아들까지 희생시키겠는가? 우리가 알거니와 그 이유는 단지 우리를 용서하고 구원하신 것에 그치지 않고 우리에게 하나님의 유업을 상속받은 아들의 명분을 얻게 하기 위함(갈라디아서 4:7)이었다.

그렇다면 하나님께서 우리를 택하여 아들 삼으신 목적은 무엇일까? 아마 "이 땅에 하나님의 나라가 임하게 하는 것"(마태복음 6:33)이라고 대답할 것이다. 그 때문에 우리는 늘 이렇게 기도한다. "나라가 임하시오며 뜻이 하늘에서 이루어진 것같이 땅에서도 이루어지이다." 그런데 만약, 이 같은 목적을 상실하면 어떤 일이 벌어질까?

모세가 죽은 다음 이스라엘 백성을 끌어나갈 지도자가 된 여호수아에게 하나님은 그가 이루어야 할 미션과 비전을 선포하시고 또한 축복하셨다. 즉 하나님은 본격적인 여리고성 공략에 들어가기에 앞서 하나님께서 선택한 여호수아와 지휘체계를 분명히 세우셨다. "전쟁은 하나님께 속한 것"(역대하 20:15)이기 때문이다.

모세의 수종자였던 눈의 아들 여호수아는 각 지파를 따라 선발된 가나안 정탐꾼 12명 가운데 유다 지파에 속한 여분네의 아들 갈렙과 더불어 하나님의 약속을 믿고 가나안 땅 정복을 주장한 인물로, 갈렙을 제외하면 애굽을 탈출한 이스라엘 백성 가운데 가나안 땅에 입성한 유일한 사람이었다.(민수기 14:30) 그런 그가 모세 이후를 끌어나갈 지도자로 선택받은 것은 당연한 귀결이다. 그러나 여호수아를 세우기 위해 출애굽과 광야 40년을 이긴 모세를 내친 사건은 결코 일반적이지 않다. 아마 모세 자신도 가나안 땅을 눈앞에 두고 그런 일이 벌어지리라고는 상상조차 못 했을 것이다.

모세는 하나님과 직접 '대면'할 수 있는 자였으며 이스라엘에 모세와 같은 선지자가 '다시는' 일어나지 못하였을(신명기 34:10) 정도로 탁월한 지도자였기 때문이다. 그런 그가 비록 순간적인 감정에 못 이겨 신 광야 가데스의 므리바 물가에서 실수(신명기 32:51, 민수기 20:12)를 저질렀지만, 그것이 가나안 땅 입성이라는 대업을 눈앞에 두고 교체될 만한 이유가 된다고 생각할 사람은 많지 않다. 심지어 그때 120세였던 모세는 눈도 흐리지 않았으며 기력도 쇠하지 않았다.(신명기 34:7)

세상에서도 마찬가지다. 큰 실수를 저지른 지도자 혹은 기업의 CEO나 중요 임원들에게 다른 적임자가 없다는 이유로 그 자리를 계속 맡기는 경우도 허다하거니와 그것을 현실적이고 합리적이라 생각하는 사람도 많다. 그러나 하나님은 그러시지 않았다.

여기서 우리는 목적과 목표를 구분하여 생각해야 한다. 부모들은 자기 자녀가 좋은 학교(목표)에 가길 원하지만, 세상의 기준을 떠나 생각하면 왜(목적) 그 학교에 가야 하는지에 대한 이유는 뚜렷하지 않은 경우가 많다. 예컨대 자녀가 공부를 잘하면 적성(달란트)과 상관없이 왜 무조건 의사가 되어야 할까? 그것은 좋은 학교, 좋은 직장, 많은 소득, 남들이 부러워하는 높은 직책으로 이어지는, 세상이 원하는 성공의 과정에 불과할 뿐 인생의 목적, 특히 하나님의 사람이 가져야 할 목적이 될 수는 없다. 우리가 가졌다고 생각하는 모든 것은 언젠가는 하나도 빠짐없이 내려놓아야 하기 때문이다.

우리는 분명, 하나님께서 "미리 아시고, 정하시고, 부르시고, 의롭다 하시고, 영화롭게 하시면서"(로마서 8:29-30) 택하여 주신 자들이다. 그렇다면 왜 택하여 주셨는지에 대한 목적을 잊지 말아야 한다. 택함 받은 백성이라는 선민의식은 우리를 그리스도인이라 부를 수 있는 존재 이유이기 때문이다. 그 같은 목적을 상실하면 우리는 헌금통에 돈 넣는 소리와 다른 사람에게 보이는 기도로 자신의 믿음을 자랑하는 바리새인으로 전락할 수 있다.

마찬가지 이유로 돈을 많이 버는 것이 목표일 수는 있으나 그것이 인생의 목적이 될 수는 없다. 가끔 엄청난 재산을 가진 사람들이 각종 불법과 편법을 일삼다 조사를 받거나 구속되는 사건을 보면서 지금 가진 재산을 더 불리고 사회적 지위를 더 높이는 것을 마치 삶의 목적인 양 착각하며 사는 사람이 많음을 느낀다.

우리도 마찬가지다. 기독교인이라면 누구나 하나님께로부터 택함을 받았다는 선민의식을 가지고 있지만 왜 택하여 주셨는지에 대한 목적의식과 목적에 걸맞은 진로선택과 삶의 태도에는 차이가 있다. 그것이 기독교인에 대한 사회 일반의 평가로 나타난다.

예수께서 이르시되 네가 온전하고자 할진대 가서 네 소유를 팔아 가난한 자들에게 주라 그리하면 하늘에서 보화가 네게 있으리라 그리고 와서 나를 따르라 하시니 (마태복음 19:21)

예수님의 제자 되기를 원했던 부자 청년에게 예수님은 "네 소유를 팔아 가난한 자들에게 주라"고 말씀하신다. 부자 청년에게 돈은 세상의 목표이자 동시에 힘이었다. 그러나 예수님은 나의 제자가 되려고 하면 세상 권세부터 포기하라고 말씀하셨다. 우리에게 허락하신 부와 명성(목표)은 하나님께서 우리를 세우신 목적에 사용하기 위한 수단일 뿐이기 때문이다. 그러나 목적이 아닌 목표에 안주하고 집착하면, 그것으로 하나님과의 관계는 어긋난다.

하나님께서 모세의 지위를 박탈하고 여호수아를 선택하는 장면에서도 이스라엘 백성에게 가나안은 목표가 될 수 있을지언정 하나님께서 계획하신 목적은 아니었다고 생각한다. 비록 모세가 이스라엘 백성을 애굽에서 탈출시켜 가나안으로 향하게 한 목표는 훌륭히 달성했지만, 가나안 땅에서 이루고자 하신 하나님의 목적을 달성하기에 적합한 인물이 아니라고 판단하신 것이다. 현실에서도 하나님께서 세우신 수많은 기독교인 지도자가 하나님의 목적을 상실한 채 그들에게 허락한 자리(목표)에만 집착하다 좋지 못한 결말로 이어지는 경우를 자주 보게된다.

그렇다면 하나님의 선택기준은 무엇일까? 그것을 축구대표 감독이 선수를 선발하는 기준에 빗대어 생각해 볼 수 있다. 감독은 자신이 이끄는 팀이 승리하기를 원하며 그것을 위해 그가 계획하는 전술과 전략을 잘 이해하고 동의하며 수행할 수 있는 선수를 뽑을 것이다. 하나님도 마찬가지다. 하나님의 계획에 꼭 필요한 사람을 선택한다.

그리스도인에게 바울은 착한 사람이 아니었다. 오히려 그리스도인 죽이는 것을 자랑하고 다녔던 악인이었다. 그런데도 하나님은 그를 불러 귀하게 사용했다. 왜냐하면 하나님의 계획에 꼭 필요한 사람이었기 때문이다. 아브라함, 야곱 그리고 다윗조차 착한 사람이어서가 아니라 하나님의 계획에 꼭 필요한 사람이었기 때문에 선택되었다. 여리고성 전쟁도 마찬가지다. 양각 나팔을 부는 선수, 언약궤를 멘 선수, 무장하여 언약궤 앞에서 행진하는 선수, 언약궤 뒤를 따르는 선수 등 역할은 다르지만 그들 모두는 하나님의 계획을 완벽히 이해하고 수행한 하나님의 사람들이다.

의인의 고난과 악인의 풍요

감사하게도 하나님께서는 이 땅에서 그의 나라를 이루기 위한 선수로 우리를 뽑아주시면서 '청지기'라는 직책과 함께 재물을 포함한 온갖 달란트로 가득 찬 하나님 나라 곳간의 열쇠를 맡겨주셨다. 이런 사실에서 재정에 관한 세 가지 메시지를 생각할 수 있다.

첫째, 우리는 하나님께로부터 택함을 받았으며 우리를 택하신 이유는 오직 하나님의 주권으로부터였다. 그것은 출신 지역, 배경, 학교, 스펙 같은 세상의 이유와 조건이 아니다. 우리를 택하신 목적에 합당한 재정의 공급 또한 하나님의 주권에 있다.

둘째, 하나님이 모세와 여호수아와 함께 있었던 것과 같이 우리를 떠나지도 버리지도 않고 우리와 함께 있을 것이다. 설령 재정적인 어려움에 직면할지라도 그것은 우리를 버렸거나 떠나셨기 때문이 아니라 우리를 향하신 하나님의 뜻 안에 있다는 믿음이 필요하다.

셋째, 모세와 여호수아가 아무리 대단한 지도자였더라도 그들의 힘과 지혜, 그리고 능력은 하나님께로부터였듯이 우리에게 필요한 재정도 나의 능력이 아닌 하나님의 공급하심 때문이다.

그러나 이 같은 믿음으로 살다가도 세상 속에서 우리는 누가 봐도 나쁜 사람들이 승승장구하는 모습들을 보면서 문득 이런 생각을 한다.

"하나님은 뭐 하실까 저런 사람 벌주지 않고?"
"믿는 사람이 더 잘 살아야 하는 거 아냐?"

물론 하나님은 의인과 악인, 불의와 공의를 눈여겨보시며, 반드시 공의를 지켜가신다.(잠언 10:2-3) 또한 "의인의 수고는 생명에 이르고, 악인의 소득은 죄에 이름"(잠언 10:16)을 분명히 경고하셨다. 특히 뚜렷이 대비되는 말씀으로 악인과 의인의 극단적인 결말을 친절하게 설명해 주신다.

그의 궁성에는 승냥이가 부르짖을 것이요 화려하던 궁전에는 들개가 울 것이라 그의 때가 가까우며 그의 날이 오래지 아니하리라 (이사야 13:22)

그 작은 자가 천 명을 이루겠고 그 약한 자가 강국을 이룰 것이라 때가 되면 나 여호와가 속히 이루리라 (이사야 13:22)

이렇게 "의인과 악인을 심판하는 때"(전도서 3:17)가 반드시 있지만, "이르시되 때와 시기는 아버지께서 자기의 권한에 두셨으니 너희가 알 바 아니요"(사도행전 1:7) 하신 것처럼 구체적인 시기와 방법을 우리는 알 수 없다. 그러나 하나님은 가장 좋은 때에 그 일을 행할 것이라는 사실은 틀림

없다. 그렇다면 하나님이 생각하는 '가장 좋은 때'의 기준은 무엇일까?

> 주인이 이르되 가만 두라 가라지를 뽑다가 곡식까지 뽑을까 염려하노라
> 둘 다 추수 때까지 함께 자라게 두라 추수 때에 내가 추수꾼들에게 말하
> 기를 가라지는 먼저 거두어 불사르게 단으로 묶고 곡식은 모아 내 곳간에
> 넣으라 하리라 (마태복음 13:29-30)

그 유명한 가라지 비유에서 예수님은 원수가 뿌려 놓은 가라지를 추수 때까지 뽑지 말라고 하신다. 그런데 그렇게 말씀하신 이유가 기막히다. 좋은 씨로 자라난 곡식까지 가라지와 함께 뽑을까 염려해서였다.

그렇다. 하나님은 악인을 심판하는 과정에서도 혹여 우리가 다치지 않을까 걱정하신다. 어떤 기업인이 악한 행실로 사회적인 지탄을 받는다고 가정해 보자. 만약 하나님이 그를 마치 욥에게 하듯 심판하여 기업을 망하게 하면 그로 인해 모든 직원은 졸지에 일자리를 잃고 생계에 곤란을 겪게 될 것이다. 가끔 자본주의의 모순을 이야기할 때 미국의 금융시장을 상징하는 월가의 탐욕이 빠지지 않고 등장하지만 그렇다고 하나님이 월가를 심판하여 금융시장을 붕괴시키면 전 세계, 특히 약소국인 한국은 1998년의 외환위기에 버금가는 환란에 빠질 것이다. 그러니까 추수하는 날에 먼저 단으로 묶여 불에 태워질 때까지 악인들이 부귀영화를 누릴 수 있는 것은 그들이 가진 부와 세상의 권세 때문이 아니라 오직 우리를 향한 하나님의 사랑 때문이다. 구약에도 비슷한 장면이 나온다.

아브라함이 또 이르되 주는 노하지 마옵소서 내가 이번만 더 아뢰리이다
거기서 십 명을 찾으시면 어찌 하려 하시나이까 이르시되 내가 십 명으로
말미암아 멸하지 아니하리라 (창세기 18:32)

하나님께서 아브라함에게 하신 약속처럼 소돔성에 의인 열 명만 있었어도 그 성의 모든 악인은 심판을 피할 수 있었을 것이다. 이처럼 악인에 대한 하나님의 심판은 그들이 아니라 우리를 위해 가장 좋은 때에 행하여질 것이다.

또한, 매일 쏟아지는 뉴스를 통해 우리가 부러워하는 사람들의 부끄러운 이면이 들춰지는 경우를 보면서 겉으로 비치는 악인들의 부요가 곧 그들의 평안함이 아니며 그때 이미 악인에 대한 하나님의 공의가 실행되고 있다는 사실도 알 수 있다. 뿐만 아니라 '부자와 나사로'(누가복음 16:25)를 통해 우리가 지금 보고 있는 모습들이 인생의 전부가 아님을 자세히 설명해 주신다. 그러나 우리가 약하기 때문에 그 악인들이 당장 눈앞에서 내 발판이 되는 모습을 보고 싶어 하는 마음도 있다.(시편 110:1)

그렇다면 우리가 아는 의인들의 모습은 어땠을까?

아브라함, 욥, 야곱, 요셉, 다윗, 솔로몬 등과 같은 의인들도 비록 재정적으로는 풍족하였지만 '샬롬'의 축복을 항상 누리지는 못했다. 일찍이 고향을 떠나 오랜 세월 나그네의 삶을 살아야 했던 아브라함의 삶이 그다지 평탄치 못했으리라는 것은 어렵지 않게 짐작할 수 있다. 가정적으로도 두 아내 사라와 하갈의 끊임없는 갈등에 시달리던 끝에 하갈이 낳은 아들 이스마엘을 멀리 떠나보내야만 했다. 하나님으로부터 의인으로 불렸던 욥은 하나님의 시험으로 자기 아들들을 모두 잃고

아내와 친구로부터 저주를 받았으며, 야곱은 형과의 불화, 그리고 요셉을 둘러싼 아들들의 갈등으로 인해 참으로 고단한 시절을 보내야 했다. 심지어 애굽의 총리가 된 아들 요셉의 안내를 받아 바로에게 섰을 때 자신의 인생을 되돌아보며 "험악한 세월을 보내었나이다"라고 고백할 정도였다.(창세기 47:9)

많은 기독교인의 자녀들이 닮기를 원하는 요셉의 삶도 다르지 않았다. 그의 아버지 야곱에게는 이미 죽은 아들이었던 그가 형들에게 팔려 노예와 죄수의 삶을 거치는 동안 겪어야 했던 마음의 고통은 말할 것도 없거니와 수없이 생사의 갈림길에 서야 했다. 오랫동안 도망자의 신세였던 다윗도 밧세바와의 간음으로 아들의 죽음은 물론 성전 건축조차 허락받지 못했다. 우리에게 부귀와 영광의 상징인 솔로몬마저 모든 것이 "헛되고 헛되도다 모든 것이 헛되도다"라고 고백한다.(전도서 12:8) 그런데 하물며 악인들에게 의의 평안이 있을 수 있겠는가? 단지 우리 눈에 보이지 않을 뿐이다.

물론 하나님께서도 우리의 가난을 원치 않는다. 성경의 그 어디에도 가난하라는 말은 없다. 오히려 넘치도록 풍요케 하리라는 약속이 훨씬 많다. 다만 당신의 귀한 아들을 내어주면서까지 우리에게 원하시는 것은 부자나 가난 그 자체가 아니라 어떤 형편에서든지 '샬롬'할 수 있는 능력과 '평강'이기에 우리가 땅의 재물에 영혼을 빼앗겨 하나님께서 약속하신 샬롬의 축복을 잊어버릴까 안타까워할 뿐이다.

하나님의 버킷리스트

그렇다면 하나님께서 당신을 통해 이루고 싶은 것은 무엇일까?

한때, 죽기 전에 꼭 해보고 싶은 일을 적은 목록을 가리키는 '버킷리스트(bucket list)'가 유행했다. 같은 제목의 영화가 나오면서 그 열풍은 유행병처럼 번져나갔다. 그때 나는 사람들이 '죽기 전에 꼭 해보고 싶은 일'을 생각하고 계획하는 것만으로도 인생의 의미가 달라질 수 있다는 생각에 꽤 신선함을 느꼈다. 그렇다면 하나님의 사람인 우리는 어떨까? 하나님께서 나를 통해 이루기를 원하시는 목록, '하나님의 버킷리스트'가 있지 않을까?

여기서 우리가 꼭 기억해야 할 것은 하나님의 계획이 우리의 즐거움과 동떨어지지 않았다는 사실이다. 내 머리카락조차 몇 개인지 알고 계신 하나님께서 오늘을 맘껏 누릴 수 있도록 우리 각자에게 주신 '달란트'라는 이름의 은사를 사용하기 때문이다. 어떤 이에겐 요리의 은사, 어떤 이에겐 글 쓰는 은사, 어떤 이에겐 웃음의 은사, 어떤 이에겐 돕는 은사, 어떤 이에겐 분별의 은사, 어떤 이에겐 청결의 은사, 어떤 이에겐 조언자의 은사, 어떤 이에겐 가르치는 은사, 어떤 이에겐 사진 찍는 은사, 어떤 이에겐 건축하는 은사, 어떤 이에겐 전도의 은사, 어떤 이에겐 치료의 은사, 어떤 이에겐 노래의 은사, 어떤 이에겐 연극의 은사, 어떤 이에겐 패션의 은사, 어떤 이에겐 화장술의 은사, 어떤 이에겐 체육의 은사, 어떤 이에겐 위로의 은사 등, 각자의 얼굴이 다르듯 우리에게 주신 은사도 각각 다르다.

또한 은사는 "오직 주께서 각 사람에게 나눠 주신 대로 하나님이 각 사람을 부르신 그대로 행하기"(고린도전서 7:17) 위해 필요하다는 점에서 순종과 맞닿아 있다. 따라서 당신이 하나님의 사람이라면 먼저 나에게 주신 은사에 바탕을 둔 하나님의 사명을 생각하면서 그 안에서 나의 버킷리스트를 계획한다면 매일의 즐거움을 더하면서 진정으로 하나님과 협력하는 인생이 되지 않을까 생각한다.

물론 저마다 주신 은사의 발견에서부터 그것을 학습하고 경험하며 훈련을 통해 성장시키는 것, 그 과정에서 수많은 시행착오를 거쳐 마침내 탁월함으로 성숙하기까지 결코 쉽지 않은 시간이 필요하다. 그럴 때 가장 큰 유혹은 비교와 경쟁에 터 잡은 세상의 성공기준이다. 그래서 하나님의 뜻과 세상의 유혹 가운데 선택을 요구받는 경우가 많다.

이에 롯이 눈을 들어 요단 지역을 바라본즉 소알까지 온 땅에 물이 넉넉하니 여호와께서 소돔과 고모라를 멸하시기 전이었으므로 여호와의 동산 같고 애굽 땅과 같았더라 (창세기 13:10)

아브라함과 조카 롯이 가축은 많은데 땅이 좁아 헤어지기로 했을 때, 아브라함은 각자가 거주할 땅에 대한 선택권을 먼저 롯에게 주었다. 롯은 눈앞에 보인 현실을 기준으로 소돔과 고모라를 선택했지만, 아브라함은 '하나님의 때'를 선택했다. 즉 하나님의 계획을 신뢰했다는 뜻이다. 물론 '현실'이라는 이름의 '지금'도 중요하다. 금보다 귀한 것이 '지금'이라는 말도 있지 않은가? 그러나 더 중요한 것은 '지금'은 오늘뿐만 아니라 내일 가운데에도 있다는 사실이다.

이와 같이 그 곡물을 이 땅에 저장하여 애굽 땅에 임할 일곱 해 흉년에 대비하시면 땅이 이 흉년으로 말미암아 망하지 아니하리이다 (창세기 41:36)

물론 이 말씀은 오늘 누려야 할 행복을 마냥 미루기만 하라는 것은 아니다. 오늘은 지금 나에게 허락하신 형편에서 누리면 된다. 다만 오늘은 물론 내일조차도 하나님의 뜻 안에서 누릴 수 있는 계획을 하고 있느냐가 중요하다. 예컨대 맘몬은 우리의 형편이 언제 어떻게 바뀔지 모르니 어찌 될지 모를 미래를 계획하고 준비하기보다 당장에 즐길 수 있는 눈앞의 지금을 선택하라며 유혹한다. 그것이 '포스트모더니즘*' 이라는 문화적 교리로 강화되어 각종 미디어와 SNS를 통해 범람하면서 자기도 모르게 하나님을 잊은 채 자기 버킷리스트만 자랑하는 사람이 많아지고 있다. 그러나 우리가 정말 하나님의 사람이라면, 하나님께서 나를 통해 이루기를 원하시는 목적이 있다는 사실은 변함이 없다. 따라서 우리는 첫째, 그 목적을 알아야 하고, 둘째, 그것에 합당한 계획을 세워야 한다.

　　세계적인 베스트셀러 《목적이 이끄는 삶》의 저자 '릭 워렌'은 가치 있는 인생을 찾는 사람들이 자주 묻는 질문, "나는 왜 이 땅 위에 존재하는가?"에 대한 답으로 "하나님은 우주를 만드시기 전부터 우리를 마음에 품으셨고, 당신의 목적을 위해 우리를 계획하셨다"라고 분명히 말하고 있다. 그러면서 '성공하는 삶'이 아닌 '목적이 이끄는 삶'을 선택해야 한다고 강조한다.

---

* 포스트모더니즘(Postmodemism)
1960년대, 기존 사회의 주류였던 이성, 합리성, 근대성 등으로 대표되는 모더니즘을 해체하려는 사상으로 탈이성적인 것, 다양성과 탈권위적인 것을 추구하면서 '나' 자신을 중시한다. 특히 니체는 포스트모더니즘 철학에 가장 직접적인 영향을 준 사상가로서 "신은 죽었다"라는 폭탄발언으로 종교의 규범까지 해체했다. 지금은 많이 시들해진 듯 보이지만 새로운 사조들에 스며들어 여전한 존재감을 유지하고 있다.

사명선언문

목적이 이끄는 삶을 위해 준비해야 할 것은 무엇일까? 여러 가지가 있겠지만 '사명선언문'을 통해 인생의 목적을 더욱 구체화하면 어떨까? 사명선언문 작성은 교회 공동체에서 진행하는 비전캠프 등에서 자주 활용한다. 대략적인 방법을 정리하면 다음과 같다.

- **작성 방법**
  1. 하나님께 받은 나의 은사를 생각한다.
  2. 받은 은사를 바탕으로 기여하기를 원하는 대상이나 영역을 적는다.
  3. 그것을 어떻게 제공하려 하는지 구체적으로 적는다.

- **Tip**
  1. 평소 닮고 싶어했던 성경의 인물(역할모델)과 특징을 생각해 본다.
  2. 하나님의 사람으로 중요하다고 생각하는 단어나 문장 등을 생각해 본다.

작성 예시

나의 사명은 (직업, 달란트)로서 (섬기기 원하는 대상)들이 (목적 ex. 재정적으로 실족하지 않는) 삶을 돕는다.
이 사명을 수행하기 위해 나는 하나님께서 주신 은사를 열심히 연구하고 연단하며 내가 섬겨야 할 사람들을 위해 최선을 다한다.

구체적으로는

1. 가정에서 (   ) 한다.

2. 일터에서 (   ) 한다.

3. 세상에서 (   ) 한다.

4. 교회에서 (   ) 한다.

년   월   일

홍길동이 작성하고 선포한다.

세상의 스펙 vs 하나님의 은사

"교육비가 너무 많이 들어요. 그렇다고 안 할 수는 없잖아요. 다른 애들보다 뒤처질까 봐 불안해요."

통계청 자료에 따르면, 2023년 초중고생들이 쓴 학원비·과외비·인터넷강의 수강료 등 사교육비 총액이 27조 원을 넘어섰다. 저출산으로 학생 수는 줄어드는데 사교육비 총액은 갈수록 늘어나고 있다. 예컨대 2023년 전체 사교육비는 2021년 대비 15.8% 증가했고 그에 따른 1인당 월평균 사교육비도 2023년 43만 3,800원으로 2021년과 비교하면 무려 18.3% 증가했다. 이런 형편에서 자녀의 교육비를 충당하며 은퇴 후 노후를 준비할 수 있는 가정은 많지 않다. 우리나라 65세 이상 노인 인구의 상대적 빈곤율이 OECD 국가 가운데 최상위권을 차지하는 것도 부모들이 지출하는 자녀들의 사교육비가 가장 큰 원인이다.

더 큰 문제는 지금의 40, 50대 역시 이런 상태가 지속되면 노후에 빈곤으로 시달릴 가능성이 높다는 사실이다. 그런데도 대부분의 부모는 자녀를 위한다는 이유로 과다한 사교육비의 굴레에서 벗어나지 못하고 있다. 그러나 정말 자녀를 위한다면 과다한 사교육비 문제를 고민해 봐야 한다. 왜냐하면, 잔뜩 길어진 노후에서 '가난한 부모'를 위한 재정적인 부담을 자녀가 떠안을 수 있기 때문이다. 그것은 대부분 부모도 원치 않는 결말이다.

궁극적으로 사교육비 지출은 자녀의 장래 직업에 대한 불안 때문인 경우가 많다. 그러나 기독교 자녀의 직업은 하나님과의 화목이란 측면에서 생각해야 한다. 부모는 자녀의 소유권자가 아니라 양육권자이기 때문이다. 즉, 하나님의 사람인 자녀도 그들의 주인 되신 하나님의 뜻대로 양육되어야 한다.

　　구체적으로는 자녀에게 허락하신 하나님의 은사를 발견하고 계발하여 그것에 합당한 일꾼으로 성장하는 일을 돕는 것이 양육권자인 부모의 역할이다. 그런데도 우리는 자녀를 세상이 원하는 기준에 따라 세상이 원하는 사람으로 키우고 있지 않는지 생각해 볼 필요가 있다. 그것을 세상에서는 '스펙'이라 부른다.

　　물론 하나님의 은사를 발견하고 계발하기란 생각보다 쉽지 않다. 또한 그것을 세상의 일과 직업으로 연결시키는 과정도 만만찮다. 그러다 보니 세상의 기준에 쉽게 흔들리며 적당히 타협한다. 그 때문인지 부모 가운데는 자녀의 적성이나 은사보다 세상의 평가를 우선시하는 경우가 많다. 심지어 자녀를 부모의 명예나 자존심을 위한 수단으로까지 생각하기도 한다. 여기서 우리는 하나님께서 아담 부부에게 왜 땅과 가시덤불, 엉겅퀴를 함께 주셨는지 생각해 볼 필요가 있다. 만약 인류에게 가시덤불과 엉겅퀴가 없었다면 어떻게 되었을까? 지금보다 훨씬 더 행복하게 잘 살았을까? 그렇다면 하나님은 인류의 행복을 가로막기 위해 그것들을 심어 놓으셨을까? 물론 땅의 소산을 얻기 위한 수고와 더불어 아담 부부의 원죄에 대한 징벌의 의미도 있지만 그것들을 통해 우리를 더욱 분별케 하려는 뜻이 있다고 생각한다. 그것은 또한 육신에 사로잡힌 인생의 종말이 사망이라는 점을 생각할 때 세상이라는 무대에서 싸워야 하는 우리의 참된 행복을 위한 소도구라고 생각한다. 즉,

하나님께서 우리 각자는 물론 자녀들에게 주신 모든 것, 심지어 이해하기 힘든 성격이나 갈등을 일으키는 성품마저 분명 필요하고 귀한 것이라는 믿음이 필요하다.

재정관리 측면에서도 자신이 좋아하는 일을 하면서 소득이 적은 사람의 재정상태가 그 반대의 경우, 예컨대 고소득이지만 스트레스가 많은 일을 하는 사람보다 건강하다. 좋아하는 직업을 가진 사람은 일 그 자체가 즐거워서 소비욕구가 적지만, 그렇지 않은 사람은 소비를 통해 직업적인 스트레스를 해소하려는 현상이 반복되면서 과소비가 습관이 될 수 있기 때문이다.

황금보다 귀하다는 '지금'을 누리는 것도 마찬가지다. 일상에서 가장 많은 시간을 보내는 직업이나 진로에 쏟는 시간이 즐거우면 재정적인 형편이 어떠하든 자족하며 오늘을 누릴 수 있다. 따라서 과도한 교육비가 재정상황을 악화시킨다면 자녀의 진로선택이 하나님의 관점인지 아니면 세상의 관점인지를 점검해 봐야 한다. 당장의 재정적인 문제도 문제지만 세상이 원하는 진로나 직업을 선택하여 부와 명성을 얻었더라도 그러는 동안 하나님과 멀어지게 되고 두 주인을 섬기게 될 수 있기 때문이다.

자신의 달란트를 찾고 계발하며 성장하는 사람들의 실제 사례 몇 가지를 소개한다.

—

A는 여느 청년과 마찬가지로 대학 4년 동안 TOPIC이나 어학연수 등 취업에 필요한 스펙 쌓기에 몰두했다. 그러나 막상 취업하려고 수십 개 기업에 원서를 썼

지만 어느 한 곳도 불러주지 않았다. 그 정도 스펙으로는 누구나 바라는 대기업 취업이 힘들었던 것이다. 아무런 직장도 없이 졸업부터 하는 것이 부담스러워 마지막 학기를 휴학하고 인턴 자리라도 알아보고 있던 어느 날, 어떤 모임에서 말레이시아에서 비즈니스선교(BAM, Business As Mission) 목적의 한식당을 경영하던 백바울 선교사를 만나게 되었다. A씨로부터 취업에 대한 고민을 들은 백 선교사는 이렇게 물었다.

"자네, 스펙이 있는가?" 망설이던 그는 이렇게 대답했다.

"아니요, 없습니다……."

의외의 대답에 지긋이 웃던 백 선교사가 말했다.

"잘했어, 세상이 원하는 스펙을 쌓지 말고 하나님이 원하는 스펙을 쌓아야 해."

그러고는 느닷없이 이런 제안을 했다.

"자네, 내가 말레이시아에서 운영하는 식당에 와서 일해 보지 않겠나?"

그 순간 무엇에 씌었는지 아무런 망설임도 없이 이렇게 대답했다.

"예, 가겠습니다!"

그때부터 1년 동안 그는 백 선교사의 선교식당 'K-bob'에서 김치찌개 만드는 것부터 청소와 서빙 등 소자본으로 운영되는 식당의 경영 전반을 배웠다. 식당에서 일어나는 온갖 일을 경험하며 음식도 만들고 그것을 맛있게 먹는 사람들을 보며 자기도 몰랐던 재미와 보람을 느끼면서 조금씩 자신의 은사를 찾아갔다. 이후 A는 식음료 분야 기업에 입사하여 자신의 은사를 계속 성장시키고 있다.

★ 경쟁의 끝은 없다. 내게 주신 은사를 찾고 계발하여 유니크하게 만들자.

—

B는 한국에서 대학을 마치자마자 친척이 있는 호주로 이주하여 동업자와 함께 청소대행업을 시작하고 밤낮없이 일했다. 회사는 빠르게 성장하여 매출과 이익

이 안정적인 궤도에 들어설 무렵 동업자와의 갈등으로 졸지에 회사에서 나와야 했다. 세상 경험이 부족했던 그는 회사 경영에 필요한 모든 것을 초기 자본을 투자했던 동업자에게 맡겼는데 나중에 알고 보니 그의 실질적인 법적 지위는 언제든 해고될 수 있는 노동자에 불과했다.

그렇게 쫓기듯 한국으로 들어왔던 2014년 무렵, 어린 두 아이를 포함한 네 식구의 가장인 그를 기다리는 직장은 없었다. 젊은 나이에 일찍 실패를 경험했던 그는 기왕 다시 시작해야 한다면 자신이 재미있게 일할 수 있는 분야의 직업을 얻고 싶었다. 그것은 각종 인터넷 홈페이지 등을 사용자 관점에서 편리하게 이용할 수 있게 하는 'UI 디자인'이었다. 그러나 전문 자격증은 물론 아무런 경력도 없는 그를 뽑아줄 기업은 없었다. 그러다 마침 창업한 지 얼마 되지 않은 작은 스타트업에서 급여는 적지만 함께 일할 수 있겠냐는 연락이 왔다. 그는 조금의 고민도 없이 함께하기로 했다.

그런 그에게 인사담당자는 최소한의 생활비를 알려달라고 했다. 사업 초기의 스타트업은 넉넉한 급여를 줄 수 있는 형편이 아니었기 때문이다. 그때 그는 꼼꼼하게 기록한 가계부를 보여주면서 월 125만 원이면 된다고 말했다. 그에겐 원하는 일을 배우면서 네 식구가 먹고살아야 하는 한 달 생활비가 최고의 급여였다.

이후 B는 처음 입사한 스타트업에서의 경력을 토대로 구글의 미국 본사에 스카우트되어 더 많은 경험을 쌓은 후 다시 한국으로 돌아와 억대 연봉자로 일하고 있다.

★ 다시 시작한다면 재미있게 할 수 있는 일에 도전하자.
★ 가계부를 기록하면 자족을 구체화할 수 있다.

C는 누구나 부러워하는 한국 굴지의 대기업에서 스마트폰 시스템 개발 선임연구원으로 입사하여 또래보다 많은 연봉을 받았다. 그러나 계속되는 야근과 경쟁 위주의 성과체제에 지쳐가던 중, 우연한 계기로 산티아고로 여행을 떠났다. 한 달 가까이 산티아고 순례길을 혼자 걸으면서 내면의 목소리에 귀를 기울일 수 있었고 그 결과 누구나 원하는 직장에서 많은 돈을 받으며 일하고 있지만 정작 자신이 원하는 좋은 삶은 아니라는 생각이 들었다. 여행을 마치고 복귀하여 직장에 다니면서 자신이 살고 싶은 삶을 찾고자 했지만 결코 쉽지 않았다. 그렇게 갈등이 이어지던 어느 날, 이번에는 작정하고 다시 한번 산티아고를 다녀오기로 했다. 두 번째 순례길에서 자신이 얼마나 많은 것을 가졌는지 깨닫고, 삶의 소중함과 감사함으로 자신이 가야 할 삶의 방향을 따라 살기로 결단했다. 그런 후 회사에 사표를 내고 카페 '알베르게'를 차린 다음 인생의 진정한 길을 찾는 사람들에게 자신만의 라이프스타일을 발견하고 그것을 체계화할 수 있도록 돕는 일을 하고 있다.

처음에는 물론 쉽지 않았다. 많은 시행착오와 세상의 높은 벽 앞에서 때론 좌절하며 자신의 나약함과 무력함을 자책했지만 그때마다 산티아고 순례길에서의 깨달음을 되새기며 다시 일어섰다.

그 이후 C는 《산티아고 라이프스타일》을 출간하는 등 자신의 지경을 넓히면서 인생의 진정한 길을 찾는 사람들을 위한 인도자로 활동하고 있다.

★ 하나님의 은사를 따라 사는 것은 시련이 따른다.
그러나 살고 싶은 삶을 사는 것만큼 소중한 것은 없다.
★ 깨달음의 순간을 기억하면서 어떤 상황에서도 감사를 생활화하자.

D는 청년 시절부터 커피에 꽂혔다. 콩이 볶아지면서 나는 냄새가 너무 좋았고 좋은 커피를 친구들과 함께 마실 때는 너무 행복했다. 대학에 다니는 동안 카페에서만 아르바이트를 했다. 그렇게 번 돈은 다른 곳에는 쓰지 않고 로스팅학원 등 커피를 배울 수 있는 곳에 거의 사용했다. 무엇보다 자신이 재미있는 일을 하다 보니 소득이 적어도 돈은 부족하지 않았다. 직업에 대한 스트레스가 거의 없어 다른 곳에 돈 쓸 일이 없었던 것이다. 문제는 그의 부모였다.

커피에 대한 아들의 진심을 이해하지 못하고 한때의 취미로만 생각했던 그의 부모는 졸업 학년을 앞두고 취업공부에 몰두하기를 강요하면서 다시는 커피 근처에 얼씬도 하지 않겠다는 다짐을 받았다. 그러나 D는 부모의 눈을 요령껏 피해가며 커피 관련 일을 계속했고 그런 아들을 곁눈으로 지켜보던 부모도 조금씩 비켜섰다. 마침내 커피에 대한 아들의 진심을 확인한 부모는 아들과의 대화를 위해 커피 관련 책을 읽기 시작했다. 그러면서 커피에 대해 많은 것을 알게 되었다. 그렇다고 선뜻 아들의 선택에 동의하기 힘들었지만, 우선은 아들을 믿어보기로 했다. 그래서 한 가지 약속만 했다. 자기가 하고 싶은 일을 선택하는 대신 그에 따른 재정은 스스로 책임지기로 했다.

이후 D는 전문로스터가 되어 여러 업체에서 경험을 쌓은 후 로스터리 카페를 창업하고 '많은 사람에게 더 좋은 커피를 경험하게 한다'는 슬로건으로 자신의 취향에 맞는 원두의 선택과 가공에 이르기까지 소비자가 직접 선택하는 서비스 매뉴얼을 바탕으로 즐겁고 행복한 일터를 경영하고 있다.

★ 자녀는 부모의 소유물이 아닌 하나님의 사람이다. 양육권자인 부모는 적당한 방법으로 자녀의 은사와 그에 대한 의지를 테스트해야 한다.

★ 자녀의 은사에 부모가 관심을 가지면 자녀에게 최고의 힘이 된다.

유럽여행 전문가인 E는 코로나19로 직격탄을 맞았다. 소규모 전문여행사를 운영하던 그의 회사는 속수무책으로 문을 닫아야 했고 졸지에 빚쟁이가 되었다. 조금만 기다리면 되겠지 싶었던 기대가 손해를 더 키웠다. 그런 시간이 길어지면서 주변의 많은 사람이 이제 여행업은 끝났다고 말하면서 전직을 권하기도 했다.

가장인 그에게 현실은 중요했다. 오랜 고민 끝에 그는 쿠팡맨(전자 상거래 업체인 쿠팡의 배송직원)을 선택했다. 그에게 여행은 하나님의 선물이라 생각했기 때문에 틀림없이 다시 열어주시리라 믿었다. 대신 현실의 필요를 채워야 하는 것도 가장인 그의 몫이었다.

사실 그는 유명 교육방송의 인기 여행프로그램인 〈세계테마기행〉에서 알프스 편을 진행했을 만큼 꽤 알려진 유럽여행 전문가였다. 그래서 가족을 비롯한 주변 사람들은 그의 선택을 걱정했다.

"혹시 당신을 아는 사람이라도 만나면 창피하지 않겠어?"

그럴 때마다 그는 이렇게 대답했다.

"그게 왜? 하나님께서 당장의 필요를 채워주시는데 왜 창피해?"

처음 해보는 배달 업무는 무척 힘들었다. 다리를 크게 다쳐 쉬기도 했다. 그러나 할 수 있는 최선을 다했고 늘 감사했다. 동료에겐 긍정의 아이콘으로 웃음을 선물하면서 희망을 내려놓지 않았다. 가족도 그와 한마음이 되어 최대한 절제함으로 생활비를 줄였다.

그렇게 시간이 흘러 여행업이 재개된 지금, 그는 누구보다 바쁜 하루를 보내고 있다. 그는 이렇게 말한다.

"하나님께서 왜 이렇게 축복해 주시는지 모르겠어요. 그땐 당연하게 생각했던 것들이 지금은 하나하나가 기적입니다. 하, 하, 하."

★ 하나님의 아들이라는 자의식을 가진 사람은

어떤 일을 하더라도 부끄러워하지 않는다.

★ 하나님은 아무런 이유 없이 우리를 시험하지 않는다.

F는 고등학교 진학과정에서 부모와 크게 다투었다. 친구와 함께 요리전문 고등학교에 가고 싶었는데 부모가 크게 반대했기 때문이다. 자기계발 전문가로서 각종 강연이나 책에서 자신이 좋아하는 일을 해야 한다고 말했던 그녀의 아빠에게 '왜 딸에게는 반대하냐'며 이중적이라고 따졌다. 그녀의 부모는 그녀가 평소 집안에서 요리를 즐겨 하지 않았던 것을 상기시키면서 한때의 트렌드에 혹해서 그런 거라며 꼭 하고 싶으면 대학에 진학한 다음 선택하면 된다고 말했다. 지금도 그렇지만 그때 당시에도 요리 관련 방송이 각종 미디어에서 인기를 끌고 있었다.

결국 그녀는 뜻을 접고 일반계 고등학교로 진학한 다음 요리 관련 전공으로 대학에 입학했다. 그러고는 '마침내 내가 하고 싶은 직업을 갖게 되었다'라며 꽤 기뻐했다. 그렇게 1학년 과정이 끝나고 2학년이 시작된 어느 날, 집으로 학교에서 보낸 우편물이 도착했는데 그 속에는 그녀의 전공이 건축디자인으로 바뀌었다는 안내문이 들어 있었다.

지금 그녀는 대학을 졸업하고 건축 관련 직장의 설계 분야에서 재미있게 일하고 있다.

★ 자녀의 은사를 발견하기 위해 각종 과외를 비롯해 비싼 비용의 경험을 해야 하는 것은 아니다. 하나님이 주신 은사가 있음을 믿고 자녀를 잘 관찰하면서 대화를 많이 하는 것이 중요하다.

★ 특히 한때의 유행이나 트렌드에 유혹되지 않도록 주의해야 한다.

목사인 G는 삶의 대부분을 학원선교와 청년단체를 섬겨왔다. 고정적인 사례가 없었던 때도 많아 하나님께서 채워주시는 양식으로 자족하는 일상이 훨씬 많았다. 그러던 그가 60세가 넘어 수억 원이 넘는 돈이 필요한 건축사업을 벌였다. 20대에 프랜시스 쉐퍼 박사의 라브리를 읽고 삶에 지친 한국의 젊은이와 사역자가 편하게 찾아와서 쉬고 회복하여 다시 삶의 자리, 사역의 자리로 나아갈 수 있도록 돕는 비전을 품었는데 그 꿈을 실천에 옮긴 것이다.

다행히 건축에 필요한 땅은 오래전 값싸게 사놓았지만, 막상 건축을 시작하니 예상보다 훨씬 많은 돈이 필요했다. 그가 가진 모든 소유를 팔고 대출도 얻었으나 턱없이 부족했다. 절박한 기도 끝에 공개적인 후원을 요청하기로 하고 관련 사이트나 SNS 등을 통해 그의 비전을 알리면서 건축의 모든 과정을 공유해 나갔다. 그러자 생각지도 못한 곳에서 도움의 손길이 이어졌다. 크고 작은 금전적인 후원은 물론 필요한 물품의 후원이 부족함 없이 채워져 나가는 것을 보면서 그는 이렇게 고백했다.

"나의 비전은 내 것이 아니라 하나님의 것이었습니다."

지금 '힐링하우스 세움'에는 오늘도 삶에 지친 사람들과 사역자들이 자연 속에서 쉼을 누리면서 하나님께로부터 받은 각자의 소명을 다시금 곧추세우고 삶의 자리, 사역의 자리로 되돌아간다.

> ★ 나이를 먹어도 소명은 계속된다. 기독교인에게 은퇴는 없다. 목회자도 다르지 않다. 누구나 노년은 하나님 나라를 준비하는 마지막 시간이다. 세상의 지위와 직책, 내가 가진 소유를 내려놓고 하나님과의 결산을 준비하는 시간이다.

★ 나의 비전이 하나님의 것이라는 응답이 있다면 필요한 물질을 공개적으로 요청하는 것을 부끄러워할 필요는 없다. 그렇게 할 수 있는 삶을 살았다는 것이 중요하다. 모든 것은 하나님의 것이다.

◆ **ACTION PLAN**

- 하나님의 버킷리스트 작성하기
- 사명선언문 작성하기

나눔 Q2

만약 세상에서 말하는 경제적 자유를 달성한다면
돈의 문제에서 완전히 해방될 수 있다고 생각하는가?
'그렇다', '아니다'로 답하고, 그 이유를 함께 나누어보자.

자족함의 비밀
세상에 내 것은 없다

무리가 그 성과 그 가운데에 있는 모든 것을 불로 사르고 은금과 동철 기
구는 여호와의 집 곳간에 두었더라 (여호수아 6:24)

자족함의 실체

마침내 여리고성이 무너졌다. 이스라엘 백성은 기생 라합과 그 집
에 동거하는 자를 제외한 여리고 땅의 모든 남녀노소와 소와 양과 나
귀를 칼날로 멸하고 모든 것을 불살랐으며 그 가운데 은금과 동철 기
구는 여호와의 집 곳간에 두었다. 이것은 7일 동안의 여리고성 전쟁에
서 승리한 이스라엘 백성에게 전리품으로 주어진 것이 아무것도 없었
음을 의미한다. 특히 여리고성을 실제 발굴 탐사한 전문가들에 따르면
곡식이 가득 담긴 저장 항아리(storage jar)들이 땅속에서 탄 채 발견
되었다고 한다. 즉 이스라엘은 전쟁에서 가장 중요한 군량미조차 모두
태워 없앴다. 이때 아간의 범죄는 순간의 탐욕이 빚은 것이기에 구별이
필요하니 그것에 관해서는 3편에서 별도로 나누어보자.

이처럼, 비록 여리고는 하나님의 약속대로 이스라엘 백성에게 붙여 주셨지만, 전리품 가운데 그들이 취할 게 하나도 없다는 사실은 선뜻 수긍하기 어렵다. 왜냐하면 우리가 행하는 대부분의 노동은 수고한 사람들에게 적당한 보상을 전제로 하기 때문이다. 그것이 잘못되면 '공평' 혹은 '공정'의 이름으로 비난받는 경우가 많다. 그런데 냉정하게 생각해 보면 세상에서도 그런 일은 자주 일어난다. 즉, 뼈 빠지게 일했는데 내 것이 없거나 심지어 원래 내 것조차 내어놓아야 하는 경우도 생긴다. 그럴 때 당신이라면 어떨까? 대부분의 사람은 이렇게 반응한다.

나중 온 이 사람들은 한 시간밖에 일하지 아니하였거늘 그들을 종일 수고하며 더위를 견딘 우리와 같게 하였나이다 (마태복음 20:12)

이 구절은 포도원 주인이 하루 한 데나리온씩의 품삯을 약속하고 품꾼을 뽑았는데, 늦게 뽑은 일꾼들에게도 아침 일찍 뽑은 일꾼들과 같은 품삯을 지급하자 먼저 와서 하루 종일 수고한 일꾼들이 공평하지 못하다며 불평하는 내용이다. 그러나 도리어 주님은 이렇게 말씀하신다.

네 것이나 가지고 가라 나중 온 이 사람에게 너와 같이 주는 것이 내 뜻이니라 (마태복음 20:14)

이 말씀은 세상의 '공정'이나 '공평'을 말하려는 것이 아니라 하나님과 나의 관계는 다른 사람들과의 비교를 통해 그때그때 달라지면 안 된다는 것을 말하려는 게 아닐까 생각한다.

1편 믿음 | 무엇을 믿을까? 마인드(mind) · 전략(strategy)

예컨대 주인에게 불평을 쏟아내는 그들 역시 다른 사람들과 비교만 하지 않았다면 그날 하루를 충분히 감사하고 행복하게 보냈을 것이다. 자신을 일꾼으로 불러준 포도원 주인이 아니었다면 그날의 품삯조차 없었을 테니 말이다. 또한 포도원 주인도 자신의 이익을 더 많이 챙길 생각이 아니었다. 만약 그랬다면 불평하는 품꾼들의 주장처럼 늦게 온 사람들에게 품삯을 더 적게 지급했을 것이다. 그래서 우리는 어떤 형편에서도 우리의 주인이 누구인지, 나를 자녀 삼아주신 하나님이 나를 끝까지 돌보아주신다는 사실을 잊지 말아야 하고 그것이 다른 사람들과의 비교를 통해 달라지지 않아야 한다.

성경적 재정관에 관련하여 자주 인용하는 자족함의 본질도 마찬가지다. 자족은 다른 사람들과의 비교가 아닌 하나님과 나의 관계가 어떤 상태인지를 스스로 판단할 수 있는 참조틀이 될 수 있다.

예컨대 하나님과 나 사이에 '비교'가 끼어들면 어떤 이에게는 자족이 은근한 자랑일 수 있으나 다른 이에겐 자족이 강요된 상처가 될 수도 있다. 마찬가지로 우리가 상반된 형편의 사람들을 바라볼 때 '비교'라는 단어가 끼어들면 각자에게서 자족이란 단어를 같게 느낄 수 없다. 그래서 자족이란, 다른 이들에게 자랑하기 위한 신앙의 증표가 아니라 매일의 삶에서 우리 앞의 현실과 치열하게 싸우며 설령 나에게 주신 재정이 궁핍하더라도 그래서 라면으로 끼니를 때우더라도 내가 하나님의 자녀라는 신앙적 자존감을 포기하지 않고 내일의 소망으로 참고 견디면서 언젠가는 반드시 알게 하실 나를 향한 하나님의 은혜와 지혜로움을 기다리는 것, 반대로 나에게 주신 물질적인 축복에 교만하지 않고, 그 때문에 사람을 발아래에 두지 않고, "주님, 왜 하필이면 저입니까?"라는 질문을 두려움으로 되뇌며 주인 되신 하나님께서 나에게 기대하실 것들을 힘들지만 기쁘게 행하면서 나를 향한 하나님의 은혜와 지혜로움을 찾는 것, 그것이 자족이 아닐까 생각한다. 즉 다른 사람과의 비교가 아니라 하나님과의 관계에서 각자에게 주어진 문제를 풀어가는 과정이 아닐까 생각한다.

그렇다면 이제 전쟁에 승리하여 얻은 전리품 가운데 하나도 분배받지 못했던 이스라엘 백성들이 전혀 불평하지 않았던 이유를 알 수 있다. 그들은 승리의 순간에도 하나님과의 관계만 생각했다.

세상에 내 것은 없다

우리가 스스로 자족할 수 있는 또 다른 이유는 천지에 있는 모든 것이 다 하나님의 것이기 때문이다.

내 것을 가지고 내 뜻대로 할 것이 아니냐 내가 선하므로 네가 악하게 보느냐 (마태복음 20:15)

여기서도 하나님은 포도원의 주인이 하나님 당신이라는 사실을 분명하게 말하고 있다. 우리가 착각하지 말아야 하는 것은 기독교인이든 아니든 땅에서 자신의 소유를 확정지을 수 있는 사람은 하나도 없다는 사실이다. 예컨대 내 명의로 된 통장에 돈을 넣어 두거나 부동산 등기부 등본에 내 이름이 기재되어 있다고 해서 영원히 내 것일 수는 없다. 그것은 내 것으로 생각하는 것들을 증여나 상속 등의 방법으로 자녀들에게 넘겨준다고 달라지지 않는다. "부자 삼대 못 간다"라는 속담이 그저 생긴 것이 아니라 누구에게나 절대적이고 영원한 소유는 없다는 진실을 상기시켜 주는 것이다.

실제로 전 세계를 통틀어 100년 기업은 손에 꼽을 만큼 드물다. 한국을 대표하는 재벌그룹들도 마찬가지다. 이제 겨우 100년에 가까워질 뿐이다. 그렇다고 천 년, 만 년이 보장된 것도 아니다. 즉, 세상에 내 것은 없다. 이것이 우리가 자족할 수 있는 또 다른 이유다. 역대상 29장 11~12절에서는 모든 것의 주인이신 하나님의 소유권에 대해 더 구체적이고 분명하게 설명하고 있다.

> 여호와여 위대하심과 권능과 영광과 승리와 위엄이 다 주께 속하였사오니 천지에 있는 것이 다 주의 것이로소이다 여호와여 주권도 주께 속하였사오니 주는 높으사 만물의 머리이심이니이다 부와 귀가 주께로 말미암고 또 주는 만물의 주재가 되사 손에 권세와 능력이 있사오니 모든 사람을 크게 하심과 강하게 하심이 주의 손에 있나이다

혹여 이 말씀이 율법의 시대인 구약에 기록된 것이고 지금은 율법이 폐하여진 신약시대이니 다르지 않냐고 생각한다면 신약시대에 쓰인 다음의 말씀을 주목해 보자.

> 너희 몸은 너희가 하나님께로부터 받은 바 너희 가운데 계신 성령의 전인 줄을 알지 못하느냐 너희는 너희 자신의 것이 아니라 값으로 산 것이 되었으니 그런즉 너희 몸으로 하나님께 영광을 돌리라 (고린도전서 6:19-20)

그렇다. 천지에 있는 모든 것이 하나님의 것임은 물론 우리를 위해

당신의 아들을 내어놓으신 하나님은 우리의 몸조차 내 것이 아닌 하나님의 것이라고 말하고 있다. 여기서 여리고 전쟁에 기록된 다음의 말씀을 주의 깊게 생각해 보자.

여호와께서 여호수아에게 이르시되 보라 내가 여리고와 그 왕과 용사들
을 네 손에 넘겨 주었으니 (여호수아 6:2)

우리는 여리고와 그 왕과 용사들이 애초에 하나님께 속해 있었음을 알 수 있다. 하나님께 속한 것이니 넘겨줄 수 있다. 즉, 하나님은 이스라엘 백성에게 주신 것뿐만 아니라 앞으로 받게 될 모든 것의 주인이셨다. 따라서 여리고성을 이스라엘에게 넘겨주었다는 것은 그 땅에 대한 소유권을 넘긴 것이 아니라 '맡겨주셨다'는 뜻으로 이해해야 한다. 땅에 있는 어떤 것이라도 영원히 절대적으로 소유할 수 있는 사람은 없기 때문이다.

세상 사람들도 마찬가지다. 가까운 사람들의 장례식장에서 우리는 단 한 푼의 돈조차 영원히 소유할 수 없다는 사실을 확인한다. 그들이 할 수 있는 유일한 방법은 자기 것으로 착각하는 모든 재산의 관리권을 가족에게 넘겨주는 것뿐이다. 그렇게 넘겨진 관리권도 세대에 걸쳐 오래 지속되는 경우는 흔치 않을 뿐만 아니라 '그깟' 관리권을 차지하려는 욕심 때문에 부모와 형제가 원수 되는 일마저 빈번하다. 따라서 기독교인이든 아니든 소유에 대한 착각에서 깨어나는 것이 모두가 바라는 진정한 행복을 찾는 출발이다.

그런 점에서 기독교인인 우리가 그 사실을 먼저 안다는 것은 행복을

누리는 데에 세상 사람들보다 훨씬 유리하고 강력하다. 성경적 재정원리가 세상의 재테크보다 불리하다는 오해를 바로잡아야 하는 이유다.

이처럼 세상의 모든 것, 그 가운데서도 특히 돈의 주인이 하나님이라는 사실에 동의한다면 애초에 하나님께 속한 것을 속되다 할 수는 없다. 다만 그것을 맡은 우리의 잘못된 마음과 행위가 그것을 속되게 만들 뿐이다. 즉 하나님께서 애초에 속된 것을 나에게 맡겨주신 것이 아니라 하나님의 것을 내 것인 양 착각하는 그때부터 속된 것이 된다. 물론 착각의 결말은 분명하다.

> 한 사람이 두 주인을 섬기지 못할 것이니 혹 이를 미워하고 저를 사랑하거나 혹 이를 중히 여기고 저를 경히 여김이라 너희가 하나님과 재물을 겸하여 섬기지 못하느니라 (마태복음 6:24)

이 말씀은 곧, 우리에게 주신 하나님의 첫 번째 계명을 소환한다.

> 너는 나 외에는 다른 신들을 네게 두지 말라 (출애굽기 20:3)

즉, 기독교인이 돈을 벌고 불리기 위해 노력하는 것이 잘못된 게 아니라 그렇게 불린 돈을 어디에 쓰느냐의 문제가 기독교 재정관의 핵심이라는 뜻이다. 물론 정직하지 않게 돈을 벌고 불려도 된다는 뜻은 아니다. 주인이신 하나님이 어느 한순간 악했던 적이 있었던가? 하물며 그것을 우리에게 권하겠는가?

그렇다면 우리 안에서 자족을 가로막는 마음이 언제 어떻게 생겨났는지 알아보자.

세 가지 종류의 유혹

> 여자가 그 나무를 본즉 먹음직도 하고 보암직도 하고 지혜롭게 할 만큼 탐
> 스럽기도 한 나무인지라 여자가 그 열매를 따 먹고 자기와 함께 있는 남편
> 에게도 주매 그도 먹은지라 (창세기 3:6)

이 말씀에서 우리는 그때까지 자족하며 행복하게 살았던 아담 부부를 타락시킨 세 가지 유혹, 즉 '먹음직'과 '보암직', '지혜롭게'의 의미를 주의 깊게 살펴봐야 한다.

'먹음직'은 먹고사는 것에 대한 유혹, '보암직'은 다른 사람들에게 과시하고픈 유혹, '지혜롭게'는 다른 사람은 물론 심지어 하나님의 능력을 탐하는 유혹으로 바벨탑 사건(창세기 11:4)의 본질과 연결된다.

동시에 이들 세 가지는 돈만 있으면 마음껏 먹고 마시며 자랑하고 세상에 못 할 것이 없다는 돈의 유혹과 일체를 이룬다. 즉 벌고 불리는 것, 그 자체가 속된 것이 아니라 소유에 대한 착각으로 쌓아두려는 욕망이 싹트는 순간 속된 것으로 변질된다. 그 결과 어떤 현상을 초래할까?

> 이에 그들의 눈이 밝아져 자기들이 벗은 줄을 알고 무화과나무 잎을 엮어
> 치마로 삼았더라 (창세기 3:7)

선악을 알게 되었다는 것은 부끄러움을 알게 되었다는 것이고 우리 안에 도사린 온갖 종류의 욕심(돈, 명예 등)을 알게 되었다는 것이다. 또한 이것은 창세기 3장 18절의 말씀에 등장하는 가시덤불과 엉겅퀴

가 의미하는 몇 가지 뜻 가운데 하나이기도 하다. 소유에 대한 착각이나 애초에 내 것이 아닌 것을 탐하는 마음은 아무리 많은 돈을 가졌더라도 우리를 끊임없이 불안하게 하고 하나님과의 샬롬을 가로막는다.

그렇다면 이제 우리는 어떻게 자족의 마음을 회복할 수 있을까?

자족함의 세 가지 비밀

내가 궁핍하므로 말하는 것이 아니니라 어떠한 형편에든지 나는 자족하기를 배웠노니 나는 비천에 처할 줄도 알고 풍부에 처할 줄도 알아 모든 일 곧 배부름과 배고픔과 풍부와 궁핍에도 처할 줄 아는 일체의 비결을 배웠노라 내게 능력 주시는 자 안에서 내가 모든 것을 할 수 있느니라

(빌립보서 4:11-13)

자족에 대한 바울의 고백은 교회에서 자주 인용하는 대표적인 말씀 가운데 하나다. 세상에서도 자족, 즉 분수에 맞는 소비와 지출은 재정관리에 매우 중요하다. 아무리 많은 돈을 벌고 불려도 그 이상을 소비하면 통장은 늘 가난할 것이고 버는 돈이 많지 않더라도 소비와 지출을 잘 관리하여 오히려 저축한다면 통장은 날이 갈수록 풍요해질 것이기 때문이다.

이처럼 자족은 기독교인이든 아니든 사람들의 재정에 큰 영향을 끼치지만 안타깝게도 우리는 어떤 형편에서든 '자족'하는 것이 청지기된 우리의 의무라는 점만 강요받는 느낌이 있다. 일반적으로 사람들은 강요받는 것에 본능적인 거부감을 느낀다. 그래서 입으로는 자족을 말

하지만 일상에서는 다른 모습을 보이는 경우가 많다. 그 이유는 바울의 고백에 담긴 자족의 세 가지 비밀을 제대로 이해하지 못했기 때문이다.

바울은 자족함이 그저 얻은 능력이 아니라 첫째, "내게 능력 주시는 자 안에서"(13절), 둘째, "자족하기와 일체의 비결을 배웠다"(12절)고 말하고 있다. 즉, 자족은 '하나님의 능력' 안에서 우리가 '배워야 하는' 학습의 영역이다. 심지어 하나님의 강권적인 역사로 회심한 바울마저 거저 얻지 않고 '배웠노라' 고백한다면 우리가 더욱 배우기에 힘써야 하는 것은 자명하다.

앞으로 우리는 실천가능한 방법을 통해 하나님의 능력, 즉 성경적 재정원리 안에서 자족에 대한 일체의 비결을 배워나갈 테지만, 바울이 고백했듯이 자족을 배우는 것은 하나님의 능력, 즉 우리가 누구인지에 대한 영적인 분별이 중요하며 그것은 곧 우리가 하나님의 사람이라는 진리에서 출발한다. 그렇다고 어떤 형편에서도 자족을 누리며 사는 것이 마냥 쉽지는 않다. 바울도 마찬가지였다.

> 그러나 너희가 내 괴로움에 함께 참여하였으니 잘하였도다 (빌립보서 4:14)

자족의 달인인 바울도 그로 인한 일상의 괴로움을 고백하고 있다. 그런데도 이겨낼 수 있었던 것은 우리를 택하여주신 하나님께로부터 '잘하였도다' 칭찬받기 위함이라는 사실도 명백하게 밝히고 있다. 그것이 자족의 세 번째 비밀이다. 즉, 우리가 자족함을 견디고 이기는 것을 넘어 즐길 수 있어야 하는 이유는 그것이 애초에 내 것이 아닌 하나님의 것을 관리하는 청지기의 본분임과 동시에 하나님의 잔치에 참여하는 소망을 적극적으로 수행하는 과정이기 때문이다. 또한 이것이 성경적 재정원리의 본질적이고 현실적인 목표이기도 하다.

그러나 오늘의 세상은 소위 '포스트모더니즘'이라는 사상이 '나' 자신을 우상화하여 자극적인 소비에 속절없이 굴복하는 것을 자랑으로 생각하는 경향이 많다. 이것은 마치 조선시대의 신분제도가 '주체성'이라는 간판을 달고 부활한 것과 같다. 그 결과 우리는 하나님의 사람이라는 선민의식을 상실한 채 소위 '스펙'이라는 이름으로 세상이 요구하는 신분을 차지하는 데 많은 시간과 물질을 앞다투어 소비하고 있다. 그런데도 행복하지 않다는 사람이 더 많아지는 현실에서 하나님의 자녀인 우리가 누려야 하는 행복이 어디서부터 오는지에 대한 본질적인 답을 찾아야 한다. 그것이 바로 하나님 안에서의 자유, 즉 '자족'이다.

FRAME 전쟁

경제적 자유 vs 일용할 양식

한때 '10억 만들기'가 유행하던 때가 있었다. 경제적 자유를 위해 적어도 그 정도는 있어야 한다는 생각이 많은 사람의 호응을 이끌었다. 물론 아직도 10억 원은 대단히 큰돈이지만 그 당시의 가치에 비교하면 턱없이 적다. 지금은 대도시의 웬만한 집값이 수억 원, 특히 서울은 한 채에 수십 억을 웃도는 집이 셀 수 없이 많다. 그러다 보니 이제 10억 원으로 경제적 자유를 선언한다는 것은 우스운 이야기가 되었다. 그 때 문일까? 목표를 상실한 지금, 오늘을 인내하여 내일을 준비하기보다 차라리 오늘을 즐기자는 사람이 많아지고 있다.

은퇴준비도 마찬가지다. 금융회사들은 은퇴 후 최소 월 300만 원 정도는 있어야 경제적 자유를 누릴 수 있다고 말한다. 그러나 65세 노인 인구 가운데 절반 정도가 상대적 빈곤에 시달리는 노인빈곤국가 한국에서 월 300만 원은 절대 쉽지 않다. 또한 은퇴를 준비해야 하는 40대, 50대들은 한국경제의 성장지체와 둔화로 고용불안에 시달리면서 동시에 자녀 교육비와 부모 부양비 등 당장 현실에 쫓기다 보니 제대로 된 은퇴준비는 엄두도 못 내는 형편이다. 20대, 30대는 또 어떤가? 쉽지 않은 취업에 부모세대의 재정적 여유도 부족하다 보니 결혼마저 포기하는 청년이 늘어나고 있다. 한때 10억 원 만들기 열풍과 함께 유행했던 '경제적 자유'는 이제 더 이상 꿈꿀 수 없게 되었다.

그렇다면, 우리가 주기도문으로 날마다 읊조리는 '일용할 양식'은 어떨까? 예컨대 기독교인으로서 당신에게 베풀어주실 하나님의 재정적인 공급이 '일용할 양식'에 그친다는 사실에 진심으로 만족하는가? 또한 그것으로 세상 사람들이 꿈꾸는 경제적 자유를 충분히 이룰 수 있다고 믿는가? 선뜻 '그렇다' 말할 수 있는 사람은 많지 않을 것이다. 오히려 일용할 양식을 생각하면 '하루살이' 인생과 일용직 근로자가 먼저 생각나는 경우가 많을 것이다. 근본적인 이유는 명확하다. 땀 흘려 수고하고 얻은 소산을 남부럽지 않게 가졌어도 가시덤불과 엉겅퀴가 우리를 불안케 하고 염려케 하기 때문이다. 그러나 그렇게 생각하는 이유가 소유에 대한 우리의 착각 때문임을 안다면, 그래서 잃어도 내 것을 잃는 것이 아니며 얻어도 내 것을 얻는 것이 아님을 안다면 다르게 생각할 수 있다.

예컨대 에덴동산에서 아담 부부는 그들의 소산을 쌓아야 할 아무런 이유가 없었다. 즉, 그들에게 필요한 양식은 주인이신 하나님께서 날마다 공급해 주셨다. 그래서 창세기 2장에는 '일용할 양식'이라는 언급이 전혀 없다. 그것을 통해 우리가 알아야 할 진리는 일용할 양식의 실체가 '하루의 필요'가 아닌 '평생의 필요'를 뜻한다는 사실이다. 하루에 필요한 공급이 날마다 지속되면 평생이 된다. 만약 아담 부부가 범죄하여 쫓겨나지 않았다면 그들의 일용할 양식은 평생토록 이어졌을 것이다. 성경에서 일용할 양식은 출애굽기에 처음으로 등장한다.

그 때에 여호와께서 모세에게 이르시되 보라 내가 너희를 위하여 하늘에서 양식을 비같이 내리리니 백성이 나가서 일용할 것을 날마다 거둘 것이라 (출애굽기 16:4)

이때 이스라엘 백성들이 공급받은 일용할 양식은 '만나'였다. 하나님께서는 그것을 '날마다' 공급해 주신다고 약속하셨다. '날마다'가 거듭되면 평생이 된다. 심지어 하나님께서는 다음과 같은 말씀으로 일용할 양식이 하루가 아닌 평생에 대한 약속을 뜻한다는 것을 친절하게 설명하고 있다.

> 모세가 그들에게 이르기를 아무든지 아침까지 그것을 남겨두지 말라 하였으나 그들이 모세에게 순종하지 아니하고 더러는 아침까지 두었더니 벌레가 생기고 냄새가 난지라 (출애굽기 16:19-20)

문제는 그때 순종하지 않고 아침까지 남겨 두어 벌레가 생기게 했던 사람들처럼 우리에게 믿음과 순종이 사라진 틈으로 걱정과 염려가 달려들어 일용할 양식에 대한 하나님의 약속을 신뢰하지 못하게 되었다는 것이다. 즉, 10억 원이든 100억 원이든 경제적 자유를 통해 우리가 진정 원하는 것은 돈, 그 자체보다 행복이라는 점에 동의한다면 돈을 쌓아놓는다고 경제적 자유와 행복을 영원히 얻을 수 있는 게 아니라는 사실이다. 따라서 많은 사람을 꿈꾸게 하는 경제적 자유, 그것의 실체는 돈으로부터의 자유가 아닌 돈으로부터의 속박일 수 있다.

물론 우리의 연약함으로 일상의 염려와 걱정에서 늘 자유롭기는 쉽지 않다. 그러나 나도 마찬가지였지만 그저 오늘 하루의 생활비를 위해 기도하며 살아왔던 하루가 쌓이고 쌓여 어느 날 문득 뒤돌아보면 일용할 양식이란 것이 사실은 평생의 공급이었구나 고백하는 예도 참 많다.

그래서 돈으로부터의 진정한 자유를 원한다면 먼저 '소유'에 대한 착각에서 벗어나야 한다. 그래야만 돈으로부터 진정으로 자유로울 수 있고 어떤 형편에서든 오늘을 누리며 살 수 있는 지혜를 얻을 수 있다. 예컨대 억만금을 가졌더라도 그것을 지키고 불리느라 안간힘을 쓰면서 인생을 허비하는 사람들은 부자라기보다 금고지기에 가깝다. 그런 사람들은 평생을 걱정 없이 지낼 수 있는 재물을 가졌어도 고작, '일용할 양식'으로밖에 보이지 않는다. 하물며 그렇게 탐욕스러운 것조차 영원한 소유가 아닌 관리권에 불과하다면 얼마나 끔찍한 인생인가?

물론 하나님도 우리가 돈으로부터 자유롭기를 원하신다. 다만 돈의 많고 적음이 기준은 아니다. '천지에 있는 모든 것이 다 하나님의 것'이기 때문에 우리가 '하나님 외에 다른 신을 두지 않고', '하나님과 재물을 겸하여 섬기지 않으며', '하나님의 포도나무에 가지로 붙어 있다면' 언제든 부족함 없이 공급해 주실 것이다. 또한, 하나님께서 우리에게 약속한 경제적 자유는 돈이 아닌 하나님과의 화목, 샬롬이며 이것은 우리가 가진 소유의 많고 적음에 따라 달라지지 않는다. 설령 지금 당신의 형편이 혹은 비천에 또 혹은 풍부에 처했더라도 상관없이 다만 당신이 하나님 안에 있기만 하면 그의 힘으로 말미암아 만족할 수 있는 능력이다.(빌립보서 4:11-13, 히브리서 13:5) 그것을 자족에 대한 두 가지 키워드로 살펴보자.

자족 키워드 _ 신뢰와 필요

먼저는 신뢰다.

더 많은 돈을 쌓으려는 사람들의 심리에는 미래에 대한 불안이 도

사리고 있다. 돈은 유통, 즉 소비를 위해 만들어진 수단이다. 교환가치로서의 돈은 재산을 더욱 쉽게 증명하고 보관하려는 목적도 있지만 거래와 유통이 우선이었다. 우리가 돈을 잘 관리해야 하는 이유도 돈의 본질적 기능이 소비이기 때문이다. 따라서 돈을 잘 관리하지 않으면 고삐 풀린 망아지처럼 밖으로 뛰쳐나간다. 반대로 돈의 본질적인 기능에 반하여 쌓아두려고 애쓰면 심리적으로도 많은 불편이 따를 수밖에 없다.

그런데도 더 많은 돈을 쌓아두려 애쓰는 이유는 무엇일까? 미래에 대한 불안 때문이다. 자신의 내일이 불안하고 자녀들의 내일이 불안하며 그것이 해결되었다고 생각하면 손자녀들의 내일이 불안하다. 그래서 쌓아도 쌓아도 계속 불안하다. 그런데 만약 우리의 내일이 완벽하게 보장되어 있다면 어떨까? 불편한 마음을 억누르며 계속 쌓기에 힘쓸까? 이스라엘 백성들에겐 그런 불안이 없었다. 내일 어떤 일이 일어날지 알 수 없었으나 대신 하나님께서 완벽하게 지켜주리라는 신뢰가 있었다. 그러니 금·은·동 같은 보물은 물론 전쟁에 군량미로 쓸 수 있는 식량 한 톨 손대지 않았다.

두 번째는 필요다.

이스라엘 백성들에게 여리고의 전리품은 사실상 아무 필요가 없었다. 그들에게는 이미 먹을 것이 준비되어 있었고(여호수아 5:12) 늘 지켜주시는 하나님이 계셨다. 그것으로 충분하다. 모두가 그렇게 생각했다.

아간도 마찬가지다. 그가 외투 한 벌과 은금을 훔친 것은 그것들이 꼭 필요해서가 아니었다. 그저 보았더니 탐이 났고 그래서 가졌으며 감추었을 뿐이다.

그런데 요즘은 내 필요를 내가 아닌 다른 사람, 특히 기업들이 정해 주는 것 같다. 그들이 말하는 좋은 광고의 정의는 필요 없는 것을 필요하다고 생각하게 만드는 의도적 조작이다. 대중의 잠재된 욕망을 깨워 당장의 필요로 전환한다.

그 같은 상업광고의 목적은 사람들의 욕망을 최대한 부추기는 것이다. 이때 다른 사람과의 '비교'를 통한 '당당함'에 초점을 맞추는 광고 문구(copy)가 많다. 그러나 '당당함'은 소비를 통해 만들어지지도 않고 영원할 수도 없다. 다른 사람들이 나만 바라보고 있지 않기 때문이다. 따라서 타인의 시선 때문에 지출을 늘리는 것은 내 통장을 갉아먹을 뿐이다.

물론 하나님께 대한 완벽한 신뢰가 어느 한순간 그저 생겨나지 않듯 자족을 습관화하는 것도 쉽지는 않다. 예컨대 이스라엘 백성들이 하나님을 완벽히 신뢰하기까지 40년의 광야가 있었고 요단강이 갈라지는 이적 등 셀 수 없는 하나님의 능력을 경험했으며 지금 당장에는 여리고성이 무너지는 것을 눈으로 직접 보았다. 그런데도 끝없는 불순종의 시간이 되풀이되었다.

우리의 오늘도 마찬가지다. 하루에도 여러 번 하나님을 시험한다. 그러나 그것은 우리의 악함이 아니라 약함 때문이고 그 때문에 십자가와 성령으로 우리가 기대어 일어설 힘을 주셨으니 좌절하고 포기하기보다 자족훈련을 통해 하나님께 대한 신뢰를 회복해야 하지 않을까?

필요일까? 욕망일까?

유혹이 일반화되어 버린 시대, 하나님은 우리에게 필요와 욕망에 대한 분별을 원하신다. 우리의 샬롬은 물질의 소유에서 비롯되지 않기 때문이다. 재테크도 마찬가지다. 온갖 수단과 방법을 동원하여 수익을 확장하려 애쓰지만 절약만큼 확실한 수익은 없다.

예컨대, 100만 원으로 1년 안에 10만 원을 벌려면 연 10% 수익률을 달성해야 하지만 매달 1만 원씩만 절약하면 1년 동안 12만 원, 연 12% 수익률을 올릴 수 있다. 어렵고 불확실한 투자와 비교하면 훨씬 쉽다.

물론 소비를 줄이는 일에는 크고 작은 마음의 갈등이 따르고 결단도 필요하다. 그러나 투자도 마찬가지다. 늘 변하는 경제환경에서 갈등을 견뎌야 하고 어느 순간 결단을 요구받기도 한다. 그러니 굳이 선택이 필요하다면 투자에 앞서 지출을 줄이기가 쉽다. 그것이 너무 어렵다는 사람들은 필요와 욕망을 구분하는 습관이 배어있지 않기 때문일 수도 있다. 예컨대, 이사하다 보면 사용하지도 않으면서 공간만 차지하는 물건이 너무 많다는 사실을 알게 된다. 필요보다 욕망에 이끌렸기 때문이다.

욕망에 대처하는 방법은 단순하다. 구매에 앞서 이것이 '정말' 필요한지 따져보는 시간을 가지면 된다. 그렇게 조금의 시간이 지나면 그때 생각했던 '필요'가 착각이었을 때도 많다. 예를 들어 직장 동료가 최신 스마트폰을 자랑하며 카메라 기능이 무척 좋다고 이야기하면 나 역시 지금보다 더 좋은 성능의 카메라가 장착된 스마트폰이 필요하다고 생각하는 식이다.

이 같은 유혹은 여행비나 자녀교육비에도 마찬가지다. 특히 사람들은 잘못된 결정을 어떻게든 합리화하려고 한다. 이것을 사회심리학에서는 '인지부조화 이론(cognitive dissonance theory)'으로 설명한다. 이미 한 행동을 바꾸기보다 자신의 성격을 바꾸는 것이 더 쉽기 때문이다.

문제는 그 같은 현상이 반복되면서 잘못된 소비성향이 습관으로 굳어질 수 있다는 점이다. 따라서 구매를 결정하기 전에 욕망미룸과 욕망대체를 적용하여 이것이 정말 필요한지 따져보는 습관을 지니면 도움이 된다.

욕망미룸은 욕망을 실현하는 시기를 늦추는 방법이다. 이를테면 마음에 드는 자동차가 있더라도 대출이나 카드 할부로 무리하게 구매하기보다 시간이 걸리더라도 돈을 모아 현금으로 살 수 있을 때까지 구매를 미룬다. 그러는 사이 자동차를 구매하고 싶었던 마음이 사라질 수도 있다.

욕망대체는 같은 모델이지만 값이 더 저렴한 중고를 사는 방법이다. 만약 사고 싶은 모델이 신차종이라면 중고차가 나올 때까지 기다리는 과정도 필요하다. 때문에 욕망대체는 욕망미룸과 결합하여 진행하면 더 효율적이다.

필요와 욕망을 판단하는 데 참고하면 좋을 또 다른 기준은 소유 비용이다.

모든 소유는 지출을 요구한다. 그렇다고 철학적 차원의 '무소유'를 이야기하는 것은 아니다. 소유를 통한 실질적인 이해득실을 잘 따져봐야 한다는 뜻이다. 예를 들어 업무상 혹은 출퇴근용으로 날마다 자동차를 사용하지 않는다면 굳이 살 필요가 없다. 주말 등 여가활동을 위해 렌터카를 이용하는 것이 비용 면에서 훨씬 유리하다. 새로 나온 자동차를 골라 타는 맛도 있다. 어쨌든 자신이 구매한 자동차는 집에 주차되는 동안에도 돈을 먹는다.

업그레이드의 유혹도 조심해야 한다. 업그레이드가 새로운 지출을 요구하는 경우가 많기 때문이다. 물론 공짜로 해주겠다는 업그레이드도 많다. 그러나 무료 업그레이드조차 나중에는 직접 혹은 간접적인 지출을 요구한다.

예컨대, 대부분 컴퓨터는 더 높은 버전으로 업그레이드하라는 안내 알림창이 자주 뜬다. 물론 무료다. 그러나 그렇게 하는 순간 오래지 않아 새로운 컴퓨터를 다시 사야 할 수도 있다. 현재 성능으로 더 높아진 버전을 제대로 소화하기 힘든 경우가 많기 때문이다. 물론 버전을 업그레이드하면 지금보다 더 편리하고 고급스러운 작업을 수행할 수 있다. 그러나 그에 맞는 하드웨어와 소프트웨어를 요구한다. 집이나 자동차도 마찬가지다. 더 넓고 좋은 집으로 옮기는 순간 그에 걸맞은 가구를 구매하게 되고 더 멋진 자동차를 가지는 순간 더 늘어난 유지관리비를 감당해야 할 수도 있다. 2년마다 업그레이드를 요구하는 스마트폰도 마찬가지다.

◆ ACTION PLAN

- 소유권 포기 확인서 작성하기

- 일간 가계부 작성하기

  * 가계부 예시

월/일	분류	내용	금액	일간 누계	비고
7월 1일	외식비	샤브샤브	56,000		친척 방문
	교통비	대중교통	4,500	60,500	
2일	교육비	첫째 학원비	200,000		수학 재등록
	문화비	연극	20,000	220,000	고도를 기다리며
...	...	...	...	...	...
월 누계				...	

나눔 Q3

—

십일조를 비롯한 각종 헌금이
우리가 하나님께로부터 받는 축복과 어떤 관계가 있다고
생각하는지 솔직하게 나누어보자.

3

드리기
두 얼굴의 축복

너희는 온전히 바치고 그 바친 것 중에서 어떤 것이든지 취하여 너희가 이스라엘 진영으로 바치는 것이 되게 하여 고통을 당하게 되지 아니하도록 오직 너희는 그 바친 물건에 손대지 말라 은금과 동철 기구들은 다 여호와께 구별될 것이니 그것을 여호와의 곳간에 들일지니라 하니라

(여호수아 6:18-19)

권면할지언정 강요할 수는 없다

드리기는 성경 전체를 통틀어 셀 수 없이 기록되어 있다. 여리고성 전쟁에서도 모든 전리품 가운데 은금과 동철 기구같이 귀한 것들을 여호와의 곳간에 들여놓으라고 말씀하셨다. 또한 드리기는 기독교인들이 가장 많이 갈등하는 것 가운데 하나라는 현실을 생각하면 하나님과의 화목, 즉 성경적 재정원리의 본질이라 말할 수 있다. 즉 드리기를 어떻게 이해하고 적용하느냐에 따라 하나님과의 관계가 달라지고 하나님께서 우리에게 약속한 축복이 달라질 수 있다. 따라서 십일조를 비롯

한 각종 드리기가 하나님의 말씀인 성경에 어떻게 기록되어 있는지 이해하는 것이 중요하다. 그것에 대한 이해가 부족하거나 심지어 왜곡되면 하나님과의 관계가 흔들릴 수 있을 뿐만 아니라 그로 인해 축복은 커녕 우리 앞에 우뚝 선 크고 견고한 여리고성조차 무너뜨릴 수 없기 때문이다.

먼저 알아야 할 것은, 지금 우리는 율법으로 상징되는 구약의 시대가 아니라 성령이 함께 일하는 신약의 시대에 살고 있다는 사실이다. 예컨대 인터넷 사이트에서 '십일조'를 키워드로 검색하면 구약은 32번, 신약은 9번에 걸쳐 십일조에 관한 구절이 기록된 것을 확인할 수 있다. 그러나 신약에 기록된 9번 가운데 3번은 각각 마태복음 23장 23절, 누가복음 11장 42절과 18장 12절인데 하나같이 바리새인과 서기관들이 외식하는 모습을 꾸짖기 위한 말씀이다. 예컨대 마태복음 23장 23절에는 이렇게 기록되어 있다.

> 화 있을진저 외식하는 서기관들과 바리새인들이여 너희가 박하와 회향과 근채의 십일조는 드리되 율법의 더 중한 바 정의와 긍휼과 믿음은 버렸도다 그러나 이것도 행하고 저것도 버리지 말아야 할지니라

그 외 나머지 6번은 모두 히브리서 7장의 2절에서 9절에 걸쳐 기록되어 있는데 히브리서의 저자가 편지를 받는 단체에게 바른 신앙을 권면하는 과정 중에 구약시대가 신약시대로 바뀐 의미를 설명하면서 구약의 십일조 관련 기록을 사용하였다. 특히 십일조에 관한 언급이 끝난 이후 19절에 이렇게 기록된 것을 주목해 보자.

(율법은 아무것도 온전하게 못할지라) 이에 더 좋은 소망이 생기니 이것으로 우리가 하나님께 가까이 가느니라

따라서 우리가 십일조에 대해 많이 듣거나 교회에서 자주 인용하는 성경 구절인 말라기 3장 10절의 말씀을, 십일조를 비롯한 각종 드리기에 대한 원칙으로 생각하고 그것을 지키지 못했을 때 죄책감에 사로잡히게 되는 것은 예수님의 십자가 부활로 죄에서 해방되고 성령으로 새 생명 얻은 우리를 또다시 죄의 종노릇하게 만들 수 있기 때문에 주의해야 한다.

만군의 여호와가 이르노라 너희의 온전한 십일조를 창고에 들여 나의 집에 양식이 있게 하고 그것으로 나를 시험하여 내가 하늘 문을 열고 너희에게 복을 쌓을 곳이 없도록 붓지 아니하나 보라

그렇다고 구약에 기록된 십일조에 대한 말씀을 지킬 필요가 없다는 뜻은 아니다. 예수님께서도 분명히 이렇게 말씀하고 있다.

내가 율법이나 선지자를 폐하러 온 줄로 생각하지 말라 폐하러 온 것이 아니요 완전하게 하려 함이라 (마태복음 5:17)

이때 율법을 폐하는 것이 아니라 완전하게 한다는 뜻은 구약시대의 하나님께서 우리를 죄에서 해방하기 위해 만든 율법이 예수님의 십자가 부활로 인해 그 본래의 목적이 달성되었음을 뜻한다. 즉, 우리는 더 이상 죄의 노예로 종살이할 필요가 없어진 것이다. 그 대신 우리

의 드리기는 자기 소득의 '십분의 일' 등과 같이 법률처럼 정해진 것이 아니라 주님이 가르쳐주신 기도에 있는 것처럼 "뜻이 하늘에서 이루어진 것같이 땅에서도 이루어지"(마태복음 6:10)는 네 사용할 목적으로 저마다 하나님과의 관계 속에서 믿음의 분량에 맞게 정하는 것이라고 생각한다.

예컨대 내가 먹고 입는 것도 중요하지만 하나님은 예수님의 친구에게도 관심을 가지라고 말하셨으니 물가가 오른 만큼 내 월급도 올라야 한다고 생각하면 교회 사역자들의 사례도 조금 더 많아져야 한다고 생각하는 것이 맞다. 다만 그런데도 어떤 이유로든 마음에 인색함이 있다면 할 필요가 없다고 말씀(고린도후서 9:7)하신다. 그러니 누구든 십일조를 비롯한 드리기를 권면할지언정 강요할 수는 없는 것이다.

그렇다고 하나님은 십일조를 비롯한 각종 헌금에 인색한 사람들을 내치거나 버리지도 않는다. 다만 우리 안의 성령님의 중보로 하나님의 사역에 기쁘게 참여할 때를 기다릴 뿐이다. 간혹 다음과 같은 고린도후서 9장 6절의 말씀을 말라기 3장 10절의 말씀과 같은 뜻으로 설명하는 경우가 있는데 그것은 하나님과 나의 관계를 물질적인 것으로만 한정하는 지나친 오류가 아닐까 생각한다.

이것이 곧 적게 심는 자는 적게 거두고 많이 심는 자는 많이 거둔다 하는 말이로다

드리기를 단순히 물질에 대한 문제가 아닌 하나님과 나의 관계에 대한 문제로 생각하면 적게 심거나 많이 심는다는 것은 하나님과의 관계로, 적게 거두고 많이 거둔다는 것 역시 하나님 나라 확장을 위한 나의

역할로 이해하는 것이 타당하다. 따라서 드리기의 열매를 세상의 관점에서 설명하는 것은 부끄러울 만큼 유치하다. 하나님의 사역에 쓰임 받는다는 것은 세상에서의 성공을 뜻하는 것이 아니기 때문이다. 오히려 하나님과의 관계를 우선하여 눈앞의 성과를 포기해야 할 수도 있다. 예컨대 바울은 자신의 전부를 바쳤던 세상에서 실패했지만 영원한 하나님 나라에서 성공한 인생으로 지금도 우리와 함께 살고 있다.

물론 하나님과의 관계가 확장되는 것이 항상 세상의 불리함으로 귀결되지는 않는다. 우리가 하나님과 화목하여 그의 능력을 덧입으면 세상 누구보다도 강력한 능력을 발휘할 수 있다. 이는 여리고BFS가 하나님의 한탄에 응답하면서 탁월함을 추구하려는 목적이기도 하다. 다만 하나님께서는 믿음이든 은사든 물질이든 각자의 분량에 따라 사용하실 뿐이다.

그런데도 드리기에 대한 이해보다 오해가 많아지면서 그 틈을 비집고 하나님과의 관계마저 의심하는 사람이 늘어나고 있다. 또한 재정적인 여유가 부족할 때 드리기에 대한 오해도 많아진다고 보면 영성도 중요하지만 성경적 재정원리에 바탕한 성도의 재정회복도 중요하다고 생각한다.

성경에서는 드리기와 관련된 하나님의 마음을 두 가지로 구별하고 있다. 하나는 '기뻐 받으시는 드리기', 다른 하나는 '싫어하시는 드리기'이다. 가끔 교회에서 '헌금을 잘했더니 부자가 되었다'고 간증하는데 그 가운데는 후자의 드리기인 경우도 있다. 그렇다면 두 가지의 드리기가 무엇이 다른지 생각해 보자. 먼저, 전자는 드리기에 대한 본질에 충실한 드리기이다. 그것을 다시 세 가지로 정리해 본다.

기뻐하시는 드리기

첫 번째는 하나님의 소유권에 대한 확인이다.

하나님은 여리고성의 모든 것을 온전하게 바칠 것을 명령하고 있다. 출애굽한 이스라엘 백성들이 치른 대부분의 전쟁에서 승리의 대가로 얻은 전리품들에 대한 처분권을 이처럼 명시적이고 구체적으로 명령한 경우는 많지 않았다. 그러나 여리고 전쟁은 가나안 땅에서의 첫 번째 전쟁이며 전리품 역시 승리에 대한 첫 번째 소산물이란 점에서 이 부분은 드리기 가운데서도 다분히 십일조와 연관이 있다. 구약에서도 첫 번째 소산물을 하나님께 바치는 장면이 여러 번 등장한다.

우리가 알다시피 첫 번째 소산물을 온전히 바치라는 명령은 하나님의 소유권, 즉 천지에 있는 모든 것이 다 하나님의 것이라는 명시적인 확인이다. 또한, 그때에는 하나님의 직접적이고 집단적인 통치 아래에 있었기 때문에 드리기에 대한 의문이나 논쟁이 있을 수 없었다. 다만 아간의 범죄는 드리기에 대한 의구심 때문이 아니라 하나님의 것에 대한 탐욕에서 비롯된 것이기에 정확히 구분할 필요가 있다.

그러나 예수님의 부활 사건 이후 성령으로 덧입힘 받은 우리는 하나님과의 관계가 개별화되었다. 이것은 여리고 전쟁에서 범죄한 아간의 죄를 먼저 이스라엘 백성 모두에게 전가했던 반면 예수님 사후 초기교회에서는 하나님의 것을 훔친 아나니아와 삽비라 부부에게 직접 물었던 것 (사도행전 5:1-11)과도 구별할 수 있다.

어쨌든 여리고 전쟁이든 구약 혹은 초기교회 사도들의 시대이든 상관없이 한 가지 분명한 것은 천지에 있는 모든 것에 대한 하나님의 소유권은 여전하다는 사실이다. 또한 그것은 보이는 것은 물론 보이지 않는 권세까지 모두 포함된다. 따라서 이러한 하나님의 소유권에 동의하지 않는다면 하나님과의 관계는 빈약해질 수밖에 없다. 그런 사람에게 하나님의 역할도 당연히 제한될 것이다.

두 번째는 하나님의 경제원칙을 이루는 근간이며 핵심이다.

천지에 있는 모든 것의 소유자인 하나님에게 돈이 부족할 일은 전혀 없다. 또한 원래부터 하나님의 것인데 그것을 '바치라'고 명령할 이유도 없다. 그래서 이렇게 말씀하신다.

여호와께서 말씀하시되 너희의 무수한 제물이 내게 무엇이 유익하뇨 나는 숫양의 번제와 살진 짐승의 기름에 배불렀고 나는 수송아지나 어린 양이나 숫염소의 피를 기뻐하지 아니하노라 (이사야 1:11)

그런데도 드리기를 원했던 이유는 명백하다.

하나님은 원래 당신의 것을 별도로 구분하여 제사를 담당하는 레위인과 고아와 과부를 돌보기를 원하셨다. 참고로 구약시대의 십일조는 해마다 드리는 것, 3년마다 드리는 것 등 여러 종류가 있었다. 그러나 종류가 어떠하든 모든 십일조는 기쁨이 넘치는 자발적인 예배였을 뿐만 아니라 레위인이 생계에 대한 걱정 없이 성전을 지키는 본래의 업무에 충실하게 하고 고아와 과부 같은 약자들을 배불리 먹여 땅의 주인인 하나님과 그의 가족들이 기쁨을 함께 나누기 위한 목적이었다.

원래 하나님의 경제원칙과 세상의 경제원칙의 출발은 같았다. 즉 돈이 흘러야 경제가 산다는 것이다. 반대로 돈이 흐르지 않는 것을 혈관에서 피가 흐르지 않는 동맥경화를 빗대어 표현하는 '돈맥경화'는 건강한 소비와 유통을 가로막아 경제를 썩게 한다. 돈이 흐르는 방향도 마찬가지다. 물이 높은 곳에서 낮은 곳으로 흐르는 것이 자연의 순리이듯 돈도 많은 곳에서 적은 곳으로 흐르는 것이 경제의 순리이다. 천지를 지으시고 주관하시는 이가 하나님이시니 자연의 순리란 곧 하나님의 뜻과 같다. 하나님의 경제원칙과 세상의 경제원칙이 이처럼 닮아있지만 분명히 다른 한 가지는 목적이다. 그 때문에 돈의 흐름도 달라졌다.

예컨대 하나님의 목적은 '하나님의 나라가 이 땅에서도 이루어지게' 하는 것이지만, 세상의 목적은 이 땅에 돈의 권세, 즉 맘몬의 나라가 이루어지게 하는 것이다. 목적이 다르니 돈이 흐르는 방향도 달라졌다. 하나님의 나라는 여전히 돈이 많은 곳에서 적은 곳으로 흐르지만, 반대로 맘몬의 나라에서는 돈이 적은 곳에서 많은 곳으로 흐른다. 따라서 드리기는 맘몬의 권세에 억눌린 사람들을 위해 특별히 구별된 것이다.

> 내가 주릴 때에 너희가 먹을 것을 주었고 목마를 때에 마시게 하였고 나그네 되었을 때에 영접하였고 헐벗었을 때에 옷을 입혔고 병들었을 때에 돌보았고 옥에 갇혔을 때에 와서 보았느니라 (마태복음 25:35-36)

하나님은 우리에게 맡겨주신 재물들로 맘몬의 권세에 억눌린 사람들, 즉 예수님의 친구들을 위해 사용하라고 말씀하셨다. 물론 하나님 나라의 확장을 위한 열방선교를 위해, 교회 운영이나 목회자들을 포함한 섬기는 사람들의 생계를 위해, 성도 간의 소통과 교제를 위해서도 사용되지만, 그 첫째가 가난하고 약한 자들의 구제에 있다는 사실은

1편 믿음 | 무엇을 믿을까? 마인드(mind) · 전략(strategy)

달리 재론의 여지가 없다. 관련하여 다음 구절을 참고해 보자.

> 그들이 말하되 그 악한 자들을 진멸하고 포도원은 제 때에 열매를 바칠
> 만한 다른 농부들에게 세로 줄지니이다 (마태복음 21:41)

타국으로 떠나는 주인의 과수원을 세를 주기로 하고 대신 맡은 농부들이 그 열매(세)를 받기 위해 주인이 보낸 종들을 심히 때리거나 죽이거나 돌로 친 사건의 결말이다. 이 비유를 헌금이나 십일조에 연결하여 설명하는 경우가 있다. 그러나 천지에 있는 모든 것의 주인으로 아무런 부족이 없으신 하나님께서 단지 그 열매를 돌려받지 못했다는 이유만으로 그 악한 자들(농부)을 진멸할 만큼 옹졸하거나 인색하지는 않다. 오히려 하나님은 우리에게 맡겨주신 과수원(기업이나 재능, 물질 등)을 잘 경영하여 그것으로 가난하고 힘없는 이웃들, 예수님께서 친구들이라 말하여주신 자들을 더 많이 만들어야 한다고 여러 번 말씀하신다. 따라서 이때의 열매를 헌금이나 십일조 같은 직접적인 드리기로 이해하기보다 우리가 만든 예수님의 친구들로 이해하는 것이 더 적절하지 않을까 생각한다. 그것이 하나님의 나라이며 그 나라가 맺기를 원하는 열매는 돈이 아니기 때문이다.

마지막 세 번째, 온전한 드리기는 샬롬을 완성한다.

기독교인이라면 누구든 천지 만물의 소유권이 하나님께 있으며 우리는 그의 소유를 맡아 관리하는 종에 불과하다는 사실에 동의할 것이다. 또한, 그 종이 맡아 관리하는 재물을 주인의 뜻에 따라 사용해야 하듯 우리의 재물 또한 세상이나 맘몬이 아닌 하나님의 경제를 위해

사용해야 한다는 사실에도 동의할 것이다. 왜냐하면, 하나님께서 우리에게 약속하신 샬롬의 축복은 그 두 가지 사실에 대해 동의하고 행동하는 사람, 즉 하나님께 속한 자와 하나님과의 관계에서 비롯되기 때문이다. 반대로 하나님의 소유권을 인정하지 않는 사람에게 하나님과의 화목한 관계인 샬롬은 생겨나기 힘들다. 그런데도 드리기의 본질을 의심하는 것은 성경적 재정관의 본질을 잘못 이해한 까닭이다.

성경적 재정관의 본질은 돈의 문제가 아닌 하나님과의 관계, '샬롬'이다. 그것은 우리가 돈을 어떻게 벌어야 하는지와 연결되어 있다. 하나님께서는 우리가 받은 달란트, 즉 우리의 은사를 발견하고 그것을 계발하면서 하나님께서 명령하신 '선한 합력'에 최대한의 성실로 응답하면 우리의 필요인 재정을 공급해 주신다. 또한 그럴 때 우리는 공급의 원천이 하나님께로부터 비롯된다는 사실을 늘 기억하게 되어 두 주인을 섬기는 실수에서 벗어날 수 있다.

드리기를 강요나 설득으로 생각하는 고정관념에서도 벗어나야 한다. 예를 들어 드리기의 대표 명사격인 십일조를 단순히 '십분의 일'이라는 비율로 한정할 필요는 없다. 원칙적으로는 '십분의 일'뿐만 아니라 나머지 '십분의 구'도 하나님의 것이다. 그러니 각자 믿음의 분량대로 즐겨 할 수 있다면 족하다. 간혹 소득이 적을 때는 십일조를 잘해 왔던 사람이 정작 소득이 많아지면 십일조를 힘들어하는 경우를 본다. 이것도 십일조를 하나님과의 관계가 아닌 의무적인 것으로, '비율'로만 생각하기 때문에 생기는 현상이다.

마찬가지로 당신을 위한 하나님의 공급 역시 일정한 기준으로 제한되어 있지 않다. 오히려 하나님께서는 당신의 필요에 부족하지 않도록 채워주시겠다고 말씀하신다. 따라서 하나님께서 필요하다 생각하시면 당신의 소득을 열 배, 백 배로 높여줄 수도 있고 그 반대로 할 수도 있다. 따라서 하나님의 소유권은 인정하지만 드리기에 인색한 사람이 하나님과 제대로 화목하기는 쉽지 않다.

만약 당신이 드리기에 대한 세 가지 본질에 동의한다면 드리기 때문에 갈등할 일은 크게 줄어들거나 아예 없을 것이다. 하나님께서도 당신의 드리기를 기뻐 받을 것이고 당신과 함께 하나님 나라 확장을 위해 더 많은 것을 협력하시리라. 물론 마음은 그렇지 않은데 부족한 형편 때문에 고민이 생길 수 있다. 그것은 'Frame 전쟁'에서 나누어보자.

싫어하시는 드리기

예수께서 헌금함을 대하여 앉으사 무리가 어떻게 헌금함에 돈 넣는가를 보실새 여러 부자는 많이 넣는데 한 가난한 과부는 와서 두 렙돈 곧 한 고드란트를 넣는지라 예수께서 제자들을 불러다가 이르시되 내가 진실로 너희에게 이르노니 이 가난한 과부는 헌금함에 넣는 모든 사람보다 많이 넣었도다 그들은 다 그 풍족한 중에서 넣었거니와 이 과부는 그 가난한 중에서 자기의 모든 소유 곧 생활비 전부를 넣었느니라 하시니라

(마가복음 12:41-44)

'과부의 두 렙돈(1고드란트)'은 드리기와 관련하여 성경에서 가장 많이 인용되는 구절 가운데 하나이며 대개 온전한 드리기의 사례로 삼는다. 예수님께서 모든 사람보다 많이 넣었다고 말씀하시는 그 과부의 마음이 어떠했는지에 대한 설명은 기록되어 있지 않다. 다만, 그 과부

가 매우 가난했음에도 불구하고 자신이 가진 전부를 헌금했기 때문에 다른 모든 사람보다 많이 넣었다고 말씀하셨다. 과부가 헌금한 두 렙돈은 노동자 하루 품삯의 1/64이었다고 하니 2024년 기준의 최저시급으로 따져보면 약 1,250원이다. 또한 두 렙돈은 과부가 가진 전부였다. 그렇다면 "그 가난한 중에서 자기의 모든 소유 곧 생활비 전부를 넣은" 과부의 마음은 정말 어땠을까? 예수님께서 사람들이 헌금하는 모습을 보기 위해 "헌금함을 대하여 앉기"(41절) 직전에 하신 말씀을 참고해 보자.

> 회당의 높은 자리와 잔치의 윗자리를 원하는 서기관들을 삼가라 그들은 과부의 가산을 삼키며 외식으로 길게 기도하는 자니 그 받는 판결이 더욱 중하리라 하시니라 (마가복음 12:39-40)

즉, 풍족한 중에서 넣었던 '다른 모든 사람'은 과부의 가산을 삼키며 외식으로 길게 기도하는 자들이었다. 그렇다면 그런 사람에게서 얼마 되지 않은 가산조차 삼킴을 당해야 했던 그 과부의 심정은 어땠을까? 그런데도 마지막 남은 생활비 전부를 헌금통에 넣는 그때의 마음은 또 어땠을까? 물론 여러 가지 생각을 할 수 있겠지만 과부의 심정 가운데 예수님께 판결을 구하는 마음도 있지 않았을까 생각해 본다. 여기서 우리는 받기를 싫어하시는 드리기를 세 가지로 정리할 수 있다.

첫째는 외식하는 드리기, 즉 다른 사람에게 자랑하기 위한 목적의 드리기다. 이것은 하나님보다 자기 의를 자랑하는 것으로, 외식하는 마음에서 다른 사람들의 눈에 띄는 장소에서 길게 기도하는 자와 같다.

1편 믿음 | 무엇을 믿을까? 마인드(mind) · 전략(strategy)

그들은 대체로 '회당의 높은 자리와 잔치의 윗자리'를 원한다. 하나님은 그런 자들을 축복하는 것이 아니라 더욱 중한 판결을 내린다고 말씀하셨다.

두 번째는 마음에 기쁨이 없는 드리기도 싫어하신다. 즉 아까워하는 마음으로 마지못해 억지로 드리는 경우다.

> 각각 그 마음에 정한 대로 할 것이요 인색함으로나 억지로 하지 말지니 하나님은 즐겨 내는 자를 사랑하시느니라 (고린도후서 9:7)

물론 마음에 기쁨이 없다는 것도 조금 세분화하여 생각할 수 있다. 예컨대 기쁨까지는 아니더라도 억지로 내는 것은 아닐 수 있다. 그것 역시 'Frame 전쟁'에서 나누어보자.

마지막 세 번째는 하나님을 시험하려는 목적의 드리기다.

> 예수께서 이르시되 또 기록되었으되 주 너의 하나님을 시험하지 말라 하였느니라 하시니 (마태복음 4:7)

누군가를 시험한다는 것은 그를 의심하는 마음에서 비롯된다. 더구나 그런 마음으로 드리는 십일조를 하나님이 어떻게 생각하실지 달리 설명할 필요는 없을 것이다. 안타까운 것은 목회자 가운데서도 그런 마음을 노골적으로 유도하는 경우가 있고 그런 사람을 간증자로 세우는 일도 있다는 사실이다. 이것은 더 많은 성도를 드리기에 대한 죄책감에 사로잡히게 하고 예수님의 십자가 부활의 기쁨을 누리는 대신 율법의 포로 되게 할 수 있으므로 매우 조심해야 한다.

FRAME 전쟁

십일조 때리기

드리기는 기독교인들만의 관심사가 아니다. 특히 십일조에 대한 부정적인 주장들이 기독교에 대한 사회적 인식의 후퇴와 함께 기승을 부리고 있다. 그러나 드리기가 돈, 그 자체가 아니라 하나님과의 관계에 대한 문제라는 사실과 십일조에 대한 세 가지 본질, 즉 천지에 있는 모든 것에 대한 하나님의 소유권, 하나님의 경제원칙을 이루는 근간이며 핵심, 샬롬의 완성이라는 사실을 이해한다면 십일조를 비롯해 드리기를 부정하는 사람들이 기독교인이 아니라는 사실도 잘 이해할 수 있을 것이다. 그것은 곧 하나님은 물론 하나님과 우리의 관계를 부정하려는 목적에서 비롯되기 때문이다.

따라서 하나님을 인정하되 드리기는 부정하는 사람들의 주장은 그 자체로 모순이며 그런 그들을 적그리스도 또는 하나님 나라에 저항하는 맘몬의 세력이라 말할 수 있다.

그러나 우리가 냉정하게 되돌아보아야 할 것은, 몸에 질병이 생기면 마음도 허약해지듯 하나님께서 우리에게 맡겨주신 재정을 잘못 관리하면 십일조 때리기도 더욱 큰 힘을 발휘할 수 있다는 사실이다. 따라서 우리는 먼저 청지기 된 마음으로 우리에게 공급해 주신 하나님의 재정을 제대로 관리했는지부터 살펴보아야 한다.

또한 드리기는 내 통장의 돈이 당장 직접적인 '교환가치'도 없이 '지출'되기 때문에 개인의 심리적인 갈등이 심한 영역이기도 하다. 따라서 드리는 손길을 통해 모인 재정이 드리기의 정신에 합당하게 사용되지 못할 때 적그리스도의 공격은 더욱 기승을 부릴 수 있다.

예수님 이후의 초기교회에서는 십일조라는 용어 대신 성령의 은혜와 자발성을 위해 연보나 코이노니아(Koinonia, 헬라어로 '공유하다', '남과 함께 나누다', '공통(共通)', '다 같이'라는 뜻이 있다) 등을 쓰면서 가난한 자를 구제하고 공동체가 함께 즐거워하는 축제의 교제에 사용했다. 그러나 초기교회에서의 코이노니아 정신을 온전히 계승하는 교회가 줄어들면서 드리기에 대한 성도의 마음도 힘들어질 뿐만 아니라 적그리스도들의 십일조 때리기에 좋은 재료로 이용되고 있다.

사정이 이렇다 보니 간혹 유럽의 종교세를 예로 들면서 드리기로 모여진 재정의 사용처를 개선해야 한다는 주장도 나온다. 유럽의 종교세는 하나님과 우리의 개별적인 관계를 제도와 정책으로 획일화할 수 있다는 점에서 문제가 된다는 사람도 있지만 하나님과의 관계를 더욱 구체화할 수 있다고 생각하는 사람도 있다. 예를 들어 구약에서도 성전세가 있었듯이 기본적인 종교세를 통해 교회운영과 목회자들의 현실적인 생계를 충당하고 성도는 종교세와는 상관없는 각자의 드리기를 통해 하나님과의 관계를 더욱 개별화할 수 있다는 이야기다.

각각 서로 다른 주장의 타당성 여부를 떠나 이런 이야기들이 나오게 된 원인을 생각해 볼 필요가 있다. 그동안 한국 교회가 드리기에 대한 중요성을 강조해 왔던 것에 비해 정작 드려진 재정을 사용하는 데에서는 교인들의 기대에 크게 못 미쳤다는 인식과 함께 드리기에 대한 본질을 흐리게 만들었다고 생각하기 때문이다.

또한 십일조 때리기는 드리기에 대한 우리의 마음 상태를 이용하기도 한다. 드리기의 본질을 이해하지만 여러 가지 형편 때문에 불편한 일이 생기기 때문이다. 물론 하나님은 우리의 드리기가 꼭 필요한 분이 아니다. 모든 것의 주인이시고 모든 부족이 없으시며 우리가 드리는 물질을 그분이 쓰는 것도 아니기 때문이다. 그래서 조금이라도 인색하거나 불편한 마음으로 드리는 것을 싫어하신다.

따라서 하나님과의 관계에서 생각할 때, 드리기를 하든 하지 않든 그것이 중요한 것이 아니라 드리지 않으면서 아무런 마음의 불편이 없다는 게 문제일 수 있다. 이런 경우 드리기와 관련된 몇 가지 마음을 구별하여 이해하면 하나님과의 관계 측면에 도움이 된다. 왜냐하면 우리를 하나님으로부터 떼어놓으려는 적그리스도는 하나님의 경제원칙의 바탕을 이루는 드리기의 본질을 왜곡하는 방법으로 약한 우리의 마음을 끊임없이 공격하기 때문이다.

드리기에 대한 네 가지 마음

먼저, 인색한 마음과 힘쓰는 마음을 구별해야 한다.

인색한 마음은 재정적인 형편이 드리기에 충분한 사람이 드리기를 아까워하는 마음이지만, 힘쓰는 마음은 생활비 전부인 두 렙돈을 헌금함에 넣은 과부처럼 형편이 어려운 사람이 제대로 드릴 수 없어 안타까워하는 마음이다. 그런 사람들이 하나님과 샬롬하지 않다고 말할 수는 없다. 어쩌면 과부의 두 렙돈을 통해 예수님께서 말하고자 했던 것도 과부에 대한 칭찬이기에 앞서 하루 생활비밖에 없는 이웃의 과부는 보살피지 않으면서 자신의 드리기를 자랑하는 부자들에게 '인색하다' 꾸짖기 위함은 아니었나 생각해 본다.

하나님께서는 분명 우리의 샬롬을 원하시고 또한 약속하셨다. 그래서 우리 마음에 어떤 인색함이 있다면 드리기조차 억지로 하지 말라(고린도후서 9:7)고 하신다. 누구든지 그 마음에 인색함이 있다면 그 상태를 결코 '샬롬'이라 말할 수 없기 때문일 것이다. 즉, 드리기가 우리의 샬롬을 방해한다면 하지 않아도 상관없다고 말씀하신다. 우리를 향한 하나님의 뜻은 우리의 샬롬이지 드리기가 아니기 때문이다. 그런데도 드리기를 통해 우리의 샬롬이 완성된다고 생각하는 이유는 같은 구절에서 "하나님은 즐겨 내는 자를 사랑하신다"고 말씀하셨기 때문이다. 즉, 마음의 거리낌으로 인해 우리의 샬롬이 방해되면서까지 드리는 것은 원치 않지만 가능하면 즐겨 내기를 원하는 마음이 간절하다.

나는 그 구절을 오랜 기간 묵상하면서 내게 주신 마음은 '즐겨 내지 않는 자를 사랑하지 않겠다'는 뜻이 아니라 '즐겨 내기를 간절히 바란다'는 뜻이었다. 하나님께서는 드리기에 대한 힘든 마음이 우리의 연약함에서 비롯되었음을 아시기 때문이다. 그러한 연약함 때문에 우리에게 성령을 보내주셔서 "말할 수 없는 탄식으로 우리를 위하여 친히 간구"(로마서 8:26)하게 하셨다. 따라서 하나님은 우리 믿음이 더욱 성숙하여 더는 힘든 마음이 아닌 즐거움이 되기를 기다리신다.

물론 십자가의 부활을 통한 생명과 성령의 법은 구약의 율법을 없애려는 것이 아니라 오히려 완성하기 위함이란 사실도 명백하다.(마태복음 5:17) 그러나 그 완성의 도구가 죄와 사망이 아닌 '사랑'이란 사실 또한 분명하다. 구약의 드리기가 '명령과 응보'였다면 신약의 드리기는 '권면과 사랑'이며 구약의 드리기가 하나님의 명령을 수행하는 '의무'였다면 신약의 드리기는 믿음의 분량에 따라 '자발적'으로 즐겨 내는 마음이다. 따라서 온전한 드리기는 드려지는 물질의 '크기'나 '양'이 아닌 스스로 즐겨 낼 수 있는 '마음의 상태'를 뜻하며 그것이 곧 하나님께서 우리에게 약속하신 '샬롬'과 '평강'의 완성이 아닐까 생각한다.

그렇다면 힘쓰는 마음은 구체적으로 어떤 마음일까? 이것은 하나님만 바라보며 기도하는 것만을 뜻하지 않는다. 기도와 함께 현재의 소비와 지출을 살피면서, 특히 겉치레를 위한 소비나 자녀의 은사계발과는 무관한 사교육비 등 세상과의 화목을 위해 잘못 지출하는 것은 없는지 점검하여 적극적으로 개선하는 태도가 함께 이루어져야 한다.

이처럼 드리기는 하나님과의 관계뿐만 아니라 재정관리에 대한 우리의 태도에도 영향을 미친다. 드리기에 인색한 상태에서 하나님과의 관계가 샬롬할 가능성은 크지 않다. 어쩐지 말씀이 멀어지고 기도가 흔들리며 성령의 임재를 느끼지 못한다면 이미 하나님과의 관계가 샬롬하지 않다는 증거이다. 그런 상태가 오래가면 일상에서 우리의 샬롬도 위험에 빠지게 된다.

두 번째로 구별하여 생각하면 좋을 것은 즐거운 마음과 힘쓰는 마음이다.

간혹 우리는 드리기에 힘쓰는 마음을 잘못된 태도로 생각하는 경우가 있다. 재정적인 형편이 부족하다면 굳이 드릴 필요가 없다고 생각하는 사람도 있다. 물론 상관없다. 죄짓는 것도 아니니 위축될 필요도 없다. 그러나 재정형편이 부족하다는 사실과 그럼에도 불구하고 어떻게든 드리고 싶어 하는 마음은 별개의 문제다. 즉 드리기에 힘쓰는 마음이란, 힘든 형편에서도 최선을 다해 드리려는 마음이다. 여기 한 사례를 소개한다.

냉동기기 전문점인 (주)성광에어테크를 경영하는 강대준 대표는 믿음이 온전한 부모로부터 대물림받은 2세대 기독교인이다. 그런 그에게 십일조를 비롯한 드리기는 일상의 당연한 습관으로 배어있었다. 공부보다는 기술에 더 친숙했던 그가 선택한 직업은 에어컨을 비롯한 냉동냉장 기계의 시공 및 보수였는데, 근면하고 성실한 그에게 많은 고객이 끊임없이 일을 맡겨 큰돈을 모을 수 있었다. 그러던 어느 날 친한 친구의 보증이 잘못되어 8억 원이라는 엄청난 빚더미에 올라앉았다. 그때가 1990년대 중반쯤으로 30년이 지난 지금의 돈 가치로 환산해 보면 거의 40억 원에 이르는 거금이었다. 그런데도 지금까지 단 한 번의 십일조를 빠뜨린 적이 없다. 심지어 돈이 모자랄 때는 신용카드 서비스를 받아서 내기도 했다.

그렇다면 그는 십일조를 매번 즐거운 마음으로 했을까? 그렇지 않다. 그의 고백에 따르면, 부족한 십일조를 채우려고 은행 ATM 앞에서 신용카드 서비스를 받을 때의 마음은 매우 힘들었고 빚을 내어가면서까지 십일조를 하는 것이 맞는지에 대한 갈등도 있었다. 그런데 그렇게라도 드리기를 마치면 감사하다는 생각이 저절로 생겼다고 한다.

사실 나도 그의 이야기를 처음 들었을 때는 '참 대단하다'라는 생각밖에 들지 않았다. 또한 동시에 그런 형편에서 그런 방법으로 십일조를 하는 것이 올바른 것일까, 그가 십일조로 인해 죄의 노예가 된 것은 아닐까, 혹시 구복신앙처럼 하나님을 시험하려는 마음은 아닐까 하는 의문이 생겼다. 그러나 오랫동안 그와 교제하면서 내가 미처 생각지 못한 부분이 있었다는 것을 고백하지 않을 수 없다. 그것은 곧 하나님과의 관계에서 비롯되는 샬롬이었다.

결론적으로 그가 힘든 형편에서도 지금까지 드리기를 단 한 번도 빠뜨리지 않았던 것은 그의 공로가 아닌 하나님께서 성령을 통해 강하게 붙들어주신 때문으로 생각한다. 여리고 전쟁의 승리가 이스라엘 백성들의 공로가 아니듯 그의 승리 또한 그를 통한 하나님의 승리였다. 또한 지금까지 드리기에 인색했던 사람이 어느 날 갑자기 단 한 번의 드리기로 큰 축복을 받았다는 번영신학의 위험한 부추김과도 명백히 구분된다. 즉, 드려지는 물질보다 먼저 하나님과의 관계 속에서 청지기로서의 온전한 재정관리를 위해 노력할 때, 드리기도 회복될 수 있다.

강대준 대표의 드리기 역시 여리고성을 일곱째 날까지 하루도 빠지지 않고 꾸준하게 돌았던 이스라엘 백성들과 마찬가지로 그의 힘쓰는 마음을 강한 팔로 끝까지 붙들어주신 하나님의 능력 때문이라고 생각한다. 그런 그의 마음이 비록 은행 ATM 앞에서는 매우 힘들었다 하더라도 하나님과의 관계에서 화목하지 않았다고 말할 수 없다. 그는 그때나 지금이나 변함없는 샬롬을 누리고 있으며 지금은 그때의 빚을 모두 갚았을 뿐만 아니라 때때로 불어닥친 관련 업계의 불황에도 불구하고 그의 기업만은 승승장구하여 그때와는 비교할 수 없을 정도의 재정적인 여유를 누리고 있다.

마지막 세 번째, 힘쓰는 마음과 힘든 마음이다.

힘쓰는 마음은 제대로 드릴 수 없는 형편에서도 힘껏 드리려는 마음이다. 그러나 힘든 마음은 결국 빈손으로 주님 앞에 나오지만 그 마음이 매우 힘든 상태이다. 즉, 드려지는 물질 그 자체가 기준이 아니라 마음의 상태가 더 중요하다. 하나님은 우리의 마음을 잘 아시는 분이기 때문이다.

따라서 십일조를 했느냐 하지 않았느냐의 문제가 아니라 드리기를 하지 않고도 하나님과의 관계에서 아무런 힘든 마음이 없다면 그것이 도리어 문제라고 생각한다. 물론 힘든 마음을 구약시대의 죄책감이라 생각할 수도 있으나 그것은 각자가 하나님과의 관계에서 답을 얻어야 할 문제로 생각한다. 다만 힘쓰는 마음과 힘든 마음은 그 문제를 하나님과의 관계에서 풀어가려는 마음이기 때문에 우리의 샬롬을 원하는 예수님께서 사랑으로 응답해 주실 것이다.

◆ ACTION PLAN

· 도움의 손길이 필요한 곳에 본인 또는 가족이 정기 혹은 비정기적인 기부나 봉사활동을 하고 있다면 그 현황을 정리해 보자.

◆ MISSION TRAVEL ◆

첫째 날
나는 하나님의 사람

☐ 권리포기확인서
☐ 사명선언문
☐ 하나님의 버킷리스트

암송
그런즉 너희는 먼저 그의 나라와 그의 의를 구하라
그리하면 이 모든 것을 너희에게 더하시리라
(마태복음 6:33)

축복합니다~^^
첫째 날 전쟁을 이겼습니다!!!

완료일   년   월   일

나눔 Q4

지금까지 받은 하나님의 은혜 가운데
가장 첫 번째는 무엇인지를 이유와 함께 나누어보자.

샬롬
하나님의 친절

여호와의 궤가 그 성을 한 번 돌게 하고 그들이 진영으로 들어와서 진영에서 자니라 (여호수아 6:11)

샬롬은 오직 당신만의 축복

우리가 믿어야 할 네 번째는 '샬롬', 즉 하나님과의 화목이다.

평안을 뜻하는 '샬롬(shalom)'은 '지친다' '힘들다' '아프다' '괴롭다' 등과 같은 육체적 상태 혹은 외부환경과의 관계에서 비롯한 감정에서의 평안만을 뜻하지 않는다. 만약 그랬다면 "험악한 세월을 보냈다"(창세기 47:9)는 야곱의 고백, "숱한 매질과 옥살이"(고린도후서 11:23)를 해야 했던 바울, 심지어 "이 잔을 내게서 옮기시옵소서"(마가복음 14:36)라며 두렵고 약한 인간의 괴로움을 토해내었던 예수님조차 샬롬했다 말할 수 없기 때문이다. 반대로 샬롬은 육체나 세상이 아닌 영적인 하나님과의 관계에서 비롯되는 감정 상태의 지배를 받는다.

우리는 하나님과의 관계에서 '기쁘다' '즐겁다'와 같은 좋은 감정에 충만하기도 하지만 때로는 '부끄럽다' '두렵다'처럼 하나님의 시선을 피하고 싶은 감정 상태에 빠질 때도 있다. 그러나 샬롬은 지금의 내 모습이 어떠하든 상관없이 하나님께서 언제나 나와 함께하신다는 확신과 믿음으로 말미암아 영적으로 화목한 상태, 즉 하나님과의 평화를 뜻한다.

비록 일상의 고단함으로 몸과 마음이 지치고 괴로울 수 있으나 영적으로는 확신과 믿음에 붙들려 있다면 그는 분명 샬롬한 사람이다. 여리고 전쟁의 이스라엘 백성들이 바로 그런 상태였다. 반면 아무리 즐겁고 풍족하더라도 그것이 하나님과의 관계에서가 아닌 세상 것들과의 관계에서 화목한 사람을 샬롬하다고 말할 수는 없다. 그래서 샬롬은 누구나 쉽게 가질 수 있는 평화가 아니다. 오직 하나님의 사람만이 누릴 수 있는 축복이다.

이스라엘도 마찬가지였다. 비록 하나님께서 전쟁의 승리를 약속했지만 여리고성처럼 크고 단단한 성이 그저 성 주변을 돌기만 하고 때에 맞춰 큰 소리로 외치면 저절로 무너진다는 약속은 어지간한 믿음 없이 따르기에 절대 쉽지 않다. 그래서 하루, 이틀, 사흘, 나흘… 다섯 바퀴, 여섯 바퀴를 돌아도 성이 그대로라면 의심하는 마음이 조금씩 생길 수 있다. 사람의 생각으로는 성 주변을 도는 횟수가 많아지고 날짜가 지나면 여리고성이 조금씩 균열될 것이라 예상할 수 있기 때문이다. 그런데 균열은커녕 흙 부스러기 하나 흘러내리지 않는 상태에서 다시 하루가 가고 또 하루가 지나면 두렵고 불안한 마음이 싹트면서 동료들에게 이렇게 말할 수도 있다.

"벌써 며칠이나 돌았는데 그러면 조금씩 허물어져야 하는 거 아냐?"

"하나님의 능력으로 무너지게 한다면 하루면 족하지 왜 칠 일이나 필요해?"

"이러다 여리고 군대가 성문을 열고 공격해 오면 어떡해?"

물론 여호수아는 이런 사태를 먼저 예상하고 백성에게 말하기를 "너희는 외치지 말며 너희 음성을 들리게 하지 말며 너희 입에서 아무 말도 내지 말라 그리하다가 내가 너희에게 명령하여 외치라 하는 날에 외칠지니라"(여호수아 6:10) 하고 단단히 일러두었다.

우리도 마찬가지다. 매일 최선을 다해 살아보지만 어제보다 오늘이 나아지기는커녕 다람쥐 쳇바퀴 돌듯 똑같은 일상이 되풀이되는 경우도 많다. 오히려 더 나빠지지 않는 것이 다행일 정도다. 그러다 보면 마음 한편에서 두렵고 불안한 마음이 일어나면서 이렇게 의심할 수도 있다.

"이렇게 열심히 살았다면 조금이라도 달라져야 하지 않아?"

"하나님이 정말 있기라도 하는 거야?"

"이러다 완전 망하면 어떡해?"

그런데 본문에서 우리는 전쟁 가운데서도 이스라엘 백성을 진영으로 돌아오게 하여 편안히 잠자게 하는 모습을 본다. 불안과 긴장의 연속인 전쟁터에서 편히 잠들 수 있다는 것은 전혀 현실적이지 않다. 그렇다면 여호수아서를 기록한 저자는 하필이면 왜, 진영으로 돌아와 잔다는 기록을 남겼을까? 혹시 전쟁이라는 일촉즉발의 위기에도 하나님께서는 언제나 우리의 평안을 지키신다는 뜻을 강조하기 위함은 아니었을까? 하나님께서는 매일매일 여리고성과 싸우는 우리의 육체적 수고와 마음의 짐을 다 알고 계시기 때문이다. 그것만이 아니다.

> 사람이 감당할 시험 밖에는 너희가 당한 것이 없나니 오직 하나님은 미쁘사 너희가 감당하지 못할 시험 당함을 허락하지 아니하시고 시험 당할 즈음에 또한 피할 길을 내사 너희로 능히 감당하게 하시느니라
>
> (고린도전서 10:13)

하나님은 우리가 결코 이길 수 없는 상대와의 전쟁에 우리를 사용하지 않는다. 만약 그럴 때는 때론 피할 길을 주시거나 때론 이길 수 있는 능력으로 능히 감당하게 하신다. 지금까지 살아오면서 그 같은 경험을 은혜였다 간증한 크고 작은 사건들이 분명 있었다. 우리가 하나님과 화목하기만 하면 우리 앞의 어떤 대적이라도 친절하신 하나님께서 미리 제압해 놓으시기 때문이다.

> 이스라엘 자손들로 말미암아 여리고는 굳게 닫혔고 출입하는 자가 없더라 (여호수아 6:1)

여리고성 전쟁을 구체적으로 기록한 여호수아 6장 1절은 하나님께서 여리고성을 미리 제압해 놓으셨다는 말씀으로 시작한다. 정말 놀랍지 않은가? 하나님은 우리에게 믿음을 말씀하기 전부터 전쟁의 승리를 이미 확정해 놓으셨다.

요단이 곡식 거두는 시기에는 항상 언덕에 넘치더라 궤를 멘 자들이 요단에 이르며 궤를 멘 제사장들의 발이 물가에 잠기자 곧 위에서부터 흘러내리던 물이 그쳐서 사르단에 가까운 매우 멀리 있는 아담 성읍 변두리에 일어나 한 곳에 쌓이고 아라바의 바다 염해로 향하여 흘러가는 물은 온전히 끊어지매 백성이 여리고 앞으로 바로 건널새 여호와의 언약궤를 멘 제사장들은 요단 가운데 마른 땅에 굳게 섰고 그 모든 백성이 요단을 건너기를 마칠 때까지 모든 이스라엘은 그 마른 땅으로 건너갔더라

(여호수아 3:15-17)

40년 광야의 끝, 이스라엘을 향한 하나님의 마지막 이적은 요단강이었다. 요단강 이적은 이스라엘에게는 하나님의 권능과 보호하심을, 여리고 백성에게는 두려움과 공포를 안겨주었다. 여리고 백성은 사실 이스라엘과 대적하고 싶은 마음조차 없었다. 사람들이 출입할 수 없도록 성문을 굳게 닫고 그저 이스라엘이 비껴가기만을 바랐다.

그러나 우리가 하나님과 멀어지면 그 분명한 사실조차 의심한다. 놀라운 간증을 했던 사람이 그것보다 작은 일에 염려와 불안으로 주저앉는 경우도 많다.

그가 이 형편을 보고 일어나 자기의 생명을 위해 도망하여 (열왕기상 19:3)

갈멜산에서 무려 바알 선지자 450명과 홀로 대결하여 하나님의 불로 그들을 심판(열왕기상 18:40)했던 엘리야는 그 후 이세벨의 사신으로부터 너를 반드시 죽여 복수하리라는 전갈을 듣자마자 두려움에 사로잡혀 한달음에 광야의 로뎀나무 아래까지 도망쳤다. 그곳에서도 불안하

여 다시 40일 동안을 밤낮으로 걸어 도착한 호렙산의 굴속에 숨어버렸다.

그런데 바알 선지자들을 불로 심판했던 하나님의 이적보다 엘리야가 도망쳐버린 사실이 더 믿을 수 없을 만큼 놀랍지 않은가? 갈멜산에서 그토록 놀라운 하나님의 임재를 경험했다면 앞으로는 그 어떤 크고 두려운 위협에도 끄떡없으리라 생각하기 때문이다. 엘리야조차 그러한데 우린들 오죽할까? 그러나 엘리야의 모습과 전혀 상반된 장면도 있다.

> 또 다윗이 이르되 여호와께서 나를 사자의 발톱과 곰의 발톱에서 건져내셨은즉 나를 이 블레셋 사람의 손에서도 건져내시리이다 사울이 다윗에게 이르되 가라 여호와께서 너와 함께 계시기를 원하노라 (사무엘상 17:37)

골리앗의 위세에 겁먹은 사울의 모든 군대가 도망쳤을 때, 왜소한 소년 다윗은 지금까지 지켜주셨던 하나님의 은혜를 기억하며 승리를 확신한다. 그렇다면 엘리야와 소년 다윗의 상반된 태도에서 우리는 어떤 차이를 발견할 수 있을까?

예측 대신 기억하자

하나님의 가르침을 따라 사는 것이 갈수록 힘들다 토로하는 우리도 이미 갈멜산의 엘리야처럼 또는 양치기 소년 다윗처럼 크고 작은 하나님의 임재를 경험했다. 그러나 언제 그랬냐는 듯 앞날에 대한 불안에

1편 믿음 | 무엇을 믿을까? 마인드(mind) · 전략(strategy)

쫓겨 밤낮주야를 달려 도망치는 엘리야가 될 것인가 아니면 하나님을 믿고 불안과 염려에 맞서는 소년 다윗이 될 것인가는 오롯이 당신의 선택이다. 물론 엘리야도 그랬듯이 선택이 마냥 쉽지는 않다. 그러나 사람들이 걱정하고 염려하는 것의 대부분은 단지 걱정에 그친다는 말이 있다. 특히 하나님의 자녀인 우리는 알 수 없는 미래를 염려하고 걱정하기보다 그동안의 삶에서 베풀어주신 수많은 '감사'를 기억하면서 하나님의 인도하심을 믿으며 세상의 유혹에 흔들리지 않도록 기도하는 것이 중요하다. 이스라엘 백성들도 사람의 생각으로 예측하고 염려하기보다 믿음으로 나아갔기에 여리고성이 무너졌다.

> 네 하나님 여호와를 기억하라 그가 네게 재물 얻을 능력을 주셨음이라 이
> 같이 하심은 네 조상들에게 맹세하신 언약을 오늘과 같이 이루려 하심이
> 니라 (신명기 8:18)

요단강 이적이 끝난 후 하나님께서는 요단강에서 돌 열두 개를 가져다가 길갈에 세워 놓게 하여 그날을 영원히 기억하게 했다. 여호수아는 한술 더 떠 요단 가운데 언약궤를 멘 제사장들이 섰던 곳에 돌 열둘을 세웠다.(여호수아 4:5-9) 사실 그렇게 하지 않아도 이미 완결된 요단강의 이적이 없어지지 않는다. 다만 하나님께서는 우리가 잊지 않고 기억하기를 원하신다. 더욱 놀라운 것은 하나님 역시 우리와의 언약을 기억하기 위해 증거를 세웠다는 사실이다.

> 하나님이 이르시되 내가 나와 너희와 및 너희와 함께하는 모든 생물 사이
> 에 대대로 영원히 세우는 언약의 증거는 이것이니라 내가 내 무지개를 구

름 속에 두었나니 이것이 나와 세상 사이의 언약의 증거니라 (창세기 9:12-13)

하나님은 우리보다 먼저 증거를 남겨 기억하고 있다. 그런데 우리가 그렇지 못했다면 지금부터라도 기억하면 된다.

오해하지 말 것은 하나님과의 화목이 우리에게만 맡겨진 일방적인 숙제가 아니라는 사실이다. 오히려 하나님께서 훨씬 강력하게 원하신다. 당신의 귀한 아들을 십자가로 내어놓으신 것도 그 때문이다. 우리가 알거니와 예수님의 십자가는 하나님께서 순간의 감정에서 결단하신 사건이 아니었다. 아담의 원죄를 노동이라는 십자가에 매달았고 출애굽하던 이스라엘 백성을 위해 애굽에 내린 마지막 재앙에서 어린양을 잡아 그 피로 문설주와 인방에 바르게 하여 우리가 오직 피로 구원받을 수밖에 없음을 예표했다.

그 외에도 하나님은 셀 수 없이 많은 예표를 보이면서 창세 전부터 우리와 영원히 화목하기를 바라셨고 한 치의 어긋남 없이 실행에 옮기셨다. 여리고성 전쟁에서도 먼저 약속한 이는 하나님이셨다. 이스라엘은 그저 기억했고 믿었으며 순종했을 뿐이다.

불안 마케팅

세상 기업들은 돈이나 땅, 그리고 상품을 만드는 각종 설비 등을 '자본'으로 규정한다. 그러나 돈만 있으면 땅이나 설비뿐만 아니라 필요한 모든 것을 가질 수 있으니 사실 '자본=돈'인 셈이다. 즉, 기업들은 돈만 있으면 필요한 모든 것을 가질 수 있고 누릴 수 있다.

세상에서의 행복도 마찬가지다. 돈만 있으면 행복에 필요한 모든 것을 가질 수 있다고 생각한다. '행복=돈'인 셈이다.

> 평안을 너희에게 끼치노니 곧 나의 평안을 너희에게 주노라 내가 너희에게 주는 것은 세상이 주는 것과 같지 아니하니라 너희는 마음에 근심하지도 말고 두려워하지도 말라 (요한복음 14:27)

그러나 여리고성이 창이나 칼로 무너지지 않았듯 우리에게 약속하신 하나님의 자본은 돈이 아닌 하나님과의 평화, 샬롬이다. 세상 사람들은 은행에, 통장에, 금고에, 지갑에 많은 돈을 쌓아 두고도 여전히 행복을 찾아 헤매지만, 우리는 하나님과 화목하면 일용할 양식만으로도 샬롬할 수 있다. 그때 우리는 그것을 '축복'이라 부른다. 또한 기억해야 할 것은 샬롬, 즉 하나님과의 화목은 우리를 향한 하나님의 약속이라는 사실이다.

3할대 타자의 비밀

프로야구에서 3할대 타자는 매우 뛰어난 선수로 인정받는다. 인기는 물론 연봉도 엄청나다. 그런데 3할대 타율, 즉 투수가 던진 공 10개 가운데 3개가 안타인 것은 나머지 7번은 실패했다는 뜻이기도 하다. 그렇다면 7번의 실패는 아무런 의미가 없었을까? 그렇지 않다. 7번의 실패를 겪으며 돌아설 때마다 타자는 생각하고 또 생각하면서 경기가 끝난 후에도 늦게까지 연습했을 것이다. 따라서 3번의 성공은 7번의 실패가 만든 선물인 셈이다.

인생도 마찬가지다. 실제로 10번의 도전 가운데 3번을 성공했다면 크게 성공한 사람이다. 3할은커녕 1할이나 2할대 성적에 만족해야 하는 것이 현실이다. 그러면서 실패를 겪을 때마다 이렇게 원망한다.

"그렇게 열심히 했는데 너무 하시는 거 아닙니까?"
"정말 나의 하나님이 맞습니까?"
"도대체 내가 무엇을 잘못했나요?"

하나님과의 거리

그러나 우리가 잊지 말아야 하는 것은 세상은 내가 성공하는 순간 더욱 가까워지지만 실패하는 순간 멀어진다는 사실이다. 반면 하나님은 우리가 성공에 흥분해 있는 동안 멀어지고 실패로 좌절해 있는 동안 다가오신다. 그래서 어쩌면 우리의 실패는 하나님이 삶에 지쳐 주저앉은 나를 불러 위로하는 시간, 그분과 더욱 가까워지는 시간이며 역전의 시작, 형통함의 출발이 되는 시간이다.

특히 자족은 우리가 꼭 3할대 타자가 되어 이름을 내지 않더라도 1할, 2할의 성공만으로 충분히 행복할 수 있는 길을 안내한다. 그것이 우리를 하나님께로부터 멀어지지 않게 만들고 그렇게 3할대 타자가 되었을 때 진정한 성공이라 말할 수 있다. 그래서 실패는 하나님을 찾는 기회이고 자족함은 축복이다.

하나님의 묵시를 밝히 아는 스가랴가 사는 날에 하나님을 찾았고 그가 여호와를 찾을 동안에는 하나님이 형통하게 하셨더라 (역대하 26:5)

스가랴는 16세에 유대왕이 되어 52년을 통치한 웃시야에게 하나님의 말씀을 전한 선지자였다. 웃시야 왕의 성공과 실패, 축복과 불행은 스가랴의 죽음을 전후로 갈라진다. 즉 스가랴가 살아있는 동안의 웃시야는 하나님의 큰 축복으로 성공했지만 스가랴가 죽은 이후에는 그때까지의 성공에 교만하여 하나님을 멀리하면서 문둥병 환자로 죽음을 맞이한 불행한 왕이었다.

웃시야를 통해 우리가 봐야 할 것은 그의 성공과 실패, 축복과 불행이 아니라 그것들이 하나님과의 거리에 따라 결정되었다는 사실이다. 세상의 성공을 바라며 자신의 소유를 쌓기 원하지만 웃시야처럼 막상 성공하게 되면 그때부터 하나님과 멀어지는 사람이 많다. 그렇다면 하나님과 멀어질 때 나타나는 현상은 무엇일까?

이스라엘 자손이 다 모세와 아론을 원망하며 온 회중이 그들에게 이르되

우리가 애굽 땅에서 죽었거나 이 광야에서 죽었으면 좋았을 것을

(민수기 14:2)

모세가 가나안 땅으로 보낸 정탐꾼 12명 가운데 여호수아와 갈렙을 제외한 나머지 10명의 이야기를 들은 이스라엘 백성이 두려움에 사로잡혀 하나님을 원망한다. 출애굽하는 과정에서 직접 목도한 하나님의 이적은 물론, 홍해에서의 불가사의한 사건마저 잊어버린 채 불안과 염려로 벌벌 떠는 모습은 마치 엘리야와 흡사하다. 우리가 하나님과 멀어지는 순간 나타나는 전형적인 현상이다. 더 많은 소유를 바라는 것 역시 염려와 불안 때문이다.

그래서 세상은 끊임없이 불안을 강조한다. '지금 가진 것으로는 부족하다, 이것저것을 준비하지 않으면 큰 위험에 빠질 수 있다, 이것을 먹어야 하고 저것을 검사해 봐야 한다, 지금 이것을 배우지 않으면 남들보다 뒤처지고 루저가 될 수 있다'면서. 심지어 유튜브조차 공포와 불안을 강조할 때 조회 수가 많아진다. 이른바 불안 마케팅이다.

물론 내일 어떤 일이 일어날지 모르는 세상에서 우리가 연약함으로 생겨나는 염려 그 자체가 잘못된 것은 아니다. 그러나 그것을 하나님 안에서 해결하려는 것과 세상에 의지하는 것은 전혀 다른 문제다. 하나님께 의지하는 것은 하나님과 더욱 가까워지고 화목하는 것이지만 세상에 의지하는 것은 하나님과 멀어지는 것이다.

보장성보험의 세 가지 가입원칙

불안마케팅이 가정경제에 미치는 영향 가운데 하나는 보장성보험에 대한 과다가입이다. 크리스천 가정과 상담하다 보면 안타깝게도 보장성보험이 지나칠 정도로 많은 경우를 어렵지 않게 발견할 수 있다. 물론 보험제도는 의료시스템과 마찬가지로 만약의 경우를 대비하기 위해 만든 좋은 제도이다. 다만 그것이 너무 지나치면 저축이나 투자 등 당연히 준비해야 할 것들에 소홀해짐은 물론 보험 의존증이 높아지면서 정서적으로는 하나님이 있어야 할 자리를 보험상품이 차지하는 어처구니없는 지경에 이를 수도 있다. 따라서 보장성보험에 가입할 때는 다음의 세 가지 원칙을 참고하자.

첫째, '만약'의 경우 치명적인 위험을 중심으로 가입한다. 예를 들어 별것 아닌 소액의 입원수당이나 이런저런 상해에 지급되는 수술보험금 등은 보험에 들지 않더라도 크게 문제되지 않는다. 그러나 사망이나 암, 뇌질환, 심장질환 등의 치명적인 위험은 보험제도를 이용하는 것이 좋다.

둘째, 보장성보험료는 저축이 아닌 비용이다. 따라서 자동차보험처럼 만기 후 돌려받는 환급금이 전혀 없거나 적을수록 좋다. 보장도 받으면서 저축(투자)도 된다는 보험은 주의해야 한다. 만기환급금을 기대하며 보험료를 높이기보다 가능하면 소멸성 보험설계를 통해 보험료를 줄이고, 대신 그 차액을 순수 저축이나 투자상품을 이용하여 불리는 것이 훨씬 유익한 경우가 많기 때문이다. 특히 사망보험금도 필요한 기간 동안만 보장받는 정기보험을 이용하면 보험료를 크게 줄일 수 있다.

셋째, 보장성보험과 저축(투자)성보험을 구별해야 한다. 가능하면 하나의 보험상품에 두 가지 목적을 겸하기보다 각각 분리하여 가입하는 것이 좋다. 이때 보장성보험은 보장성보험 가입원칙을 고려하여 판단하고 저축(투자)성 보험은 순수한 저축(투자)상품과 비교하여 판단하는 것이 좋다.

◆ ACTION PLAN

- 감사노트 작성하기
- 내(가족)가 가입한 보장성보험 리스트를 정리하고
  세 가지 가입원칙을 중심으로 적정성 여부를 판단해 보자.

둘째 날
여호와를 기억하라

☐ 일간 가계부
☐ 감사일기
☐ 보장성보험 체크리스트

암송

평안을 너희에게 끼치노니 곧 나의 평안을 너희에게 주노라
내가 너희에게 주는 것은 세상이 주는 것과 같지 아니하니라
너희는 마음에 근심하지도 말고 두려워하지도 말라

(요한복음 14:27)

정말 대단해요~^^
또 이겼습니다!!!

완료일   년   월   일

실행

이로 보건대
사람이 행함으로
의롭다 하심을 받고
믿음으로만은 아니니라

야고보서 2:24

어떻게 돌까?
실행(practice) · 전술(tactics)

'믿고' '돌면' '무너진다'로 전개되는 여리고성 전쟁의 시작과 끝에서 2편은 전쟁의 몸통인 동시에 실행 편이다. 또한 1편에서 함께 나눈 믿음을 토대로 하나님께서 이스라엘 백성에게 시키신 일을 한 치의 어긋남 없이 실행에 옮긴 내용들이다. 그렇다면 현실의 우리에게 실행 편은 어떤 의미가 있을까? 교회와 구역모임, 다락방 또는 직장 신우회를 비롯한 각종 기독교 관련 모임에서 아무리 귀한 말씀을 함께 나누어도 우리의 일상에서 적용하고 실행하지 않으면 한낱 외식하는 자일 뿐이다. 때때로 우리는 청지기로서의 삶을 고백하면서도 소위 '자유의지'를 명분 삼아 '하나님 보시기에 좋은 방법'이 아닌 '내 생각에 좋은 방법'을 선택하기도 한다. 심지어 어떤 이는 스스로 정한 방법에 딱 들어 맞는 성경 구절을 찾은 다음, 그것을 증거 삼아 자기 생각을 하나님의 뜻인 양 합리화하기도 한다. 그러나 이스라엘 백성은 하나님의 말씀에 행동으로 순종했고 여리고성은 힘없이 무너졌다.

재정적으로도 2편에는 성경적 재정관을 바탕으로 세상에 만연한 재테크를 어떻게 이해하고 적용할지에 대한 기본적이며 핵심적인 방법을 정리하였다. 여기서 주의해야 할 점은 비판 없이 남용되는 유대인의 탈무드, 그 가운데서도 특히 재정관에 대한 내용이다.

예수님의 부활을 부정한 채 구약의 우월적 선민의식으로 똘똘 뭉친 유대인의 재정관에서 예수님의 사랑을 발견하기란 쉽지 않다. 예를 들어 《베니스의 상인》에 등장하는 '샤일록'도 유대인이며 2008년 글로벌 금융위기의 주범으로 지목된 월가의 지배 세력도 대부분 유대인이다. 또한 그들은 하나님의 축복을 물질의 축복과 동일시하는 듯한 사상을 가지고 있으며 하나님께서 우리에게 약속하신 '샬롬'조차 물질적 풍요에서 찾는 경향이 많다. 이 같은 유대인의 재정관은 사람들에게 너무나 매력적이어서 세속적인 복을 구하는 구복적 신앙관이나 번영신학에 큰 영향을 주고 있다. 심지어 크리스천 금융인조차 유대인의 재정관을 성경적 재정관보다 더 앞세워, 영업수단으로 활용하기도 한다.

물론 우리는 세상의 모든 법과 제도, 정책의 주관자이신 하나님을 신뢰한다. 세상에서 말하는 재테크도 마찬가지다. 그것과 관련된 제도와 정책, 심지어 구체적인 상품들마저 모두 하나님의 통치권 안에 있다. 그러나 그것은 모든 재테크 상품이 우리를 위해 만들어졌다는 것이 아니라 그 안에서 창세기 3장 18절의 말씀에 있는 땅의 가시덤불과 엉겅퀴를 가려낼 수 있어야 한다는 것이다.

—

여리고BFS의 성경적 재정관 2

우리가 하나님의 은혜를 입었다면,
세상과 화목하기보다 세상을 지배하자.

우리의 무기는 돈이 아닌 하나님의 능력이다.

나눔 Q5

—

매달 지출되는 돈이 얼마인지,
또한 그 돈이 어디에 얼마나 지출되는지 알고 있는가?
만약 그렇지 못하다면 이유가 무엇인지 함께 나누어보자.

하나님의 계획 사명자의 의무
의심할까? 준비할까?

눈의 아들 여호수아가 싯딤에서 두 사람을 정탐꾼으로 보내며 이르되 가서 그 땅과 여리고를 엿보라 하매 그들이 가서 라합이라 하는 기생의 집에 들어가 거기서 유숙하더니 (여호수아 2:1)

의심할까? 준비할까?

요단강을 건너 가나안 땅에 들어오기 전, 하나님은 여호수아에게 '발바닥으로 밟는 곳을 모두 주겠다'고 약속(여호수아 1:2-3)하셨다. 그렇다면 그냥 건너가 싸우면 될 것을 여호수아는 왜, 정탐꾼을 여리고성에 보냈을까? 더구나 하나님께서는 정탐꾼을 보내라고 명령하지도 않았다. 그것은 혹시 여호수아에게 의심하는 마음이 있었던 건 아니었을까?

그러나 정탐꾼을 보낸 여호수아의 마음은 '의심이 아닌 철저한 준비'였다. 제대로 준비하기 위해서는 적진인 여리고성 안의 상황을 제대로 공부해야 했다. 따라서 여호수아가 여리고성에 정탐꾼을 보낸 이유도 명백하다. 하나님께서 붙여주시기로 약속한 가나안 땅을 정복하기 위해 그의 신실한 종 여호수아는 자기가 할 수 있는 최선의 성실로 첫 관문인 여리고의 동향을 파악하고 그에 따른 구체적인 준비와 계획을 세우기 원했다. 그 결과 여리고성에서 돌아온 정탐꾼들은 "진실로 여호와께서 그 온 땅을 우리 손에 주셨으므로 그 땅의 모든 주민이 우리 앞에서 간담이 녹더이다"(여호수아 2:24)라는 말로 적진을 정확히 분석하는 보고를 했다. 여기서 우리가 기억해야 할 장면이 있다.

> 유월절 이튿날에 그 땅의 소산물을 먹되 그 날에 무교병과 볶은 곡식을 먹었더라 또 그 땅의 소산물을 먹은 다음 날에 만나가 그쳤으니 이스라엘 사람들이 다시는 만나를 얻지 못하였고 그 해에 가나안 땅의 소출을 먹었더라 (여호수아 5:11-12)

하나님의 이적으로 요단강을 건너온 이스라엘 백성이 길갈에 진을 친 다음 그곳에서 가나안 땅에서의 첫 유월절을 지내고 땅의 소산물을 먹었는데, 바로 그다음 날부터 만나가 그쳤으며 다시는 얻지 못하였다는 내용이다. 사람으로 따지면 무려 40년 만에 젖을 뗀 셈이다. 이스라엘 백성은 그때부터 일용할 양식을 스스로 구하면서 전쟁에 필요한 군량미를 마련했지만, 그 양식의 공급권이 여전히 하나님께 있다는 사실은 달라지지 않는다. 즉, 하나님의 완벽한 공급인 만나의 시대에서 이제 우리는 땅의 것들에 대한 분별이 필요한 시대를 살고 있지만 분별의 능력 또한 하나님께서 변함없이 공급해 주신다.

이처럼, 하나님의 전문경영인인 우리도 그 모든 것을 하나님께만 맡겨둘 순 없다. 모든 능력의 근본은 하나님이시지만 실행은 우리가 하는 것이다. 주인이신 하나님은 그의 직원인 우리가 최선을 다해 준비하기를 원하신다.

　재정관리도 마찬가지다. 우리가 하나님의 자녀로 살기 원할 때 필요한 재정도 언제든 채워주신다는 믿음이 있다면 많든 적든 이미 공급해주신 재정을 점검하고 어떻게 관리해야 하는지 계획하는 것은 의심이 아닌 준비의 영역이며 하나님이 아닌 나의 역할이다.

FRAME 전쟁

소유 vs 소비

대체로 사람들은 돈을 많이 벌수록, 자신의 소유가 불어날수록 더 큰 만족과 행복을 얻는다. 소득과 재산의 많고 적음은 세상이 말하는 성공의 다른 표현이기 때문이다. 그러나 소유에 대한 세상의 프레임에 빠지는 시간이 길어지면 하나님과의 거리도 멀어진다. 내가 가지기를 원하는 재물에 관심 두는 시간이 많아지면서 나도 모르게 두 주인을 섬기는 시간도 많아지기 때문이다.

물론 돈을 많이 버는 것, 소비를 줄이고 저축을 늘리는 것, 그 결과 내가 소유한 재산이 많아지는 게 나쁘다는 말은 아니다. 성경에서도 그 자체가 나쁘다, 악하다고 말하지 않는다. 하나님의 축복은 재물에 대한 축복도 포함된다. 다만 하나님은 그 돈을 어디에 썼는지 우리에게 묻는다. 그러면서 쓰지 않고 땅에 감추어 두었던 종을 내쫓았다.

> 이 무익한 종을 바깥 어두운 데로 내쫓으라 거기서 슬피 울며 이를 갈리라 하니라 (마태복음 25:30)

물론 마태복음에 기록된 달란트 비유는 단지 '돈'을 뜻하지 않는다. 그러나 돈을 포함하여 우리에게 주신 모든 은사를 땅에 감추어 두지 말고 두 배, 세 배로 불리면서 동시에 사용해야 한다고 말씀하신다. 즉 기독교인에게 재물은 축재가 아닌 소비의 수단이다. 또한 어디에 어떻게 사용해야 하는지도 자세히 기록되어 있다.

> 내가 주릴 때에 너희가 먹을 것을 주었고 목마를 때에 마시게 하였고 나그
> 네 되었을 때에 영접하였고 헐벗었을 때에 옷을 입혔고 병들었을 때에 돌
> 보았고 옥에 갇혔을 때에 와서 보았느니라 (마태복음 25:35-36)

따라서 기독교인인 우리가 세상과 구별되려면 돈을 어디에 어떻게 쓰고 있는지를 알아야 한다. 그렇다고 번 돈을 모두 써야 한다거나 어떤 재산도 소유하지 말아야 한다는 것이 아니라 현금흐름표와 재정상태표를 통해 하나님과의 거리를 생각할 수 있어야 한다는 뜻이다. 예컨대 현금흐름표를 통해 내가 많이 소비하는 곳은 어디인지, 그것이 하나님과의 관계에서 무엇을 의미하는지 아는 것이 중요하다. "돈이 가는 곳에 마음도 간다"라는 말처럼 내가 많은 돈을 쓰는 곳에 내 마음도 있기 때문이다.

또한 소비는 습관이기 때문에 좋은 습관, 특히 하나님과 멀어지지 않는 소비 습관을 현금흐름표를 통해 확인할 수 있어야 한다. 이를테면 자신의 재정형편을 토대로 비록 소액이지만 소득의 일정 금액을 재정적인 도움이 필요한 곳에 기부한다거나 별도의 나눔 통장에 적립하는 방법 등이다. 교우들 가운데는 돈을 많이 벌면 기부도 하고 좋은 곳에 많이 쓰겠다고 했던 사람이 막상 부자가 되면 더 인색해지는 예도 있는데 그것은 기부가 습관이 되어있지 않았기 때문이다.

재정상태표도 마찬가지다. 일반적으로 재산이 많아지면 부채도 덩달아 많아진다. 특히 많은 돈이 필요한 부동산자산은 많든 적든 부채를

증가시킨다. 그러나 부채가 너무 많다는 것은 소유에 대한 집착에 포로가 된 상태일 수도 있으므로 경계가 필요하다. 예컨대 부채를 갚기 위한 원리금 상환액이 너무 과다하여 저축은커녕 생활비조차 부족한 시간이 길어지면 신용대출 등 또 다른 빚이 늘어나는 경우가 많다. 그러다 어느 순간 채권자의 종으로 살게 되고 하나님으로부터 멀어질 수 있다.

소유재산도 마찬가지다. 재정상태표를 통해 현재의 평가액이 얼마인지 아는 것도 필요하지만 자기도 모르게 재산을 불리는 재미에만 빠져 있는 것은 아닌지도 생각해 보아야 한다. 성경에는 쓰지도 못하면서 모으고 불리기만 하는 재물을 '썩는 것'으로 표현하면서 썩어 없어질 재물로는 하나님 나라를 이어받을 수 없다고 기록되어 있다.

> 형제들아 내가 이것을 말하노니 혈과 육은 하나님 나라를 이어받을 수 없고 또한 썩는 것은 썩지 아니하는 것을 유업으로 받지 못하느니라
>
> (고린도전서 15:50)

기독교인들에게 부동산자산이 어떤 의미인지도 생각해 보자. 물론 자본주의 사회에서 누구나 자유롭게 부동산 투자를 할 수 있지만 취득한 부동산을 어떻게 사용할지에 대한 생각은 별개의 문제다.

기본적으로 토지는 공급이 한정된 자산으로, 공공재의 성격이 있을 뿐만 아니라 천지에 있는 모든 것이 하나님 것이라는 사실에 동의한다면 땅 위에 지어진 건물에 대한 기독교인의 청지기 의식은 세상 사람들과 구별되어야 하지 않을까 생각된다. 즉 부동산으로 소유자산을 불리면서도 하나님 보시기에 좋은 방법을 사용하는 사람이 있는 반면 사회적인 비난거리를 만드는 사람도 있다. 예를 들어 대부분 무주택자인 임

차인은 전·월세 계약을 갱신해야 할 날짜가 다가오면 임대인이 전·월세 금액을 많이 올리지 않을까 싶어 걱정이 많다.

관련하여 참고할 만한 사례는 독일 사회의 임대차계약에서 관습처럼 사용된다는 묵시 계약이다. 한번 임대차계약을 맺으면 임차인이 나갈 때까지 임대료를 올리지 않고 매년 자동으로 갱신되는 방식인데, 그동안 임차인은 임대료 인상을 걱정하지 않고 좀 더 여건이 좋은 곳으로 이사할 수 있는 돈을 모을 수 있어서 그때까지 배려해 주었던 임대인에게 감사의 마음을 가지는 것은 당연하다. 또한, 임대인은 새로운 임차인과 시세에 맞는 임대계약을 맺기 때문에 손해를 영원히 감수하는 것도 아니다. 물론 우리 주변에도 독일 사회의 묵시 계약처럼 다른 곳으로 이사를 나갈 때까지 처음 맺은 임대료를 한 번도 인상하지 않는 임대인이 있는 반면 계약을 갱신할 때마다 인상을 요구하는 임대인도 있다.

임차인을 대하는 태도도 마찬가지다. 수리가 필요한 일이 생겼을 때 득달같이 달려와 임차인의 불편을 얼른 해소해 주려 애쓰는 임대인이 있는가 하면 이런저런 이유를 내세워 차일피일 미루는 임대인도 있다. 어떤 임대인이 될지는 누구든 자유롭게 선택할 수 있다. 그러나 어떤 선택이든 하나님의 마음을 먼저 생각해 보는 것이 청지기 된 기독교인에게 합당한 태도가 아닐까 생각한다. 하나님께서도 우리가 사회적 약자들과 관계 맺을 때 인색함이 아닌 즐거움으로 샬롬의 축복을 온전히 누리기를 바라기 때문이다.

소위 '갭(gap)투자'(시세차익을 목적으로 주택의 매매 가격과 전세금 간의 차액이 적은 집을 전세를 끼고 매입하는 투자 방식)나 내가 소유한 부동산에 너무 많은 부채가 있다면 전세금 또는 원리금 상환이나 이자 부담 등으로 인해 현실적으로 세입자의 형편을 고려하기 힘든 경우도 많다. 따라서 기독교인에게 재정상태표를 작성하고 분석하는 것은 단순히 내 재산의 현재 상태를 아는 것에 그치지 않고 하나님과의 관계를 점검하는 수단이 된다.

현금흐름표와 재정상태표가 알려주는 것들

일반적으로 현재의 재정을 점검할 때 소득과 지출을 파악할 수 있는 월간 현금흐름표, 자산과 부채를 확인할 수 있는 재정상태표, 크게 두 가지 방법을 많이 사용한다. 이것들을 제대로 정리하면 재정관리에 중요한 정보들을 알 수 있다. 현금흐름표와 재정상태표, 각종 세부명세표 등은 여리고BFS 홈페이지 자료실을 활용한다.

현금흐름표가 알려주는 것들

월간 현금흐름표는 매달 소득을 토대로 저축과 투자는 물론 지출까지, 각 항목에 속한 세부적인 금액을 합산하여 하나의 표로 정리하는 것이다.

소득 항목을 기재할 때 소득이 불규칙한 경우에는 형편에 따라 분기(3개월), 반기(6개월), 연간(1년) 단위의 총소득을 기초로 월간 평균소득을 산정하며 각종 세금이나 국민연금보험료, 국민건강보험료 등의 준조세를 공제한 세후소득을 기재한다.

특히 지출 부분을 기재할 때 어려움을 많이 호소하는데, 평소 가계부를 꼼꼼히 기록했다면 큰 어려움 없이 작성할 수 있지만 그렇지 않은 경우가 많고, 특히 신용카드 지출이 많다면 상품(서비스)을 구매한 달과 돈이 빠져나가는 달이 다르기 때문에 이달의 실제 소비와 지출이 불일치하여 어려움이 가중된다. 맘몬이 노리는 것이 바로 그것이다. 맘몬과의 전쟁을 제대로 준비할 수 없게 만들기 때문이다. 그러나 변화

＊현금흐름표 예시

		월 예산	1월	·····	12월
수입	본인				
	배우자				
	이자, 배당				
	연금소득				
	부동산임대소득				
	기타				
수입 합계					
저축투자	예·적금				
	주식				
	펀드				
	연금				
	청약				
	국민연금				
	예비비				
	기타				
고정지출	대출이자				
	보험료				
	관리비				
	공과금, 세금				
	통신비				
변동지출	드리기				
	가족용돈				
	교육비				
	식비, 외식비				
	생활용품				
	공과금(전기, 수도, 가스)				
	건강				
	의류, 잡화				
	여행, 문화				
	기타				
지출 합계					
결산(수입–지출)					

는 문제를 인정하는 것에서부터 시작된다. 여호수아가 여리고성 전쟁의 승리를 원했듯이 우리가 맘몬과의 전쟁에서 승리하기를 원한다면 말이다.

지출은 크게 의무적으로 지출되는 고정비용(ex. 집세, 관리비, 각종 대출이자 등)과 본인의 의지에 따라 조절할 수 있는 변동비용(ex. 생활비, 교육비 등)으로 구별되며, 세후 월간 소득에서 고정비용을 차감한 잔액을 임의로 사용할 수 있는 소득이라는 뜻의 '가처분(假處分) 소득(disposable income)'이라 부른다.

현금흐름표를 통해 많은 것을 알 수 있지만 그 가운데 특히 지출과 관련하여 중요한 몇 가지를 정리하면 다음과 같다.

1. DSR(Debt Service Ratio)

총대출금액(각종 담보대출 및 신용대출 등)에 대한 원리금 상환액이 소득에서 차지하는 비율이다. 한국의 가계부채 및 그로 인한 원리금 상환 비율은 세계 최고수준으로 알려져 있다. DSR비율이 높을수록 재정관리에 부담이 되기 때문에 부채발생 원인을 분석하는 등 더욱 적극적인 부채관리가 중요하다. 다만 주택 등 주거자산을 취득하는 과정에서 부득이한 부채가 발생할 수 있으나 대부분의 주택담보대출이 장기대출이라는 점을 고려하여 장기적인 재정관리에 무리가 되지 않도록 대출시기와 금액을 판단하는 것이 좋다. 특히 자산의 레버리지(Levarge, 타인의 자본을 지렛대처럼 이용하여 자기 자본의 이익률을 높이는 것) 효과를 기대하면서 의도적으로 고액의 부채를 일으키는 경우는 기대와 어긋난 결과로 큰 어려움에 직면할 수도 있으므로 상당히 주의해야 한다.

2. 고정지출비율

총지출에서 차지하는 고정지출금액의 비율이다. 고정지출이 너무 많으면 가처분 소득이 줄어들어 일상의 위축은 물론 미래를 위해 준비해야 할 저축과 투자도 줄어든다. 소득 규모에 따라 다르겠지만 일반적으로 고정지출비율이 40%를 초과하게 되면 재정관리에 많은 부담을 줄 수 있다.

3. 변동지출비율

총지출에서 차지하는 변동지출금액의 비율이다. 변동지출이 너무 많으면 미래를 위해 준비해야 할 저축과 투자도 줄어든다. 특히 변동지출은 본인의 의지와 결단에 따라 조절할 수 있는 여지가 많다는 점에서 재정관리를 개선하는 데 중요한 항목이다. 이 같은 변동지출을 사용처에 따라 구분하면서 어떤 목적의 지출이 많았는지 따져보는 것도 도움이 된다. 예컨대 외식비, 여가활동비가 많다면 왜 그런 결과가 나왔는지, 어떻게 줄일 수 있는지를 생각해 보는 것이다. 또한 자녀교육비가 재정에 큰 부담을 주고 있다면 자녀교육에 대한 관점(세상 기준 or 하나님 기준)을 깊이 생각해 볼 필요도 있다.

4. 저축비율

총소득에서 매달 저축하는 금액이 차지하는 비율이다. 이때 저축이란 원금이 보장되는 예·적금뿐만 아니라 원금이 보장되지 않는 각종 실적형 투자상품을 포함한다.

5. 보험료

보험료 가운데 각종 보장성보험료(ex. 질병 및 상해보험, 사망종신보험 등)는 고정지출에 기재하고 저축성보험료(연금성보험, 저축보험 등)는 저축과 투자 항목에 기재한다. 이때 주의해야 할 것은 보장성보험을 저축성상품으로 오해하는 경우가 많다는 사실이다. 특히 보험회사나 영업인들의 경쟁이 과열되면서 금융지식이 부족한 소비자들을 현혹하는 경우도 자주 발생한다. 그로 인해 가계지출에서 차지하는 보험료 비중이 커지면 정작 필요한 저축과 투자는 물론 노후를 위한 재정준비도 턱없이 부족할 수밖에 없다.

일반적으로 총소득에서 보장성보험료가 차지하는 비율은 7% 이내를 권장한다. 예컨대 월 300만 원 소득자라면 보장성보험료는 21만 원을 넘지 않는 것이 좋다. 그렇다고 소득이 많아질수록 비례적으로 무조건 많아져야 하는 것은 아니다. 따라서 보장성보험료가 부담스럽다면 보장성보험료를 저축성상품으로 오해하여 가입하지는 않았는지 또는 굳이 보험으로 보장받을 필요 없는 작은 위험까지 보험으로 가입하지는 않았는지 확인해 봐야 한다. 이때 앞에서 인용했던 고린도전서 10장 13절의 말씀을 다시 참고해 보자.

사람이 감당할 시험 밖에는 너희가 당한 것이 없나니 오직 하나님은 미쁘사 너희가 감당하지 못할 시험 당함을 허락하지 아니하시고 시험 당할 즈음에 또한 피할 길을 내사 너희로 능히 감당하게 하시느니라

즉, 하나님께서도 우리의 모든 시험을 대신해 주시는 것이 아니라 그 가운데 우리가 감당하기 힘든 시험을 당할 즈음에 피할 길을 내어주신

다고 한 것처럼 보장성보험도 만약 보험에 가입하지 않았다면 정말 큰일 날 뻔했을 정도의 치명적인 위험(ex. 사망, 각종 암질환 등)을 중심으로 가입하고 나머지 위험들은 저축을 통해 준비하는 것이 좋다. 또한 보장성보험에 가입할 때도 돈의 실질가치가 크게 떨어지는 수십 년 뒤의 만기환급금에 집착하여 당장의 보험료를 증가시키기보다 만기환급금이 아예 없는 완전소멸형(ex. 실손보험, 정기보험 등) 또는 저환급형 보험을 선택하고 줄어든 보험료를 저축이나 투자로 활용하여 자산을 불리는 것이 훨씬 유익할 수 있다.

재정상태표가 알려주는 것들

재정상태표에는 현재 시점에서의 자산과 앞으로 갚아야 할 부채를 기재한다. 그 결과 내 가정의 재정상황을 인식하고 당장 혹은 중장기적인 관점에서 개선이 필요한 부분을 이해할 수 있다. 이때 자산 항목은 금융자산과 부동산자산, 보장자산과 연금자산 및 기타자산으로 구분한다.

금융자산은 예·적금 등 금리에 연동되는 예금성자산을 포함하여 언제든 원금손실 없이 사용가능한 현금성자산과 각종 투자성상품인 채권형자산(ex. 각종 채권, 채권형펀드나 ETF 등), 주식형자산(ex. 각종 주식, 주식형펀드나 ETF 등) 등을 작성 당시를 기준으로 그때까지의 원금이 아닌 현재 시점의 평가액을 확인하여 기재한다. 이때 채권형자산과 주식형자산이 혼합된 상품의 경우에는 구성비중(ex. 주식형 50% 채권형 50%)에 해당하는 금액만큼을 채권형자산과 주식형자산에 합산한다.

부동산자산은 사용자산인 주거자산과 투자 목적의 부동산(ex. 각종 주택, 토지, 상가, 오피스텔 등)으로 구분하고 각각 현재 시점의 실거래 가격(시가)을 기준으로 기재한다. 보장자산은 만약의 경우 보험회사로부터 지급받을 수 있는 사망보험금을 뜻하지만 상해사망보험금(ex. 각종 사건사고로 인한 경우)이 아닌 일반사망보험금(ex. 각종 질병으로 인한 사망)을 기준으로 기재한다. 그렇게 하는 이유는 상해사망은 발생확률이 크게 낮지만 자연사망을 포함하는 일반사망은 시점만 다를 뿐 발생확률이 100%이기 때문이다.

연금자산은 은퇴 이후 노후생활을 위한 각종 연금성자산의 현재 평가액을 기재하는데, 이때 공적연금자산(국민연금 등)과 퇴직연금(DC형 퇴직연금, IRP), 사적연금(연금저축펀드 or ETF, 각종 연금보험 등)을 구분

* 재정상태표 예시

자산			부채		
항목		금액	항목		금액
금융자산	현금성		담보대출	주택담보대출	
	투자			주택외담보대출	
	연금			약관대출	
	소계			기타	
부동산	사용자산			소계	
	투자자산		신용대출	신용대출	
	소계			마이너스대출	
기타자산				카드론	
				기타	
				소계	
	소계				
자산 합계			부채 합계		
			순자산(자산－부채)		

하여 정리해 놓는 것이 좋다.

기타자산은 현재 소유 중인 자동차, 자산으로 구별할 필요가 있는 고액 회원권(ex. 골프회원 권 등), 임대인에게 지급한 임대보증금 등을 현재 평가액을 기준으로 기재한다.

자산 항목에 대한 정리가 끝났다면 이번에는 부채 항목을 정리한다.

부채는 크게 주택담보대출을 비롯한 담보대출과 각종 신용대출로 구분하고 각각의 경우 현재 시점에서 갚아야 할 잔존 금액을 기재한다. 담보대출은 보험상품의 약관대출을 비롯한 각종 예·적금 또는 투자성상품을 담보로 대출받는 경우를 모두 포함한다.

현금흐름표와 마찬가지로 재정상태표도 각 항목에 속한 세부적인 금액들을 합산하여 기재하고 세부 내용이 많아지면 별도의 세부명세표로 보완하는 것이 좋다.

재정상태표를 통해 알 수 있는 것들을 정리하면 다음과 같다.

1. 부채비율

부채비율은 총자산에서 부채가 차지하는 비중을 뜻한다. 성경에서는 "피차 사랑의 빚 외에는 아무에게든지 아무 빚도 지지 말라"(로마서 13:8) "빚진 자는 채주의 종이 되느니라"(잠언 22:7) 등과 같이 부채를 경계하라는 말씀이 차고도 넘친다. 실제로 부채가 많은 사람의 삶은 은행을 비롯한 채권자들의 노예가 되어있는 경우를 어렵지 않게 발견할 수 있다. 물론 내 집 마련 등 부채를 얻어야 할 필요도 있지만 너무 지나치면 경제적으로 애굽의 종살이하는 것과 같다. 또한 부채가 많은 사람과 상담해 보면 탐심이나 미래에 대한 지나친 불안 때문인 경우도 많은데 그것들은 우리를 하나님과 멀어지게 한다. 그 때문에 빚을 매우 경계하라는 것이 아닐까 생각한다.

부채비율의 적정기준은 상환능력과 연관되어 있으므로 현금흐름표의 DSR 등 현재의 소득과 결합하여 판단하는 것이 현실적이다. 예컨대 부채비율이 높더라도 현재의 소득으로 원리금을 상환하면서 일상생활은 물론 미래를 위해 준비할 수 있다면 괜찮을 수 있다. 그러나 그렇게만 생각하면 안 되는 이유는 경기침체기나 자산가격 하락기에는 큰 위험에 빠질 수 있기 때문이다. 따라서 원리금 상환 여력과 함께 총자산 대비 부채가 적정 비율(일반적으로는 최대 40%)을 초과하지 않는 것이 좋다.

2. 부동산자산비율

총자산에서 부동산자산이 차지하는 비중을 뜻한다. 특히 한국은 선진국보다 부동산자산비율이 매우 높다고 알려져 있다.

미국 등의 선진국은 부동산자산비율이 20~30%에 불과하고 금융자산비율은 70~80%를 차지하며 금융자산 가운데 노후를 위한 연금자산의 비중도 높은 편이다. 그러나 한국은 부동산자산비율이 70~80%에 이르는 반면 금융자산은 부족하고 그 가운데 특히 연금자산이 제대로 준비되지 않아 65세 이상 노인 가운데 50%에 육박하는 사람들이 상대적 빈곤에 시달리는 등 노후문제가 심각한 형편이다.

일반적으로 자본주의가 성숙한 선진국은 연금자산을 비롯한 금융시스템이 상대적으로 안정되었지만, 단기간의 압축성장으로 부를 형성한 한국은 금융시스템의 불안과 연금자산에 대한 체계적인 준비가 부족했다. 그런데도 부동산가격은 경제성장과 함께 오랫동안 지속되었기 때문으로 생각한다.

그러나 이미 성숙기에 접어든 한국경제와 갈수록 길어지는 노후, 특히 저출산·고령화로 인한 경제활동인구의 빠른 감소 등을 생각하면 과거와 같은 부동산자산의 지속적인 상승을 기대하기보다 불확실한 미래를 대비하는 자산의 분산과 연금화 등을 통해 생애 전체의 재정적인 필요를 지혜롭게 준비하는 데 더 많은 관심을 가져야 할 때다.

3. 금융자산비율

금융자산 가운데 현금성자산, 채권형자산, 주식형자산 등이 차지하는 비중이 각각의 연령에 적합한지 확인해 볼 수 있다. 예컨대 언제든 원금손실 없이 현금화할 수 있는 현금성자산은 노후 목돈의 안정적인 관리나 비상예비자금 혹은 사회초년생들이 종잣돈을 만들기 위한 목적으로 많이 활용한다. 그러나 노후가 최소 10년 이상 남아있는 경제활동기에 대부분의 금융자산이 현금성자산으로 구성되어 있다면 효율적인 재정관리와는 다소 거리가 멀다. 현금성자산의 수익률은 돈 가치 하락에 가장 큰 영향을 미치는 체감물가상승률(이른바, 장바구니물가)보다 매우 낮아서 장기적으로는 돈의 실질가치를 유지할 수 없기 때문이다. 반면 노후가 임박했거나 이미 노후생활에 접어든 사람의 금융자산 가운데 주식형자산 비중이 지나치게 높다면 안정적인 재정관리에 염려를 더할 수 있다.

따라서 생애주기에 따른 현금성자산, 채권형자산, 주식형자산의 비중을 균형적으로 관리하는 것이 중요하다. 또한 금융자산 비중은 각자의 재정형편과 투자적합도 등을 고려하여 종합적으로 판단해야 하는 영역이기 때문에 필요한 지식과 관련 정보들을 검토하여 결정하거나 신뢰할 만한 전문가의 조언을 구하는 것도 좋다.

4. 연금자산비율

연금자산비율은 금융자산 가운데 노후연금을 위한 목적으로 준비된 자산의 비중을 뜻한다. 이는 나이가 적을수록 비중이 작고 나이가 많아지면서 커진다. 나이가 적을수록 노후에 이르기까지 남아있는 기간이 많으므로 적은 투자로 시간의 복리효과 등을 기대할 수 있지만, 나이가 많아질수록 노후에 이르기까지 남은 기간이 적기 때문에 시간의 복리효과로 인한 자산상승을 기대하기 힘들기 때문이다.

예컨대 35세가 65세 은퇴를 위해 10억 원의 돈이 필요하다고 가정할 때, 연평균 10% 복리로 불린다면 지금부터 30년 동안 매달 44만원, 총 1억 5,840만 원만 투자하면 된다. 그런데 45세에 시작하면 앞으로 20년 동안 매달 131만 원, 투자원금은 총 3억 1,440만 원이다. 투자기간은 30년에서 20년으로 1/3밖에 줄어들지 않았지만 매달 투자해야 하는 돈은 3배, 투자원금은 2배 이상 많다. 또한 55세에 시작하면 앞으로 10년 동안 매달 484만 원, 총 5억 8,080만 원의 투자금이 필요한데 35세보다 매달 투자금은 무려 11배, 45세와 비교해도 3.5배 정도 많다. 투자원금도 마찬가지다. 35세의 약 4배, 45세의 약 2배에 육박한다. 시간의 복리효과가 얼마나 큰 영향을 끼치는지 쉽게 이해할 수 있다.

안타깝게도 한국은 일제강점기 영향으로 미국식 자본주의를 일본을 거쳐 이식받았다. 그러다 보니 미국식 자본주의의 단점인 부의 양극화는 갈수록 심화되지만 정작 돈을 불리는 방식은 미국식이 아닌 일본식이다.

예컨대 미국의 피델리티증권회사에 따르면 2023년 말 기준, 자사가 관리하는 퇴직연금DC형의 85%를 주식형자산으로 운용한 결과 1인당 은퇴자산이 무려 100만 달러(원화 약 13억 원)에 달한다. 반면 한국의 퇴직연금 전체 계좌 가운데 86%는 원금보존형인 은행 예·적금이나 국공채 관련 상품으로 1인당 은퇴자산이 5,500만 원에 불과한 형편으로 알려졌다. 특히 세계 최고의 초고령화 국가로 치닫는 한국의 형편을 생각하면 이러한 현실이 노후의 재정에 미칠 영향은 매우 심각할 수밖에 없다. 실제로 한국의 65세 이상 노인인구의 상대적 빈곤율(중위소득의 50% 이하 소득자 비중)은 그들이 가진 부동산자산의 소득화 혹은 연금화를 고려하더라도 OECD 국가 가운데 하위 수준에 머물러 있다.

따라서 연금자산은 적은 금액이라도 일찍부터 주식형자산 등에 관심을 두면서 준비하는 것이 바람직하며 노후가 되었음에도 연금자산이 부족하다면 자산의 연금화(ex. 주택연금, 배당형자산 등) 등에 적극적인 관심을 가지는 것이 좋다.

◆ ACTION PLAN

- 월간 현금흐름표 작성하기
- 현재 시점의 재정상태표 작성하기

셋째 날
의심할까? 준비할까?

☐ 현금흐름표 작성
☐ 재정상태표 작성

암송
너희 중의 누가 망대를 세우고자 할진대
자기의 가진 것이 준공하기까지에 족할는지
먼저 앉아 그 비용을 계산하지 아니하겠느냐
(누가복음 14:28)

너무 멋져요~^^
싸웠다 하면 이기는군요!!!

완료일   년   월   일

나눔 Q6

———

만약 예·적금 등의 저축이나 보험, 또는 펀드 같은
투자상품에 가입하고 만기가 되기 전에 중도해약했다면
그 이유가 무엇 때문이었는지 생각해 보고,
그때 깨달은 것이 있다면 함께 나누어보자.

때
누구에게나 '때'가 있다

여호수아가 백성에게 명령하여 이르되 너희는 외치지 말며 너희 음성을
들리게 하지 말며 너희 입에서 아무 말도 내지 말라 그리하다가 내가 너희
에게 명령하여 외치라 하는 날에 외칠지니라 하고 (여호수아 6:10)

'때'를 기다리는 사람들

이스라엘 백성은 여리고성을 모두 열세 번 돌았다. 여섯째 날까지는
매일 한 번, 마지막 일곱째 날에는 일곱 번이었다. 그런데 열두 번을 돌
때까지, 그리고 마지막 열세 번을 돌 때까지도 언약궤 앞에서 행진하던
제사장 일곱은 항상 양각 나팔을 불었다. 그런데 딱 한 번, 그들이 양각
나팔을 길게 불었던 때가 있다. 그때는 또한 여호수아가 백성들에게 '외
치라' 하는 때이기도 했다.

여호수아는 이스라엘 백성에게 여리고성을 열세 번 도는 동안 아무
말도 내지 말 것과 그들의 음성을 아무에게도 들리게 하지 말 것, 그리
고 어떤 소리도 외치지 못하게 했다. 그렇게 한 이유는 양각 나팔만 불

면서 여리고성을 도는 횟수와 날 수가 많아짐에도 불구하고 여리고성에서 아무 변화가 일어나지 않는다면 백성 가운데 누군가는 열세 번을 돌기도 전에 의심과 걱정의 소리를 할 수도 있고 그런 소리가 다른 사람들에게 들리면 전염력이 강한 염려가 이스라엘 백성을 불안하게 하여 하나님의 계획을 이룰 수 없다고 생각했기 때문일 것이다.

대신 여호수아는 양각 나팔을 길게 부는 때에 '외치라' 하는 소리와 동시에 모든 백성이 함께 외쳐야 한다고 말했다. 즉, 누구에게나 '때'가 있지만 그 때를 믿음으로 기다리며 그 때가 닥쳤을 때 놓치지 않는 사람만이 하나님의 예정된 축제에 참여할 수 있다. 그렇게 열세 바퀴에 이르기까지 겉으로 보면 아무 일이 일어나지 않았지만 하나님의 '때'는 조금씩 다가오고 있었다.

세상이라는 싸움터에서 하루하루가 전쟁인 우리의 모든 일에도 항상 '때'가 있다. 다만 그 때가 혹 "저물 때일는지, 밤중일는지, 닭 울 때일는지, 새벽일는지 알 수가 없고"(마가복음 13:35) 마치 "도둑같이"(데살로니가전서 5:2, 4, 베드로후서 3:10) 오기 때문에 늘 "깨어 있으라"(마태복음 25:13) 말씀할 뿐이다. 전도서 3장은 때에 대한 말씀들(전도서 3:1-8)로 가득하다. 특히 우리가 답답해하는 의인과 악인에 대한 '심판의 때'도 분명히 기록하고 있다.

내가 내 마음속으로 이르기를 의인과 악인을 하나님이 심판하시리니 이는 모든 소망하는 일과 모든 행사에 때가 있음이라 하였으며 (전도서 3:17)

예수님도 하나님의 때를 완벽하게 기다렸다. 그는 하나님께서 정하신 '때'가 차서 세상에 보내졌고(갈라디아서 4:4) 여자에게서 해산할 '때'를 기다렸다(누가복음 2:6)가 태어났으며 사람으로 사는 동안 겪어야 했던 허다한 사건(요한복음 2:4, 7:8, 7:30, 8:20 등) 가운데서도 언제나 먼저 '때'를 분별하였다. 그리고 마침내 그에게 닥친 마지막 '때'에 이르기 전 제자들의 발을 씻기면서 '그때' 비로소 모든 비밀을 알려주었다.(요한복음 17:1) 심지어 그는 무화과나무에도 '때'가 있다(마가복음 11:13)고 했다. 이처럼 예수님도 완벽하게 '때'를 지켰으니 우리에게도 힘들지만 기다려야 할 '때'가 있음은 말할 나위가 없다.

예수님뿐만 아니라 '하나님의 때'를 온전히 기다려 끝내 승리한 성경 속 위인도 많다. 이방인으로서 과부였던 '룻'은 오직 '하나님의 때'에 순종하여 시어머니 나오미를 끝까지 봉양한 끝에 다윗과 예수님의 조상이 되었고, 야곱도 삼촌의 간계에 속아 아내 라헬을 얻기까지 14년을 기다려야 했으며, 형제에게 팔려 노예가 되었던 요셉은 온갖 고난 속에서도 '하나님의 때'를 기다려 마침내 애굽의 총리에 올라 자칫 굶어 죽을 뻔했던 이스라엘을 살렸고, 사울 왕에게 쫓겨 목숨이 위태로웠던 도망자 다윗은 사울 왕을 두 번씩이나 죽일 수 있었지만 '하나님의 때'를 기다려 스스로 위험을 자초했다. 그들 모두는 다른 사람들의 기준에서 보면 하나같이 미련하고 바보 같았다.

여리고 전쟁의 이스라엘 백성도 마찬가지다. 그들은 온전히 '하나님의 때'를 지켰고 일곱째 날 마지막 열세 번을 채우고서야 승리의 함성을 질렀다. 그렇게 칠 일을 행진하는 동안 성안의 여리고 백성은 물론 그 전쟁을 숨죽이며 지켜보던 다른 민족도 그렇게 미련한 행동으로 여리고성이 무너지리라 생각하지 않았을 것이다. 오히려 며칠을 연이어 이상한 행동을 되풀이하는 이스라엘을 마음속으로 조롱하면서 아무 일도 일어나지 않는 날이 거듭되는 것을 지켜보며 결국 이스라엘이 물러가리라 생각했을 것이다. 왜냐하면 세상 그 어떤 전쟁도 그렇게 승리한 경우가 없었기 때문이다.

그러나 여리고성은 하나님의 때에 완벽하게 무너졌다. 알다시피 여리고는 가나안 정복전쟁의 서막임과 동시에 가장 강력한 상대였다. 따라서 비록 40년 광야에 비하면 턱없이 짧았지만 칠 일 동안의 전쟁은 말할 수 없는 불안과 두려움의 연속이었을 것이다. 승리를 약속하신 하나님의 말씀이 있었지만 사람이기 때문에 염려와 걱정이 있을 수도 있다.

오늘을 살아가는 우리도 마찬가지다. 하나님의 약속의 말씀을 믿으면서도 늘 다람쥐 쳇바퀴 돌듯 되풀이되는 일상에서 도대체 '끝'이 있을 것 같지 않다. 이처럼 세상의 온갖 걱정과 두려움에도 불구하고 하나님의 '때'를 믿고 기다리기란 생각처럼 쉬운 일은 아니다. 그렇다면 이스라엘 백성은 어떻게 전쟁의 한복판에서 하나님의 때를 믿음으로 인내하며 기다릴 수 있었을까?

알다시피 애굽을 탈출한 광야 1세대의 이스라엘 백성 가운데 갈렙과 여호수아를 제외하면 하나님의 시험과 훈련을 통과한 사람은 아무도 없다. 다른 사람들은 하나님의 첫 시험에서부터 모세를 원망(출애굽기 14:11-12)했으며 그 같은 의심과 불순종은 광야 40년 내내 반복되었다. 그러나 가나안에서의 첫 번째 전쟁에 임한 이스라엘은 광야 2세대였다. 즉 그들의 믿음은 그저 생긴 것이 아니라 믿음이 부족했던 부모 세대의 죽음을 경험하면서까지 혹독하게 연단된 결과였다. 그 결과 여호수아의 이스라엘은 모세의 광야 1세대와 달리 하나님께서 정하신 '때'를 믿고 기다릴 수 있었다.

따라서 하나님의 때가 나에게 임하기를 바란다면 말씀과 예배는 물론 행함을 통한 살아있는 기도로 성령을 통한 내면의 소리에 항상 귀 기울여야 한다. 물론 그 소리가 오늘 읽은 성경 말씀이나 주일 말씀일 수도 있고 다른 사람의 권면과 조언일 수도 있지만 그것을 분별하는 사람 또한 나 자신이라는 것도 잊지 말아야 한다.

'때'를 기다리지 못하는 사람들

안타깝게도 우리는 '하나님의 때'를 기다리는 데 실패하는 경우가 많다. 나 자신의 문제 또는 비교와 경쟁을 부추기는 세상의 문제일 수 있는데 세상의 문제가 더 많은 영향을 끼치리라 생각한다. 예컨대, "끝까지 견디는 자는 구원을 받을 것"(마가복음 13:13)이니 "낙심하지 말고 포기하지"(갈라디아서 6:9) 말며 "그 성읍을 에워싸는 날이 찰 때"(에스겔 5:2)까지 "더딜지라도 기다리는"(하박국 2:3) 사람이 세상에서는 "루저(loser)"가 되는 경우가 많다. 예수님도 그 시대에는 실패자였고 총리가 되기 전까지의 요셉도 마찬가지였다.

반면, 당장 손에 쥘 수 있는 '세상의 때'를 선택하는 사람들을 '위너(winner)'요, 성공이라 말한다. 따라서 우리가 세상에 속하였다면 세상이 우리를 미워하지 않도록 '세상의 때'에 민감해야겠지만 세상이 아닌 하나님께 속한 자로 생각한다면 세상에서 미움을 받더라(요한복음 15:19)도 '하나님의 때'에 더욱 민감해야 하지 않을까 생각한다.

성경에는 하나님의 때와 관련하여 유쾌하지 않았던 위인도 많다. 예컨대 하나님은 태어나자마자 죽임을 당할 뻔했던 모세를 애굽 공주의 아들이 되게 하였지만 그를 살인자로 만들어 미디안 광야로 달아나게 했다. 모세가 다시 하나님의 부름을 받은 것은 그때로부터 40년이 지난 80세였다. 그가 처음 하나님의 부르심에 온전히 순종하지 못한 것도 그때까지의 인생에서 하나님의 동행하심을 느끼지 못했기 때문일 수도 있다.

믿음의 아버지로 불리는 아브라함과 그의 아내 사라도 '하나님의 때'에 관해서는 부끄러운 기억이 있다. 그의 나이 99세, 사라의 나이 90세에 하나님께서 그들 부부에게 아들을 주신다고 했을 때 두 사람은 모두 어이가 없어 웃고 말았다. 그들 부부는 하나님께서 정하여 주신 '때'를 신뢰하지 않았지만, 그로부터 딱 1년이 지난 '하나님의 때'에 이삭이 태어났다.

성경의 위인들이 이러한데 하물며 의심과 불안의 돌부리에 걸려 넘어지기 일쑤인 우리는 오죽할까? 그러나 더 큰 장애물은 온갖 걱정과 두려움으로 무장하여 우리를 공격하는 맘몬처럼 하나님의 때가 아닌 세상의 때를 부추기는 사람이 많다는 사실이다. 심지어 그들은 내 가족, 형제, 친구일 수도 있고 내 직원, 내 상사, 내 동업자 등 나의 성공을 바라는 사람일 수도 있다.

> 다윗의 사람들이 이르되 보소서 여호와께서 당신에게 이르시기를 내가 원수를 네 손에 넘기리니 네 생각에 좋은 대로 그에게 행하라 하시더니 이것이 그 날이니이다 (사무엘상 24:4)

다윗의 사람들은 분명 다윗의 성공을 위해 사울을 죽이라고 말했다. 그러나 다윗은 그렇게 하는 대신 사울을 살려 보내면서 이렇게 말했다.

여호와께서는 나와 왕 사이를 판단하사 여호와께서 나를 위하여 왕에게
보복하시려니와 내 손으로는 왕을 해하지 않겠나이다 (사무엘상 24:12)

이처럼 '하나님의 때'인지 '세상의 때'인지를 분별할 책임은 다른 사람
이 아닌 나 자신에게 있다. 따라서 우리는 세상의 허다한 소리가 아닌 하
나님의 음성을 듣기에 힘써야 하지만 그렇지 못한 경우도 많다. 이유는
무엇일까?

백성 중 삼천 명쯤 그리로 올라갔다가 아이 사람 앞에서 도망하니 아이
사람이 그들을 삼십육 명쯤 쳐죽이고 성문 앞에서부터 스바림까지 쫓아
가 내려가는 비탈에서 쳤으므로 백성의 마음이 녹아 물같이 된지라
(여호수아 7:4-5)

여리고성 전쟁에서 승리한 이스라엘 백성은 곧장 아이성을 공격했다.
여리고성 전쟁에서처럼 어떤 긴장이나 염려도 없었다. 그래서 삼천 명쯤
만 보냈지만 결과는 대참패였다. 물론 여리고성 전쟁의 전리품 가운데
하나님께 온전히 바치지 않은 아간의 범죄가 있었지만, 전쟁의 승리에
취한 이스라엘 백성의 지나친 자신감, 즉 교만이 더 큰 문제였다.
우리도 마찬가지다. 지나친 염려와 불안도 우리를 하나님과 멀어지게
하지만 지나친 자신감 또한 하나님의 소리에 귀를 닫게 만든다.

투자 타이밍 vs 하나님의 때

투자에서도 '타이밍(Timing)'은 중요하다. 예컨대 쌀 때 사서 비쌀 때 팔면 큰돈을 벌 수 있다. 그래서 투자를 '타이밍의 기술'이라고 말하기도 한다. 그러나 투자 타이밍을 맞추기란 생각보다 쉽지 않다. 그것이 쉽다면 어느 누가 고된 직장을 다니고 치열한 자영업에 뛰어들겠나? 집에 가만히 앉아 컴퓨터에 깔아놓은 증권회사 트레이딩 프로그램으로 게임하듯 즐기면 될 일이다. 오히려 대부분의 사람은 비쌀 때 사고 쌀 때 팔면서 손해 보는 일이 많다.

그런데 마치 다윗의 친구들처럼 지금이 사야 할 때 또는 팔아야 할 때라며 부추기는 사람들이 있다. 금융회사 혹은 자기 자신이다.

물론 금융회사는 더 많은 고객을 거래에 참여시키는 것이 그들의 이익이기 때문에 어쩔 수 없다. 그들의 제안을 분별해야 할 책임은 고객에게 있다. 결국 문제는 자기 자신이다. 예컨대 투자시장의 상승기에 너도 나도 돈을 벌었다는 사람이 많아지면 그로 인한 상대적인 박탈감, 즉 대세에서 소외되거나 남들보다 뒤처지고 있다는 불안감을 느끼는 '포모(FOMO, Fear Of Missing Out) 증후군'이 스스로를 조급하게 만든다. 그러다 보니 이미 오를 만큼 오른 가격에 투자하여 손해를 보기도 한다. 사실 그럴 수밖에 없는 이유는 단순하다. 예측이나 예단은 미래에 속하는 것이고 그것은 사람이 아닌 하나님의 영역이기 때문이다. 그래서 우리는 섣부른 예측이나 예단보다 미래를 두려워하는 마음으로 준비해야 한다.

그렇다면 어떻게 해야 할까? 여리고성 전쟁에서 답을 찾을 수 있다.

당신이 세상이 아닌 하나님께 속한 사람이라면 여리고성 전쟁에서 이스라엘 백성이 하나님의 때를 기다릴 수 있었던 것은 오직 믿음의 결과였음을 알 수 있다. 즉 이스라엘 백성들은 여리고성이 언제 무너질지 예단하거나 예측하지 않았다. 그저 믿음을 바탕으로 성실히 돌았을 뿐이다.

우리도 마찬가지다. 요컨대 하나님은 우리가 맘몬의 여리고성을 무너뜨리기 원하신다. 그렇다면 방법은 하나뿐이다. 우리 각자에게 보내주신 성령의 소리에 귀를 기울여야 한다. 구체적으로는 각자에게 주신 사명선언문에 따라 인생 로드맵을 정하고 그 과정에서 필요한 돈을 구체적으로 계획하면서 구하면 된다. 그것을 각각 '라이프플랜(Life plan)', '재무목표(Financial objective)'라고 부른다.

다음은 꽃을 좋아하는 아내의 은사를 지원하면서 은퇴 후 중국선교의 꿈을 가진 성도의 라이프플랜을 정리한 표이다. 이때 재무목표, 즉 이루고 싶은 일(목표)에 필요한 돈(필요자금)의 규모도 정해 보자.

~	2025년 (현재)	~	2030년	2035년	~	2040년	~	2050년
나	35세		40세	45세		50세		60세
아내	33세		38세	43세		48세		58세
딸	7세		12세	17세		22세		32세
아들	3세		8세	13세		18세		28세
목표 (이루고 싶은 일)	뉴스타트 중국어 학원 등록		딸 중학입학 아들 초등입학 회사 퇴직 오파상 시작	www.ebay.com 파워셀러 등록 아내 꽃집 창업		경기도 30평 아파트		중국선교 금융자산 3억 및 월 300만 원 연금 수령
필요자금	월 20만 원		자본금 1억	5천만 원		5억 원		3억 원 + 월 300만 원

돈이 필요한 목표를 정하는 것은 재정관리에서 매우 중요하다. 우리가 투자 타이밍에 쉽게 유혹당하는 것도 삶에 대한 계획과 그에 따른 구체적인 재무목표가 없기 때문이다. 예컨대, 3년 후 필요한 돈이 있고 10년 후 필요한 돈이 있으며 20년 후 필요한 돈이 있다. 그에 따라 원금이 보장되는 은행 예·적금을 들어야 할지 원금은 보장되지 않지만 보다 높은 수익을 기대할 수 있는 실적배분형 투자상품에 가입해야 할지를 결정할 수 있기 때문이다.

물론 재무목표에는 일상의 필요를 위한 목표도 포함된다. 예컨대, 주택에 관련된 문제나 은퇴 이후를 준비하는 연금뿐만 아니라 오래된 자동차를 교체하는 것, 휴식을 위한 여행비용 등이 해당된다. 다만, 그것들이 하나님의 목적 안에서 계획되고 실행하는 것이 중요하다.

자, 이제 앞의 라이프플랜에서 재무목표와 필요자금을 따로 정리하면 다음과 같은 재무목표 리스트가 완성된다.

재무 목표	준비 기간	필요 자금
창업(오퍼상)	5년	1억 원
아내 꽃집	10년	5천만 원
주택 구입	15년	5억 원
은퇴	25년	3억 원 + 월 300만 원

이렇게 정리된 라이프플랜과 재무목표는 우리의 재정관리를 두 가지 측면에서 도울 수 있다.

첫째는 월 소득에서 저축과 투자에 매달 얼마씩, 언제까지 구분해야 하는지 정리할 수 있다. 이스라엘 백성도 7일 동안 인내한 것처럼 하나

2편 실행 | 어떻게 돌까? 실행(practice) · 전술(tactics)

님의 때는 결국 지속성이 핵심이다. 금융상품에 가입하고 중도에 해약하는 사람들 가운데는 저축과 투자에 필요한 돈을 미리 구분하지 않고 가입했기 때문에 갑자기 돈이 필요해서 해약하는 예도 많다. 특히 원금이 보장되지 않는 실적배분형 투자상품은 반드시 여윳돈으로 가입해야 한다. 그래야만 만약의 경우에도 기다릴 수 있다.

두 번째는 '필요한' 금융상품을 분별하고 재테크에 대한 이해와 역량을 높일 수 있다. 세상에는 셀 수 없이 많은 금융상품이 있지만 그것들은 서로 반대되는 두 가지 속성인 안정성과 수익성을 기준으로 구별된다. 이때 안정성을 중시하는 안정형 상품들은 은행 예·적금이나 국가 또는 지방자치단체와 각종 공기업에서 발행하는 국·공채, 신용등급이 높은 우량기업에서 발행하는 회사채와 각종 채권형펀드(또는 ETF) 등 손해가 적거나 없는 상품들로 구성되어 있다. 반면 수익성을 중시하는 실적배분형 투자상품은 주식이나 주식을 바탕으로 만들어진 주식형펀드(또는 ETF) 등 원금손실을 감수하더라도 더 많은 이익을 기대하는 상품들로 구성되어 있다. 또한 안정형 상품과 수익형 상품을 적당한 비율로 섞은 혼합형 상품(ex. 주식 50%+채권 50%)들도 있다.

그렇다면 수익형 상품으로 안정성까지 확보하는 방법은 없을까? 물론 있다. 시간이라는 변수를 활용하면 가능하다. 예컨대 지금 가진 1억 원을 1년 뒤 사용해야 한다면 앞으로 1년 동안 어떤 상품에 넣어 두는 것이 좋을까? 당연히 은행 예금 혹은 수시입출금이 가능하면서 금리에 연동하는 ETF 같은 것이 좋다. 1년이라는 시간 동안 경제나 투자시장에 무슨 일이 일어날지 알 수 없기 때문이다. 재테크에서 1년이라는 시간은 너무 짧다. 따라서 수익성보다는 원금보장을 우선하는 것이 좋다. 그런데 만약 10년 후에 사용한다면 어떨까? 그때도 은행 예금이나 금리연동성 상품에 넣어 두는 것이 좋을까?

재테크에서 반드시 기억해야 할 것은 돈의 시간가치, 즉 같은 금액으로 상품 또는 서비스를 구입할 수 있는 구매력을 뜻하는 돈의 실질가치가 시간이 지나면서 어떻게 달라지는가이다. 일반적으로 돈의 시간가치는 물가상승률에 반비례한다. 물가가 오르는 만큼 돈 가치는 떨어지는 것이다. 이때 물가는 정부에서 발표하는 소비자물가가 아니라 소위 '장바구니물가'라고 부르는 체감물가상승률을 기준으로 한다.

만약 앞으로 10년 동안 체감물가상승률을 연평균 3%로 가정하면 10년 후의 1억 원은 현재 가치로 단순 계산하면 7천만 원에 불과하다. 그런데 은행 적금이자가 연평균 2%였다면 결과적으로 매년 1%만큼의 돈 가치가 떨어지는 것을 감수해야 한다. 알다시피 은행이자는 물가상승률, 특히 체감물가상승률보다 많이 주지 않는다. 반대로 은행 대출이자는 원칙적으로 체감물가상승률 이상에서 결정된다. 그 차이가 은행 이익(예대마진)이다.

결국 내 돈 1억 원을 은행 예금에 넣었을 때 10년 후 실질가치는 매년 1%씩(체감물가 3% - 예금이자 2%) 떨어지면서 10년 후에는 가만히 앉아 10%, 즉 1천만 원이 줄어든 9천만 원이 된다. 결과적으로 내 돈 1억 원을 불리기는커녕 실질원금도 지키지 못한 셈이다. 심지어 코로나19 이후의 2022년과 2023년 동안 체감물가상승률은 무려 10%에 달했다. 그동안 내 돈의 가치도 그만큼 떨어졌다는 뜻이다.

그렇다면 주식형펀드(또는 ETF) 같은 수익형 상품에 투자하면 위험하지 않을까? 물가가 오른다는 것은 상품이나 서비스 가격이 오른다는 뜻이다. 그 결과 평균적인 기업이익이 증가하면서 월급도 오르고 주가도 오른다. 물론 그것을 모든 기업에 일반화하여 적용할 수는 없다. 경제와 투자시장은 예측하지 못하는 변동성에 노출되어 있으며 그것들은 주식시장에 상장된 모든 기업에게 크고 작은 영향을 끼치기 때문이다. 그로 인해 개별기업의 주가는 엎치락뒤치락한다. 그러나 자본주의 투자시장의 평균이 오른다는 사실이 중요하다. 그래서 자본주의는 추세적으로 우상향한다는 소리를 귀에 못이 박히도록 자주 듣는다.

시간을 확대하면 그 같은 현상은 더욱 두드러진다. 예컨대 전 세계 주식시장을 대표하는 미국의 S&P500지수(평균)는 지난 30년 동안 연평균 8%씩 상승했다. 만약 30년 전에 1억 원을 S&P500지수(평균)에 투자하고 매년 복리로 8%씩 불렸다면 이자만 9.9억 원을 벌었고 원금을 합하면 약 11억 원이 되었다는 뜻이다.

예컨대 여리고성 전쟁의 승리에 필요했던 7일은 숫자 7이 하나님의 완전수를 뜻한다고 생각할 때 은유적으로 상당히 긴 시간을 의미한다고 해석할 수 있다. 그렇다면 당연히 수익형 상품이 적합하다. 그 결과 여리고성 함락이라는 엄청난 성과(수익)를 얻었다.

마찬가지로 만약 지금부터 20년, 30년 후부터 종신(거의 100세)토록 지급받기 원하는 연금형자산을 원금이 보장되는 안정형 상품에 가입하면 어떤 결과가 초래될까? 돈의 실질가치 기준으로 내 원금은 갈수록 줄어들 것이고 특히 연금이 개시된 이후부터는 사실상 쓸모없는 돈이 될 수도 있다. 반면 3년 이내에 달성하기를 원하는 재무목표는 수익형 상품보다 안정형 상품이 적합할 수 있고 3년 이상 5년 이내의 재무목표라면 혼합형 상품이 적합할 수도 있다. 이 같은 이해를 바탕으로 본인의 재정형편이나 투자성향 등을 따져 유연하게 선택할 수 있다. 그모든 것은 라이프플랜과 재무목표에서 시작된다.

그렇다면 사례로 든 부부의 재무목표를 달성하려면 어떤 유형의 상품이 적합할까? 다음 표에 재무목표를 이루기까지 필요한 기간과 적합한 상품 카테고리를 정리해 보았다.

재무목표 기간	추천 상품
3년 이내	은행 예·적금, 금리연동형 ETF, CMA, 채권형 펀드 or ETF 원금보장형 ELS, 각종 국공채 및 우량등급 회사채 등
3년 ~ 5년	글로벌 주식채권 혼합형 또는 고배당 혼합형 펀드 or ETF
5년 ~ 10년	글로벌 대표지수 주식형 또는 고배당 주식형 펀드 or ETF
10년 이상	글로벌 대표지수 주식형 또는 고배당 주식형 펀드 or ETF 저축(투자)성 변액보험

특히 금융상품에 정해져 있는 '만기'도 잘 살펴보아야 한다. 예를 들면 각종 보험상품(보장성 & 저축·투자성)뿐만 아니라 '펀드'나 'ELS(주가연계증권, EquityLinked Securities)' 같은 투자상품에도 만기가 있다. 그 가운데는 '만기'가 되기 전에 해약하면 불이익이 생기거나 만기가 될 때까지 해약하지 못하는 상품(폐쇄형)도 있다.

대체로 보험상품들은 중간에 해약할 때의 불이익이 크다. 반면, 적립식 펀드 등은 중간에 납입을 중단하더라도 다른 불이익은 없다. 물론 그때까지의 투자에 따른 손실은 발생할 수 있다. 또한 납입기간 동안 세액공제 혜택을 받은 연금 관련 상품의 경우 중도 해약할 때 불이익이 발생할 수도 있으니 미리 확인해야 한다.

참고할 것은 재테크 상품에 가입하고 만기를 채우는 것이 생각처럼 쉽지 않다는 사실이다. 심지어 은행 적금에 가입하고 도중에 해약하는 사례도 많다. 가장 큰 원인은 현금흐름이다. 가입 당시에는 매달 적립할 수 있는 여유가 있었지만, 시간이 지나면서 소득보다 지출이 많아지거나 직업 혹은 직장문제, 개인적인 사정 등으로 계속 납입할 형편이 되지 못하는 경우가 생길 수 있다. 따라서 특히 장기투자 상품에 가입하는 경우 첫째는 납입 금액을 보수적으로 판단하여 처음에는 부담 없는 금액으로 시작하는 것이 좋다. 둘째는 특히 장기상품일수록 언제든 납입 금액을 조정하거나 잠시 중단(해약이 아닌)하더라도 불이익이 없는 상품을 선택하는 것이 좋다.

◆ **ACTION PLAN**

- 라이프플랜 작성하기
- 재무목표 작성하기

나눔 Q7

—

만약 주식이든 펀드든 투자를 통해
손해를 봤던 경험이 있다면 그 이유가 무엇 때문이었는지
생각해 보고, 그때 깨달은 것이 있었다면
함께 나누어보자.

하루 한 번
성실

너희 모든 군사는 그 성을 둘러 성 주위를 매일 한 번씩 돌되 엿새 동안을
그리하라 (여호수아 6:3)

하나님의 성실

하나님은 이스라엘 백성에게 성 주위를 매일 한 번씩 엿새 동안 돌게
했다. 엿새 동안의 매일 한 바퀴는 마지막 날 일곱 번과 비교하면 대단히
여유 있는 시간이었을 수도 있지만 이스라엘 백성에겐 대단히 긴장되고
초조한 시간이었을 것이다. 왜냐하면 며칠을 돌아도 크고 강한 여리고
성은 조금도 달라지지 않았기 때문이다.

돌기만 하면 무너질 것이라는 하나님의 말씀을 믿지만, 그래도 사람
이기에 '정말일까' 하는 의심, 성을 도는 중에 여리고 백성이 갑자기 뛰
쳐나와 기습공격을 해오면 어쩌나 하는 두려움, 왜 한 번만 돌게 할까,
7일 동안 돌아야 할 열세 번을 오늘 하루에 다 돌면 안 될까 하는 조급
한 마음이 생길 수 있다.

그러나 숫자 7이 완전수의 의미를 내포한다고 생각하면 여리고성이 무너질 때까지의 6일은 우리 인생의 가장 열정적인 시간임과 동시에 굴곡 많은 시간이기도 하다. 어쩌면 하나님께서는 우리 삶의 가장 열정적인 시간, 굴곡 많은 시간 동안 오히려 하루 한 번만 돌라고 말씀하시는 것일 수도 있다. 그렇다고 일을 적게 하거나 대충 하라는 뜻이 아니다. 그 엿새 동안 매일 한 번씩 쉬지 말고 꾸준히 돌라고 말씀하신다. 가장 고통스럽고 힘겨운 어느 날, 비가 오거나 바람이 불고 폭풍우가 치는 그 순간조차 포기하거나 좌절하거나 낙담하지 말고 "일어나 걸으라"(사도행전 3:6)고 말씀하신 것은 곧 좋을 때나 나쁠 때나 쉬지 않고 돌기를 원하시는 하나님의 '성실'과 이어진다.

하나님께서는 우리에게 하루 한 번의 성실을 원하신다. 하나님께서도 6일 동안 성실히 일하여 천지를 만드셨고 지금도 여전히 성실하게 일하시기 때문이다. 그렇다면 하나님께서 원하시는 성실의 구체적인 모습은 어떤 것일까?

첫째는 행함이다.

하나님께서는 당신이 명령하고 바라는 대로 우리가 행하기를 원하신다. 아무 소리도 내지 말고 돌라고 말씀하신다. 이것은 "하나님의 나라는 말에 있지 아니하고 오직 능력에 있음이라"(고린도전서 4:20)고 하신 것과 같다. 또한 "지혜는 그 행한 일로 인하여 옳다 함을 얻느니라"(마태복음 11:19)고 하는 말씀과도 일치한다. 즉, 하나님은 모든 지혜가 오직 행함을 위해 존재한다고 말씀하신다. 이런 말씀들은 오늘날 기독교에 대한 사회적 영향력의 추락이 기도와 찬양의 부족이 아니라 그것에 걸맞은 행동의 부족 때문이 아닐까 돌아보게 한다. 세상에서도 말과 행동이 일치

하지 않는 사람을 신뢰하지 않는다. 그러나 이스라엘 백성은 하나님께서 여호수아에게 알려주신 그대로 그저 행하기에 힘썼다.

둘째는 열심이다.

"부지런한 자의 경영은 풍부함에 이를 것이나 조급한 자는 궁핍함에 이를 따름이니라"(잠언 21:5) 이스라엘 백성도 여호수아를 시작으로 아침에 일찍 일어나 하나님께서 명령하신 일들을 열심히 행하였다. 특히 어느 순간부터 인기를 끌게 된 '긍정의 힘'을 경계해야 한다. 물론 긍정적인 마음과 태도가 잘못되었다는 뜻은 아니다. 하루 한 번의 성실한 행함과 열심이 선행되지 않은 긍정은 한낱 허상에 불과하다는 말이다.

셋째는 일의 목적이다.

이스라엘 백성은 아침 일찍 일어나 먼저 여호와의 궤를 멘 다음 행진을 시작했다. 간혹 우리의 '열심'이 세상의 지나친 경쟁에 휩쓸려 하나님의 목적이 아닌 세상의 목표로 변질하기도 한다. 따라서 하루를 시작할 때 언제나 기도로 여호와의 궤를 메면서 각자 받은 은사를 통해 우리에게 주신 하나님의 사명인 삶의 목적을 확인하는 것이 중요하다.

또한 '하루 한 번'은 성장, 즉 집착에서 벗어나는 것을 의미한다. 하나님은 우리에게 어제의 '한 바퀴'에 눌러앉아 있기보다 오늘 새로운 '한 바퀴'를 위해 '일어나 걸어라'고 명령하신다. 간혹 기업체 강의를 나가보면 사기업과 공기업의 회사 내 분위기와 임직원들의 태도가 확연히 비교된다. 일반적으로 사기업보다 정년과 지위가 안정된 공기업 임직원들의 역동성이 많이 떨어진다. 나이가 같다고 가정하면 공기업 임직원들이 사기업보다 평균 3~5년, 심지어 10년 정도 더 나이 들어 보일 때도 있다. 상대적으로 높은 안정성이 긴장을 떨어뜨렸기 때문이다. 이처럼 '하루

한 번'은 현재의 자리에 안주하지 않는 지속적인 자기 계발을 뜻하며 결과는 성장으로 나타난다.

기독교인의 재정관리에도 행함과 열심, 목적은 매우 중요하다. 강의를 나가보면 100명의 청중 가운데 강의에서 알게 된 내용을 실제 행하는 경우는 어림잡아 5%도 되지 않는다. 그 5%조차 목적의식과 열심을 통한 지속성을 따져보면 결과적으로 1, 2명에 불과하지 않을까 생각한다.

탐욕과 공포 vs 하루 한 번의 성실

재테크에서 '하루 한 번의 성실'이 의미하는 것은 지속성이다. 장기 투자와 복리, 절세와 비과세 등을 기대하는 모든 저축과 투자에서 해당 상품이 정한 만기까지의 지속성이 없다면 원하는 결과를 얻기 어렵다. 그러나 지속해서 투자하는 것이 생각만큼 쉽지는 않다. 그 이유는 심리적인 요인인 경우가 많은데 모든 사람에게 내재된 탐욕과 공포의 상호작용 때문으로 '그랜빌의 표'를 통해 잘 이해할 수 있다.

미국의 주가 분석사 그랜빌(J. E. Granville)은 주식의 강세시장 혹은 약세시장에서 금융회사와 기관 등의 전문투자자들과 이른바 개미로 불리는 일반(개인)투자자들의 행동이 180도 달라지는 모습을 발견했다. 투자시장에서는 경기가 좋을 때를 강세시장, 나쁠 때를 약세시장이라 구분하는데, 강세시장에서는 탐욕의 심리가 일반투자자들을 지배하고 약세시장에서는 공포의 심리가 지배한다고 분석했다.

구체적으로는 강세시장에서 전문투자자들이 주식을 팔아치우는 반면 탐욕에 빠진 개인투자자들은 오히려 더 많이 사기 위해 덤벼든다. 약세시장에서는 정반대의 현상이 벌어진다. 전문투자자들이 주식을 매집하는 반면 개인투자자들은 공포에 젖어 손해를 감수하며 팔아치우는 현상이다.

주가상태	강세시장			약세시장		
	제1국면 (매집)	제2국면 (상승)	제3국면 (과열)	제1국면 (분산)	제3국면 (공포)	제3국면 (침체)
일반투자자	공포	공포	확신	확신	확신	공포
전문투자자	확신	확신	공포	공포	공포	확신
투자전략	-	점차매도	매도	-	점차매수	매수

'그랜빌의 표'에서 우리는 '쌀 때 사서 비쌀 때 판다'는 불변의 진리를 확인할 수 있다. 그러나 안타깝게도 대부분의 개인투자자들은 강세시장에서 탐욕에 휩쓸려 투자를 시작하고 약세시장에서 공포에 짓눌려 투자를 중단한다. 즉, '비쌀 때 사서 쌀 때 파는' 것이다. 당연히 손해를 볼 수밖에 없다.

심지어 금융회사와 기관 등의 전문투자자들은 막대한 자금과 정보, 첨단 트레이딩 시스템을 동원하여 공매도 및 선물과 옵션거래 등으로 투자시장을 조작하기도 한다. 개인이 그들을 상대로 이기는 투자를 한다는 것은 갓난아이가 씨름판에서 어른을 상대로 이기려는 것과 같다. 그렇다면 투자를 통해 돈을 불릴 수 없다는 뜻인가? 물론 그렇지는 않다. 앞서 우리는 미래에 속하는 예단이나 예측은 하나님의 영역이라는 점을 나누었다. 그러한 불확실한 미래에 대해 우리가 가져야 할 정서적인 태도는 두려움이며 하나님의 인도하심을 믿는 마음으로 준비해야 하는 현실적인 이유이기도 하다. 그때 하나님께서 우리에게 요구하는 것은 여리고성을 무너뜨렸던 성실이다.

아래 그림은 전 세계 주식시장의 추이를 대표하는 가장 강력한 지수인 미국의 S&P500지수에 투자하는 ETF인 SPY와 나스닥100지수에 투자하는 대표적인 ETF인 QQQ의 지난 20년간(2004년에서 2023년) 추세선을 표시한 것이다.

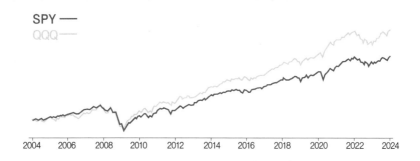

참고로 ETF는 수많은 개별 종목에 분산하여 투자하는 펀드라는 점에서는 우리가 익히 알고 있는 일반적인 '공(사)모펀드'와 같다. ETF는 'Exchange Traded Fund'의 약자이다. 이때 '펀드'는 불특정 다수로부터 모집된 투자금을 가리킨다. 그러나 ETF는 인덱스, 즉 지수에 투자하는 펀드라는 점에서 일반적인 펀드상품과는 차이가 있다. 일반적으로 인덱스는 복잡하고 다양한 것을 쉽게 정리하고 찾아볼 수 있도록 어떤 기준을 정해 분류한 목록을 뜻하지만, 투자시장에서 인덱스는 주식, 채권 혹은 주택이라든가 금 같은 모든 투자대상의 가격 수준을 표시하는 지수를 말한다. 예컨대 학생 100명으로 구성된 어떤 학교의 평균 점수가 90점이라면 그것이 그 학교의 성적지수인 셈이다.

한국 주식시장에서 종합 주가지수를 뜻하는 코스피(KOSPI)의 알파

벳 I도 인덱스를 뜻한다. 따라서 인덱스펀드인 ETF는 불특정 다수의 투자자에게서 돈을 모아 투자하기를 원하는 투자대상 자산들의 지수를 따라가도록 만들어져 있다. 그것이 미국 주식시장에 상장된 기업 가운데 산업별 대표종목 500개 기업의 주가를 가중평균한 S&P500지수일 수도 있고 나스닥시장에 상장된 기업 가운데 시가총액 상위 100개 기업의 주가를 가중평균한 나스닥100지수일 수도 있으며 한국증권거래소에 상장된 기업 가운데 200개 우량기업의 주가를 가중평균한 코스피200지수 또는 증권협회가 운영하는 코스닥시장에 등록된 기업 가운데 우량기업 150개 종목의 주가를 가중평균한 코스닥150지수일 수도 있다.

그 가운데 미국의 S&P500지수와 나스닥100지수에 투자하는 ETF를 가져온 것은 미국이 전 세계 자본주의를 대표하기 때문이다. 실제로도 한국을 포함한 전 세계 주식시장에서 미국이 차지하는 비중은 2024년을 기준으로 거의 40%에 육박한다. 반면 한국은 2%에 불과하다.

이제 다시 그림을 보자. 얼핏 봐도 시간이 지날수록 상승했음을 알 수 있다. 이러한 현상을 '주식은 추세적으로 우상향한다'고 표현한다. 이것은 근본적으로 주식시장의 바탕이 되는 자본주의는 시간이 지날수록 성장할 수밖에 없기 때문이다. 자본주의는 죽을 수밖에 없었던 아담 부부를 살려주는 대신 노동의 징계와 가시덤불과 엉겅퀴의 질곡과 함께 받은 하나님의 선물(창세기 3:17-18)이기 때문에 시간이 지날수록 GDP(국민총생산)는 계속 늘어나고 평균적인 월급도 많아지지만 삶은 더 힘들다고 말하는 것이다.

인간의 탐욕과 기술혁신

그렇다면 자본주의 성장의 원천은 무엇일까? 그것은 하나님과 같아지기를 원했던 아담 부부의 탐욕에서 출발하지만 구체적으로 기술의 진화로 나타난다.

사람들의 탐욕에는 선한 동기와 악한 동기가 공존한다. 이때 선한 동기가 만드는 것 가운데 하나가 '기술'이다. 예컨대 기술은 우리가 지금 누리고 있는 것들을 조금 더 편리하고 즐겁고 멋지게 향상시키려는 욕구에서 비롯된다. 즉 현재 상태에 만족하지 못하는 욕심의 결과물이다. 그것이 선하다는 뜻은 그로 인한 기술의 진보가 발명가에 그치지 않고 보다 많은 사람의 일상을 조금 더 편리하고 즐겁고 멋지게 변화시키기 때문이다.

물론 모든 기술이 대중적인 성공을 거두지는 못한다. 그렇기에 성공 가능성이 높게 평가된 소수의 기술에 돈이 몰린다. 그것은 이번 기회를 이용하여 많은 돈을 벌고자 하는 사람들의 이기적인 탐욕이다. 그러면서 해당 기술(기업)에 대한 가격이 급등하기 시작하면 뒤늦게 합류하는 사람들은 이미 치솟은 가격에 망설이면서도 앞서 배웠던 '포모', 즉 자신만 뒤처지거나 소외되는 것을 두려워하는 투자심리가 결합하면서 주식가격을 천정부지로 밀어올린다. 그러면서 주식시황판은 붉게 물든다.

이러한 현상을 전기자동차 관련 회사들의 주가 움직임에 적용해 보면 원조 전기자동차 회사인 테슬라의 주가급등이 2차전지 완성품 제조회사들과 재료물질 또는 시설장비업체들의 주가를 끌어올리면서 주식시장 전체를 견인했던 경우와 같다. 심지어 '2차전지'라는 단어를 사업종목에 추가하기만 하면 주가가 급등하는 경우도 많았다. 그러던 어느 날, 누군가가 테슬라 주가에 의문을 품으면서 투자시장에 균열이 일어난다. 해당 기업의 향후 예상 실적보다 현재의 주가가 너무 비싸다는 이야기가 나오면서 발 빠른 투자자들은 주식을 팔기 시작한다. 그러면서 해당 기술(기업)에 지불하려던 가격이 떨어지기 시작하고 폭등했던 기업들부터 폭락하면서 어느 때부터는 포모 현상도 거꾸로 작동한다. 자신만 호구 될 수 있다는 공포가 투매를 일으키고 주식시황판을 파랗게 물들인다.

그런데 여기서 우리가 정말 중요하게 생각해야 할 것이 있다. 예를 들어 전기자동차와 관련된 회사들의 주가가 어떻게 달라지든 상관없이 전기자동차, 그리고 그와 연관된 기술은 어떨까? 예컨대 관련 기업들의 주가가 오르면 관련 기술도 성장하고 주가가 떨어지면 관련 기술도 함께 퇴보할까? 2000년 닷컴버블로 주가가 폭락했던 시기에 인터넷 기술도 함께 폭망하였을까? 2020년 코로나 백신을 개발하던 제약회사들의 주가가 몇 배씩 급등한 후 다시 폭락했다고 백신 기술도 함께 망했을까?

아니다. 한번 생겨난 기술은 절대 사라지지 않는다. 마치 아메바처럼 스스로 번식한다. 지금 이 순간에도 경제나 투자시장과 상관없이 한번 뿌려진 기술은 다만 속도의 차이가 있을 뿐 쉬지 않고 성장한다. 그것이 폭락한 주가가 다시 폭등하는 이유다. 즉, 대부분의 주가가 크게 하락하고 어떤 종목은 반 토막을 넘어 1/3토막, 1/5토막 심지어 1/10토막이 되었을 때 누군가는 폭락한 주가에 의문을 품기 시작한다. 기술의 성장으로 기업가치에 비해 가격(주가)이 너무 싸다는 사실을 깨닫게 된

2편 실행 | 어떻게 돌까? 실행(practice) · 전술(tactics)

것이다. 물론 이때의 기술은 기존의 기술을 바탕으로 새롭게 진화한 기술인 경우가 많다.

예컨대 2000년 닷컴버블은 마이크로소프트(미국), 세롬기술(한국) 등 주로 인터넷통신, 시스템 관련 업체들이 주도했지만 버블이 터진 이후의 회복과 2007년까지의 상승을 주도했던 기업들은 각종 인터넷서비스(구글, 야후, 네이버, 다음 등) 및 관련된 IT장비와 소재부품 관련 기업들이었다. 또한 글로벌 금융위기 이후에는 스마트폰의 진화를 통한 모바일혁명과 5G통신, 페이스북을 비롯한 각종 SNS 플랫폼과 제약바이오 등의 산업이 2020년까지의 회복과 상승을 주도했고 코로나19로 인한 폭락 이후에는 백신산업과 메타버스, IoT(사물인터넷), 전기자동차를 비롯한 친환경, 블록체인과 NFT 등이 2021년까지의 회복과 상승을 주도했다.

그러다가 2022년부터 금리급등으로 투자시장은 다시 폭락했지만, 이후의 회복과 상승은 2차전지와 AI, 챗봇 등이 견인했다. 2000년 닷컴버블에서부터 2024년까지의 폭락과 회복, 그리고 상승을 그림으로 정리하면 다음과 같다.

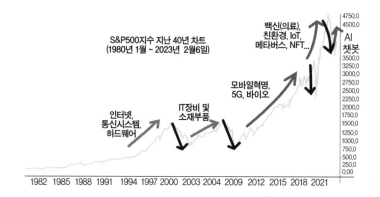

결국 자본주의가 성장하면서 때론 폭락과 폭등을 되풀이할 수밖에 없는 것은 세상에 사람이 존재하는 한, 더 나은 환경과 삶을 추구하는 끊임없는 욕구가 새로운 기술을 만들고 한번 만들어진 기술은 그 자체로 성장하면서 사람들의 탐욕과 결합하여 시장가격을 왜곡하고 다시 제자리를 찾는 과정, 거시적으로 바라보면 애덤 스미스의 '보이지 않는 손'이 작동하기 때문으로 설명할 수 있다.

따라서 자본주의가 성장할 수밖에 없는 이유와 함께, 어떤 과정을 되풀이하면서 평균적으로 성장하는지를 이해한다면 당신의 통장은 훨씬 풍성해질 것이다. 앞으로도 이러한 과정은 끊임없이 되풀이될 것이기 때문이다. 그렇다면 이처럼 불을 보듯 뻔한 현상 앞에서 우리는 어떤 선택을 해야 할까? 다음 세 가지 믿음을 바탕으로 하루 한 번, 하나님의 성실한 투자에 관심을 가져보자.

첫째, 자본주의는 하나님의 선물이다. 둘째, 때문에 자본주의는 끊임없는 기술혁신을 통해 지금까지 성장을 멈추지 않았다. 앞으로도 그럴 것이다. 셋째, 따라서 자본주의의 평균적인 성장에 지속적으로 투자하면 시간이 지날수록 손실위험은 줄어들거나 아예 없을 것이고 반대로 수익은 시간이 지날수록 커질 것이다.

매달 적립식 투자와 일시금 투자

하나님의 성실한 투자를 재테크에 구체적으로 적용하는 방법은 매달 적립식으로 투자하는 것이다. 실제로 주가지수가 크게 하락했던 네 번의 시기에서 S&P500지수를 추종하는 ETF에 매달 정액 적립식 투자를 최소 5년 이상 지속했다면 손해는커녕 적지 않은 돈을 벌 수 있었다. 예컨대 2000년 닷컴버블의 경우에는 5년 이내에 이익을 얻었고 가장 크게 폭락했던 2008년 금융위기 직전의 고점(2007년 10월)에서부터 한 달도 쉬지 않고 5년을 투자했다면 연 복리 7.5%의 이익을 얻었으며 2020년의 코로나19로 인한 폭락 기간에는 몇 개월 만에 돈을 벌었다. 2022년 금리인상으로 큰 폭의 하락을 경험했던 시기에도 원금 이상의 이익을 얻는 데 1년이 걸리지 않았다.

시간을 길게 늘어뜨린 추세선을 봐도 그렇다. 미국의 S&P500지수는 2000년 IT버블이 터지기 직전의 고점에서부터 2023년 12월의 마지막 날까지 313%나 올랐고 IT산업의 평균으로 생각할 수 있는 미국의 나스닥100지수는 2000년 닷컴버블로 80% 이상 폭락했음에도 같은 기간 358%나 올랐다. 만약 IT버블이 터진 이후의 저점에서 나스닥100지수에 투자했다면 2023년 12월의 마지막 날까지 무려 1,930%의 로또를 맞았을 것이다. 만약 1억 원을 투자했다면 19억 원 이상이 되었으니 원금 1억 원이 매년 7,800만 원 정도씩 불어났다는 뜻이다. 더 놀라운 것은 그 같은 수익이 특정한 개별종목에 투자한 것이 아니라 하나님의 선물인 자본주의 평균에 투자한 결과라는 사실, 하나님의 성실을 따라 한 결과물이다.

그렇다고 20년 이상을 어떻게 기다려? 한다면 당장 2020년의 코로나19 때를 기억해 보자. 그때 폭탄 맞은 자본주의의 저점에 투자했다면 2023년 12월의 마지막 날까지 S&P500지수는 딱 200%의 이익을 얻었고 나스닥100지수는 240%의 이익을 얻었다. 채 4년이 되지 않은 기간 동안 S&P500지수는 연 복리 19%, 나스닥100지수는 연 복리 25%의 수익을 올렸다. 그렇다고 전문적인 투자공부를 한 것이 아니다. 다시 강조하지만 하나님의 선물인 자본주의 평균에 투자한 결과라는 사실, 하나님의 성실에 따른 결과물이다.

그렇다면 매달 일정한 금액을 꼬박꼬박 투자하는 것과 일시금을 한 꺼번에 투자하는 것은 어떤 차이가 있을까?

월 적립식 투자는 당장 목돈이 필요하지 않고 투자시기와 금액이 지속적으로 분산되면서 전체적인 위험도 크게 낮아진다. 예컨대 첫 달부터 손해를 보더라도 그다음 달, 또 그다음 달 계속 투자하기 때문에 그 유명한 '코스트 에버리지(매입단가 평준화)' 효과로 전체적인 매입단가를 낮출 수 있다. 그 결과 굳이 타이밍을 찾지 않더라도 쌀 때 사는 것을 현실화할 수 있는 것이다.

반면 일시금을 투자하는 거치식 투자는 마치 주식에 직접 투자하는 것과 비슷하다. 다만 펀드라는 특성상 최소한 수십 개 주식에 분산되어 있을 뿐이다. 따라서 거치식 투자는 앞으로 계속 상승할 것이라는 확신이 있을 때 유리한 반면 적립식 투자는 불확실한 미래에 대비하는 최적의 투자방법이다.

다음 그림은 지난 20년 동안 가장 크게 폭락한 2008년 금융위기 직전의 고점(2007년 10월)에서부터 한 달도 쉬지 않고 매달 100만 원씩 총 5년(60개월, 원금 총액 6천만 원) 동안 매달 적립식 투자를 한 경우와 일시 거치식 투자, 즉 2007년 10월에 6천만 원을 일시에 투자하고 그 때부터 5년이 지난 경우의 수익금과 수익률을 비교한 것이다. 결과적으로 매달 적립식 투자는 5년이 지난 시점에 원금 6,000만 원이 7,580만 원으로 불어나면서 연 복리 7.5%의 수익을 얻었지만, 일시금 투자는 원금 6,000만 원이 약 6,300만 원이 되어 연 복리 0.98%일 뿐이었음을

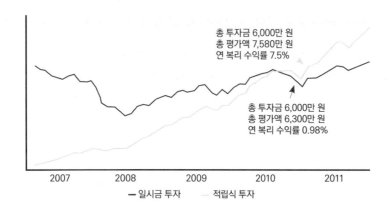

총 투자금 6,000만 원
총 평가액 7,580만 원
연 복리 수익률 7.5%

총 투자금 6,000만 원
총 평가액 6,300만 원
연 복리 수익률 0.98%

2007   2008   2009   2010   2011

— 일시금 투자   — 적립식 투자

알 수 있다.

물론 적립식과 거치식을 적당히 혼합하여 투자할 수도 있다. 예를 들면 월 적립식으로 투자하면서 가끔 여윳돈이 생길 때마다 추가로 투자하거나 반대로 일시금 투자 후 월 적립식을 추가할 수도 있다.

적립식 투자나 혼합형 투자를 막론하고 꼭 기억해야 할 것은 투자금이 계속 하락하더라도 하나님의 선물인 자본주의 성장에 대한 믿음과 하나님의 성실로 투자를 멈추지 말아야 한다는 점이다. 특히 투자를 멈추는 순간부터 일시금 투자가 되어 위험이 커지기 때문이기도 하다.

이러한 원리를 주식종합계좌나 CMA계좌, ISA계좌 등에서 3년 이상의 재무목표에 필요한 목돈을 만들거나 10년 이상의 노후자금을 위한 연금저축계좌, IRP계좌(개인퇴직연금), 퇴직연금 DC형 등에 활용할 수 있다.

참고로 SPY나 QQQ처럼 미국을 중심으로 한 글로벌ETF에 투자하는 방법은 미국 주식시장에서 달러로 투자할 수도 있고 동일한 지수를 추종하는 국내상장 해외ETF를 통해 국내 주식시장에서 원화로 투자할 수도 있다. 각각의 차이나 구체적인 투자종목의 구성(포트폴리오)에 대하여는 개별적인 학습이 필요한 영역이다.

◆ ACTION PLAN

- 현재 가입한 금융상품 가운데 금리연동형 상품과 실적배당형 투자상품의 비중을 확인하고 그 결과를 스스로 평가해 보자.

나눔 Q8

—

재무목표가 10년 이상인 장기상품 가운데
지금까지 유지하고 있는 것은 무엇이며,
지금까지 유지할 수 있었던 이유는 무엇이었는지
함께 나누어보자.

하루 일곱 번
변화

> 일곱째 날 새벽에 그들이 일찍이 일어나서 전과 같은 방식으로 그 성을 일곱 번 도니 그 성을 일곱 번 돌기는 그 날뿐이었더라 (여호수아 6:15)

변화와 성장

이스라엘 백성은 여리고성을 총 열세 번 돌았다. 그 가운데 여섯 번은 하루에 한 번씩 총 여섯째 되는 날까지였고 나머지 일곱 번은 마지막 일곱째 날에 한꺼번에 돌았다. 그런데 하나님께서 마지막 날인 일곱째 날에 그때까지 돌았던 여섯 번보다 더 많은 일곱 번을 명령하신 까닭은 무엇일까? 인생에 비유하면 현직에서 은퇴하여 기력도 약하고 지나온 날을 회상하며 천천히 노후를 즐겨야 할 시점에 오히려 더 많은 일을 떠안긴 셈이다.

그러나 우리의 인생을 주관하시는 하나님의 생각은 다르다. 오히려 온전한 변화를 원하신다. 여섯 날 동안의 하루 한 번이 일관성과 지속성을 통한 성장을 의미한다면 하루 일곱 번은 변화로 직결된다. 그 결과 여리고성이 무너졌다. 이것은 하나님과의 관계에서 우리 인생의 가장 결정적인 시간이 노후라는 사실을 짐작게 한다.

변화와 성장은 다르다. 변화는 원래 상태로 돌아갈 수 있는 위험을 언제든 내포하지만 성장은 과거로의 완전 회귀 가능성이 작다. 예를 들어 몇 살을 더 먹어 키가 훌쩍 커진 아이에게 우리는 성장했다고 표현한다. 변화되었다고 말하지 않는다. 키가 다시 작아질 위험이 없는 것이다. 반면 어제까지 지독한 흡연자였지만 오늘 갑자기 금연을 선언한 사람에게 우리는 변화되었다고 말한다. 성장했다고 하진 않는다. 그렇게 변화된 사람이 원래의 흡연자로 돌아가는 경우가 많기 때문이다. 따라서 우리가 정말 변했다고 말할 수 있는 상태는 원래의 상태로 되돌아갈 위험이 제거되었을 때이며 그것은 지속적인 성장을 통해 생긴 힘으로 변화를 이루어냈을 때이다.

여호수아가 그 때에 맹세하게 하여 이르되 누구든지 일어나서 이 여리고성을 건축하는 자는 여호와 앞에서 저주를 받을 것이라 그 기초를 쌓을 때에 그의 맏아들을 잃을 것이요 그 문을 세울 때에 그의 막내아들을 잃으리라 하였더라 (여호수아 6:26)

마침내 무너진 여리고성은 우리에게 진정한 변화의 방법이 무엇인지 잘 설명하고 있다. 진정한 변화는 기쁜 날이든 슬픈 날이든 하나님의 약속을 믿고 매일 한 번을 돌 수 있는 사람에게 일어난다. 그 결과 자기 안의 여리고성을 다시 건축하는 일은 없다. 그래서 어쩌면 자기계발 분야에서 강조하는 10년 혹은 1만 시간의 법칙이 여리고성 전쟁에서 착안한 것이 아닐까 하는 생각도 든다.

물론 지속적인 성장 없이 진정한 변화가 이루어지는 예도 있다. 예컨대 사도행전 9장에 기록된 사울의 변화는 눈을 뜰 수 없는 강렬한 빛과 하나님의 음성으로 시작되었고 사흘 동안 아무것도 보이지 않았다(과거와의 단절)가 다시 보게(새 사람) 되었으며 그 이후 단 한 번도 과거의 사울로 되돌아가지 않았다. 이처럼 하나님께서는 그 누구든 단박에 변하게 할 수도 있다. 마찬가지로 여리고성도 7일, 열세 바퀴를 돌게 하지 않고 단 한 번에 무너뜨릴 수도 있었다.

그러나 하나님께서는 하나님의 군대인 우리가 돌이킬 수 없는 진정한 변화를 직접 이루기를 원하셨다. 그 때문에 가나안 땅에서부터 이스라엘은 그때까지의 만나가 아닌 그 땅을 직접 경작하여 소산물을 생산할 수 있도록 훈련받았다.

> 너희의 자녀들은 예언할 것이요 너희의 젊은이들은 환상을 보고 너희의 늙은이들은 꿈을 꾸리라 (사도행전 2:17)

은퇴를 앞둔 많은 시니어(senior) 기독교인에게도 변화를 원하시는 하나님의 뜻은 명확하다. 그동안 수고하고 애썼으니 이제부터는 편안하게 즐기며 쉬라는 말씀은 성경 그 어디에도 없다. 오히려 하나님께서는 시니어에게 하나님의 능력이 임하면, 어린 자녀들의 예언과 젊은이들의 환상에 합당한 꿈, 즉 청년들이 갈망하는 변화의 주도자가 될 수 있다고 말씀하셨다. 비록 본문의 말씀은 성령이 임했을 때 나타날 현상을 비유한 것이지만 하나님의 능력이 나이와 성별을 따지지 않음은 분명하다. 예컨대 세상에서는 골프를 즐기는 삶을 은퇴 이후 행복한 노후를 상징하는 이미지로 사용하는 반면 요양원에서 지내는 삶은 불행한 노후를 내세우는 이미지로 이용하지만 하나님 보시기에는 어떤 모습이든 다를 것이 없다. 다만 '하나님 나라의 의를 구하기에 힘쓰는 삶'(마태복음 6:33)인지 아닌지가 다를 뿐이다.

물론 쉬기를 원하는 생각을 욕심이라 말할 수는 없다. 대부분 사람은 성인이 되면서부터 현실적인 문제들과 싸우기 시작하여, 특히 결혼 후 가정을 꾸리기 시작하면 더 큰 문제들과 직면한다. 그런 문제들을 성공적으로 극복한 후 안정적인 은퇴를 맞은 사람들이 이제부턴 편안하게 즐기고 싶은 마음이 드는 것은 당연한 현상이기 때문이다. 그러나 오히려 가족에 대한 책임에서 한발 물러선 그때부터 더 많은 시간을 하나님께 집중할 수 있지 않을까? 그래서 은퇴란 어찌 보면 지금까지 신앙적으로나 인생의 연수에서 성장했다면 이젠 그 힘으로 변화를 이끌어야 할 때가 아닐까 생각한다.

사실 우리 사회의 구조적인 문제 해결을 위한 변화는 시니어 세대에서 시작되어야 한다. 갈수록 심각해지는 분배와 소득 불균형, 세계에서 가장 낮은 출산율과 초고령화 사회가 초래할 사회경제적 문제 등을 청년 세대가 개선하고 감당하기엔 힘이 너무 약하기 때문이다. 심지어 시니어 세대가 기득권에 안주하여 변화를 가로막고 있다면 우리 사회는 점점 활력을 잃고 마치 애굽을 탈출하기 직전까지의 이스라엘 백성처럼 사회 전체가 공멸할 수도 있다. 따라서 우리는 80세에 변화의 선봉장으로 세우신 모세를 은퇴의 본보기로 삼아야 한다.

하나님께서는 80세의 모세를 불러 그가 전혀 생각지도 못했던 엄청난 미션을 부여하면서 결국 "그 후에는 이스라엘에 모세와 같은 선지자가 일어나지 못하였"(신명기 34:10)을 정도로 그의 마지막 40년을 강렬하게 사용하셨지만 정작 죽음을 앞둔 120세의 모세는 아직도 "그의 눈이 흐리지 아니하였고 기력이 쇠하지 아니하였던"(신명기 34:7) 상태였다. 즉, 우리 인생의 연수와 육체의 쇠락을 주관하시는 하나님께서는 단지 젊다고 크게 사용하고 나이가 많다고 적게 사용하지 않는다. 그것은 부족한 우리의 생각일 뿐이다.

그래서 변화는 '불가능하다고 생각하는 것'들을 꿈꾸는 것에서 시작된다. 생각의 한계를 뛰어넘어야 한다는 이야기다. 따라서 시대변화를 인정하고 새로운 지식과 소통에 필요한 것들을 배우는 데 주저하지 말아야 한다. 예컨대 영성 중심의 성경적 재정원리를 적용 중심의 성경적 재정관리를 통해 대중적으로 확장하듯, 우리의 영성 또한 성경책에만 머물기보다 다양한 독서를 통해 대중적으로 확장해 나가는 것이 중요하다. 그것이 여의치 못하면 사랑과 섬김으로 상대를 인정하고 그들의 이야기를 경청하며 가능한 범위에서 지갑을 여는 비켜서는 리더십을 실천하면 어떨까? 반대로 과거의 지식과 경험으로 관계의 주도권을 쥐려 한다면 대다수 청년에게 소위 '라떼어른'으로 전락하고 하나님을 증거하는 삶에서 멀어질 수 있다.

좋은 사회는 세대 간의 연대를 통한 바통터치가 잘 이루어져야 하는데, 아쉽게도 우리 한국은 연대보다 갈등이 더 많다. 그러나 교회개척을 포함하여 청·장년 세대가 힘을 합쳐 시대에 걸맞은 새로운 시너지를 만들어내는 일은 앞뒤로 꽉 막힌 우리의 현실에서 정말 필요한 일이다. 그 일에 크리스천 시니어들이 앞장서는 것이 인생의 연수에 걸맞은 마지막 소명이 아닐까 생각해 본다.

하루 한 번의 성실 또는 하루 일곱 번의 변화는 하나님의 사역을 준비하는 사람들의 진정성을 판단하는 기준이 될 수도 있다. 크리스천 가운데는 지금 당장 할 수 있는 섬김에 시간과 물질을 쓰기보다 더 많은 돈을 벌어 재정적인 안정을 이룬 다음 하는 것이 낫다는 사람들이 있다. 그러나 하나님께서는 "어리석은 자여 오늘 밤에 네 영혼을 도로 찾으리니 그러면 네 준비한 것이 누구의 것이 되겠느냐"(누가복음 12:20)고 말씀하신다. 즉, 오늘 돌아야 할 한 바퀴도 결단하지 못하면서 어느 날 갑자기 일곱 바퀴를 돌 수는 없다. 하루 한 번을 돌 수 있는 사람이 일곱 번도 돌 수 있는 법이다.

재정관리도 마찬가지다. 적은 돈을 모아 목돈을 만들 수 있는 사람이 그렇게 만들어진 목돈을 밑천 삼아 더 큰돈을 만들 수 있다.

하루 일곱 번의 선물, 복리

재테크에서 하루 한 번의 성실한 (저축)투자가 주는 하루 일곱 번의 변화는 '복리'다. 아인슈타인 박사가 인류의 가장 위대한 발명이며 전 세계 8번째 불가사의로 일컬었다는 '복리'. 심지어 마법으로까지 불리는 복리의 효과에 대해 의문을 가지는 사람은 없다. 그러다 보니 어지간한 금융상품 광고마다 '복리효과'를 강조한다.

예를 들어 연 복리 5%를 기대하면서 매달 조금씩 저축하여 60세에 1억 원을 모으기 원한다면, 30세에 투자를 시작하는 사람은 매달 약 131,200원이 필요하지만 40세 때 시작하면 매달 약 260,000원, 50세 때 시작하면 매달 약 670,000원을 투자해야 한다. 즉, 30세부터 30년을 투자할 때의 총 투자원금 약 4,700만 원과 비교하면 50세부터 10년을 투자할 때의 총 투자원금은 약 8,000만 원으로 70% 이상을 더 많이 내야 한다. 복리효과 때문이다. 물론 기대수익률을 더 높이면 더 큰 차이가 발생한다. 또한, 투자 기간이 길어질수록 평균위험 역시 함께 줄어든다는 것도 일반화된 사실이다. 거기에 적립식 투자를 통해 시간을 분산하는 효과까지 더해지면 위험은 더 줄어들 수 있다. 금융회사마다 적립식 장기투자 상품을 권유하는 이유다.

그러나 재테크에서 복리만큼 오랜 시간 긴장이 필요한 것은 없다. 또한, 복리효과에 도달할 때까지 주변 사람들이나 금융회사들의 허다한 유혹을 이겨내기도 쉽지 않다. 실제로 우리 주변에는 복리효과를 제대로 경험한 사람보다 오히려 손해 보았다는 사람이 수두룩하다. 왜 그럴까?

복리는 시간과의 싸움이다. 그것도 1, 2년이 아닌 10년, 20년 동안 인내한 결과로 얻을 수 있는 선물이기 때문이다. 위 사례에서 매달 투자하는 원금의 5% 수익조차 큰돈은 아니다. 예를 들어 131,200원의 1년 뒤 5%는 6,560원에 불과하다. 그런데 이자가 다시 이자를 낳는 복리는 그때부터 다시 1년을 더 기다려야 한다. 그 결과 6,560원의 5%인 328원을 얻을 수 있다. 즉, 328원은 첫 달의 131,200원이 2년을 기다려 얻은 최초의 복리이자이다.

그렇다면 도대체 얼마를 인내해야 이자가 이자를 낳는 복리를 눈으로 느낄 수 있을까? 물론 구체적인 수익률(이자)에 따라 다르겠지만 대체로 10년은 지나야 조금이나마 느낄 수 있다. 그렇게 복리가 느껴지기 시작하면 그때부터 복리 속도는 점점 빨라진다. 총적립금(순수원금+복리이자)이 눈에 띄게 많아지기 때문이다. 그 결과 아래 표와 같이 우상향하는 복리 곡선은 시간이 지날수록 위로 꺾어져 올라가는 기울기가 급해지면서 20년, 30년이 되면 급격하게 치솟는다.

따라서 투자 시작 후 최초 10년은 실질적인 복리효과의 시작점이며 그때부터 다시 10년, 20년을 인내해야 꿀맛 같은 사과를 맛볼 수 있다.

* 매달 100만 원 투자시   (단위: 천 원)

	5년	10년	15년	20년	25년	30년
원금	60,000	120,000	180,000	240,000	300,000	360,000
3%	64,647	139,741	226,973	328,302	446,008	582,737
8%	73,477	182,946	346,038	589,020	951,026	1,490,359
10%	77,437	204,845	414,470	759,369	1,326,833	2,260,488
15%	88,575	275,217	668,507	1,497,239	3,243,530	6,923,280

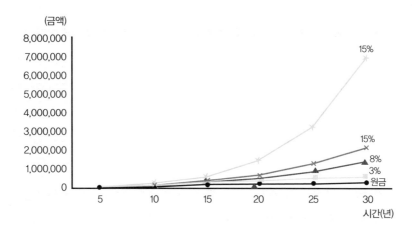

장기투자를 목적으로 하는 대부분의 금융상품(ex. 국민연금, ISA, 퇴직연금, IRP, 연금저축계좌, 저축성 변액보험 등)이 정도의 차이는 있지만 중도해약을 엄격히 제한하거나 일정한 불이익을 감수하게 하는 강제유지장치를 두는 이유다.

그러나 강제성이 너무 강하면 정말 부득이한 상황에서 크게 손해를 볼 수 있으므로 구체적인 상품 선택과 설계, 투자 포트폴리오에 매우 신중하게 접근해야 한다. 따라서 다음의 세 가지 원칙을 중심으로 장기투자 전략을 수립하는 것이 좋다.

첫째, 일반인에게 상대적으로 쉽고 안전한 장기투자 방법은 월 적립식 투자상품이다. 둘째, 중간에 그만두면 손해가 생길 수 있다. 따라서 납입 금액을 처음부터 무리하게 높이기보다 부담 없는 금액으로 시작하는 것이 좋다. 셋째, 그런데도 불가피한 일이 일어날 수 있다. 실직 등으로 소득이 많이 감소하거나 뜻하지 않은 지출이 늘어나는 경우다. 그럴 때도 불이익 없이 납입을 유예한 다음 여건이 나아지면 언제든 다시 시작할 수 있도록 유연한 투자설계가 중요하다.

특히 장기투자 상품 가운데 보험회사에서 판매하는 (변액)연금, (변액)유니버셜보험 등은 강제성이 가장 높다. 반면 판매수수료를 포함한 보험회사 사업비가 매달 납입되는 투자원금에서 선공제(선취)되기 때문에 다른 투자상품에 비해 복리효과의 시작점도 가장 늦게 도래한다. 따라서 가입 초기에 해약하면 손해가 크므로 가입할 때는 훨씬 더 긴 호흡이 필요하다. 또한 사업비가 아예 없거나 납입을 중단하더라도 불이익이 없는 추가납입보험료 제도를 활용하여 유연성을 높이면서 평균 수수료도 낮추는 상품설계가 유익하다.

노후연금 인출전략

사실 변화에 가장 민감하게 반응해야 하는 사람은 50대 이후 시니어 세대다. 일정한 소득 없이 그때까지 모은 자산을 꺼내 쓰면서 살아가는 60세 이후는 특히 그렇다. 갈수록 노후는 길어지고 돈 가치가 떨어져 필요한 생활비와 부담해야 할 의료비가 많아지기 때문이다. 그래서 노후는 우리의 영육은 물론 그때까지 하나님께서 공급해 주신 재정도 함께 일할 수 있게 만들어야 한다.

그렇다면 물가상승으로 인한 돈의 가치 하락이 노후의 삶을 얼마나 위험에 빠트릴까? 흔히 장바구니물가로 표현하는 체감물가상승률을 매년 3%로 가정하면 첫 해 100만 원의 가치는 10년 후 약 73만 7천 원으로 30% 가까이 줄어들고 20년 후에는 약 54만 3천 원으로 절반 가까이 쪼그라든다. 그리고 30년 후에는 40만 1천 원으로 무려 60%만큼 줄어든다. 따라서 은퇴 후 10년만 지나더라도 당장의 생활은 크게 불편해진다. 더욱이 일반적인 체감물가상승률은 최소 3% 이상이다. 노후자금을 최소한 물가인상률 이상으로 불려야 하는 이유다.

특히 1954년생부터 1974년생에 이르기까지 1, 2차로 나뉜 한국의 베이비붐 세대 가운데 1차인 1963년생까지는 60세 이상으로 현직에서 거의 은퇴했고, 2024년 기준으로 총인구의 18.6%인 954만 명의 2차 베이비붐 세대의 은퇴가 본격적으로 시작되었다. 그러다 보니 갈수록 늘어나는 생활비를 감당하기 위해 소득활동을 지속해야 하는 노인도 많아지면서 2023년 기준 한국의 65세 이상 고용률은 약 35%로, OECD 국가 가운데 단연 1위로 초고령화 국가인 일본보다 많을 뿐만 아니라 OECD 평균의 2배 이상이다.

문제는 이 베이비붐 세대가 가진 자산의 80% 이상이 부동산이며 나머지 금융자산도 일본식 자본주의의 영향으로 은행 예·적금이나 보험 등 원금보장형 상품에 치중되어 있다는 사실이다. 노인 고용률의 증가는 생산성을 지속적으로 떨어뜨려 2031년에서 2040년 사이의 경제성장률을 1.3%로 전망하고 있는 현실에서 노인인구가 가장 많이 보유한 부동산자산 가격의 하락과 함께 돈 가치 하락을 방어하기 힘든 금리연동형 금융상품으로는 점점 길어지는 노후를 준비하기에 턱없이 부족할 수밖에 없다. 심지어 베이비붐 세대가 국민연금제도의 가장 큰 수혜자임에도 2023년 기준으로 월 100만 원 이상을 받는 사람은 10명 가운데 1명 정도에 불과한 실정이다. 이러한 형편에서 100세 시대를 기준으로 60세부터 40년 이상을 산다는 것은 특히 재정적인 측면에서 걱정이 아닐 수 없다. 따라서 지금부터라도 노후자산의 효율적 배분을 바탕으로 한 안정적인 연금계획을 마련하고 실행하는 일에 더욱 적극적인 관심을 가져야 한다. 이때 참고하면 좋은 사례는 미국의 연금자산

인출전략이다.

일반적으로 노후자산은 세 가지 원칙으로 운용하면 좋다. 첫째, 최소 30년 이상 사용할 수 있어야 하고 둘째, 매년 생활비가 체감물가상승률만큼 불어나야 하며 셋째, 만약의 경우 언제든 인출할 수 있는 환금성이 높아야 한다. 특히 셋째 원칙은 수명연장에 따른 의료비 등과 직결된다.

노령화가 훨씬 일찍 시작된 미국에서는 '윌리엄 벤젠의 4% 인출전략'이 노후 인출전략의 기준으로 인식되었다. 은퇴 첫해에 총자산의 4%를 찾아 쓰고 그다음 해부터는 인플레이션을 반영해 매년 조정된 금액을 찾아 쓰는 방식이다. 그렇게 하면 연금자산을 최소 30년 이상 지속할 수 있다는 것이다. 이때 벤젠은 인출 후 남은 돈을 보통주와 중기국채에 각각 50%씩 투자한다고 가정했다. 이것은 미국 S&P500지수에 투자하는 ETF와 미국 7~10년 중기국채에 투자하는 ETF에 각각 50%씩 투자하는 것과 비슷한 개념이다.

그렇다면 그렇게 했을 때 지난 20년, 구체적으로 2004년 1월부터 2023년 12월까지의 결과는 어떨까? 연평균 8.04%의 수익률을 기록했다. 이 같은 수익률은 지난 20년 동안 2008년의 글로벌금융위기와 2016년 미국의 트럼프 대통령 이후부터 전개된 미중무역전쟁 및 탈세계화, 2020년의 코로나19 팬데믹, 2022년과 2023년에 걸친 금리급등으로 인한 자산시장의 큰 변동기가 모두 포함된 수익률이라는 점에서 의미가 크다.

특히 '윌리엄 벤젠의 4% 인출전략'은 1926년에서 1976년의 50년에 걸쳐 시작된 수많은 사람의 실제 은퇴를 연구결과에 포함시켰는데 해당 기간은 1929년에서 1931년의 대공황을 비롯한 몇 차례의 주가폭락은 물론 20%를 넘는 고물가에 시달렸던 때도 있었다. 즉 자본주의와 금융시장이 지금보다 훨씬 불안정한 시기였고 지금의 고배당 ETF처럼 성장과 배당을 동시에 추구하는 매력적인 상품도 없었다는 것을 감안하면 그때보다 금융이 훨씬 고도화되고 성숙된 지금은 5% 인출로 높이는 것도 가능하다고 생각한다. 심지어 최근 미국의 '위드 인텔리전스'에서 2024년 3월에 발표한 은퇴저널을 보면 '4% 규칙의 소멸: 새로운 시장 상황과 은퇴자의 요구로 인한 은퇴 후 지출에 대한 재고'라는 주제의 연구에서 공동저자 야다이(Ya Dai)는 인플레이션을 감안해 6% 인출전략이 타당하다고 주장했다.

또한 같은 이유로 5% 인출 후 남은 돈을 8% 운용하는 것도 기대해볼 수 있다. 앞에서 확인한 것처럼 미국 S&P500지수에 투자하는 ETF와 미국 7~10년 중기국채에 투자하는 ETF에 각각 50%씩 투자하는 포트폴리오만으로도 지난 20년 동안 연평균 8% 이상의 수익을 기록했다. 특히 인출 후 남은 돈을 8%로 불려야 하는 또 다른 이유는 기본적인 금융소득세 외에도 노후소득과 연관되는 건강보험료 등, 각종 준조세 성격의 부담을 고려해야 하기 때문이다. 그렇다면 만약 60세에 은퇴자산 1억 원을 매년 5%씩 인출하면서 남은 돈을 매년 8%로 불리면 원금과 인출액은 매년 어떻게 달라질까?

* 은퇴자산 인출전략 예시 (연 5% 인출, 8% 증식 기준)   원금 —   월 인출 금액 —

60세	70세	80세	90세	100세
1억 원	1억 2,900만 원	1억 6,700만 원	2억 1,500만 원	2억 7,900만 원
월 45만 원	월 58만 원	월 75만 원	월 97만 원	월 125만 원

그림에서처럼 월 인출금액이 60세에는 월 45만 원이지만 70세 58만 원, 80세 75만 원으로 증가하고 있다. 돈의 가치가 떨어지는 것을 감안하였고, 원금도 갈수록 많아지기 때문에 연금으로 사용하는 인출금액도 함께 늘어나면서 나이가 들수록 궁핍하지 않은 노후를 지낼 수 있다. 그렇게 100세가 되면 처음 1억 원이 2억 7,900만 원으로 불어나므로 언젠가 마지막 날이 되면 가족에게 상속하거나 특별히 원하는 곳에 사용할 수 있을 것이다. 물론 치명적인 질환의 발병 등으로 불가피하게 목돈이 필요한 경우에는 언제든 인출할 수도 있다.

이렇게 하려면 저축과 투자에 대한 태도는 물론 연금자산에 대한 인식변화가 선행되어야 한다. 앞서 말했듯 한국의 자본주의는 일본을 거쳐 이식되었기 때문에 노후연금도 원금보장형 상품에 치중되어 있다. 그것이 노후의 재정적인 궁핍을 초래하는 주요 원인 가운데 하나다. 그러나 미국인의 노후연금 인출전략은 노후자산 운용에 관한 세 가지 원칙을 바탕으로 자기 돈을 돈 가치가 떨어지는 이상으로 불리면서 평생 쓰는 방식이다. 그러고도 마지막 때에 이르러 많은 돈을 유산으로 남길 수 있다. 반면 한국인의 노후연금은 정기납 또는 일시납 등의 방법으로 금융기관에 오랫동안 맡겨놓은 돈을 조금씩 찾아 쓰는 방식으로 노후자산 운용에 관한 세 가지 원칙 가운데 어느 것 하나 만족하기 힘들다. 물론 노후자산을 어떻게 관리하든 재정적인 여유가 충분하다면 상관없지만 그렇지 않은 형편이라면 미국 중심의 글로벌 주식형ETF와 안정적인 채권형ETF, 고배당ETF 등을 중심으로 불리면서 평생 쓰는 노후자산 인출전략에 관심을 가질 필요가 있다.

◆ ACTION PLAN

- 50세 미만인 경우: 현재 가입한 금융상품 가운데 만기가 10년 이상인 금융상품을 점검하고 복리효과를 얼마나 기대할 수 있는 상품인지 평가해 보자.
- 50세 이상인 경우: 현재 가입한 연금관련 금융상품 등 은퇴자산을 노후자산 운용 세 가지 원칙을 기준으로 적합성을 판단해 보자.

◆ MISSION TRAVEL ◆

넷째 날
하나님의 성실

☐ 라이프플랜 작성
☐ 재무목표 정하기
☐ 금융상품 체크리스트

암송
너희 모든 군사는 그 성을 둘러 성 주위를 매일 한 번씩 돌되
엿새 동안을 그리하라
(여호수아 6:3)

정말 감동입니다~^^
넷째 날도 완벽해요!!!

완료일   년   월   일

나눔 Q9

—

나의 재정적인 문제에 대해 의논하거나
조언을 구하는 사람은 누구이며 어떤 유익이 있는가?
만약 그런 사람이 없다면
이유가 무엇인지도 함께 나누어보자.

협력
공동체 정신(We are the 'ONE TEAM')

눈의 아들 여호수아가 제사장들을 불러 그들에게 이르되 너희는 언약궤를 메고 제사장 일곱은 양각 나팔 일곱을 잡고 여호와의 궤 앞에서 나아가라 하고 또 백성에게 이르되 나아가서 그 성을 돌되 무장한 자들이 여호와의 궤 앞에서 나아갈지니라 하니라 여호수아가 백성에게 이르기를 마치매 제사장 일곱은 양각 나팔 일곱을 잡고 여호와 앞에서 나아가며 나팔을 불고 여호와의 언약궤는 그 뒤를 따르며 그 무장한 자들은 나팔 부는 제사장들 앞에서 행진하며 후군은 궤 뒤를 따르고 제사장들은 나팔을 불며 행진하더라 (여호수아 6:6-9)

세상의 1/N vs 하나님의 1/N

하나님께서는 이미 여리고성을 이스라엘 백성에게 붙여주셨지만 약속이 이루어지기까지 한 사람 한 사람을 구체적으로 사용했으며 각자의 역할도 분명히 구분했다. 예컨대 여리고성을 미리 정탐하고 돌아온 정탐꾼들, 여리고성 안의 라합, 언약궤를 멘 제사장, 양각 나팔을 잡고 부는 일곱 제사장, 무장한 백성들, 언약궤를 따르는 백성들, 이 모든 과정을 이끄는 여호수아 등 각자의 역할은 다르지만 원팀(one team)으로 일사불란하게 움직였다.

그러나 세상은 이와 다르다. 예컨대 1/N은 다수가 인정하는 가장 공평하고 대체로 시비가 없는 분배방식이다. 그런데 공평의 대명사 1/N 때문에 불편한 사람은 없을까?

통계학 용어 가운데 '표준편차'는 평균값에서 멀어지는 정도를 의미한다. 표준편차가 크다는 것은 집단의 불균형 정도가 크다는 뜻이며 그것의 극단적인 결과 가운데 하나가 양극화다. 정말 살기 좋은 세상은 국민 총소득을 1/N로 나눈 평균값이 높고 동시에 더 많은 사람이 그 평균 주위에 모여 있는 것, 즉 평균값을 올리는 것도 중요하지만 더 중요한 것은 표준편차가 낮아져 함께 더불어 살 수 있는 세상이다.

반대로 성장할수록 표준편차가 커지는 사회는 좋은 세상이 될 수 없다. 개인과 개인, 계층과 개인 간의 갈등도 심해진다. 그러나 성장이 우선 가치인 사회에서는 표준편차를 낮추기보다 1/N, 즉 평균 올리기를 선호하며 그 결과 평균의 경제가 판을 친다. 평균을 올리는 것은 성과를 가장 쉽게 확인하는 방법이기 때문이다.

표준편차가 커지면서 부의 불평등이 확대되는 평균의 경제, 세상의 1/N은 누군가의 희생을 전제로 한다. 부의 불평등을 개선하지 못한 채, 우리 사회가 'ONE TEAM'이 되기를 기대하는 것은 모순이다. 예컨대 통계청 자료에 따르면 2022년 기준, 소득 상위 10%가 거둔 이자소득은 총 17조 8,256억 원으로 전체의 89.7%를 차지했다. 돈이 돈을 버는 이자소득은 대표적인 불로소득 가운데 하나다. 결국, 시장경제의 하층부에 있는 사람들은 아무리 벌어도 상층부와의 격차를 줄이기 쉽지 않다. 이처럼 평균의 경제는 희생자가 되어야 할 누군가를 끊임없이 필요로 한다.

특히 창세기 3장 18절에서 땅과 함께 가시덤불과 엉겅퀴를 주신 것은 땅에서 소산을 얻기까지, 즉 돈을 벌고 불리는 과정에서의 수고와 분별에 그치는 것이 아니라 근본적으로는 부의 불평등 같은 구조적인 문제를 포함한다고 생각하면 성경의 많은 부분을 할애하여 돈과 소유에 대한 말씀이 기록되어 있는 이유를 짐작게 한다.

실제로 미국 연방준비위원회에서 발표한 자료에 따르면 세계에서 가장 잘사는 미국의 양극화는 매우 심각한 수준이다. 예컨대 지난 2023년 기준 미국인 55세에서 64세까지의 1인당 평균 순자산은 약 120만 달러(원화 약 16억 원)지만 중간값은 22만 달러(원화 약 2억 8천만 원)에 불과하다. 평균값은 해당 연령에 속한 모든 사람의 순자산 총액을 사람 수로 나눈 값인 반면 중간값은 해당 연령에 속한 모든 사람을 일렬로 세웠을 때 중간에 있는 사람이 가진 순자산을 뜻하는데 중간값과 평균값의 차이가 크면 클수록 부의 양극화가 그만큼 심각하다는 뜻이다.

미국식 자본주의를 이식받은 한국도 마찬가지다. 예컨대 지난 2023년 기준 1인당 국민총소득(GNI)은 5천만 원에 이르는데 2인 가구라면 1억 원, 4인 가구는 2억 원이다. 그런데 독자들 가운데 이러한 소득을 벌고 있는 가구가 얼마나 될까? 실제로 통계청에서 발표한 지난 2022년 기준 소득분위별 가구당 월평균 소득은 상류층인 소득 1분위가 1,300만 원인 반면 흔히 중산층이라 부르는 소득 3분위는 449만 원에 불과하며 이는 관련 통계를 작성한 2011년 이후 가장 크게 벌어진 결과라고 한다. 이 같은 상황에서 하나님께서 돈과 소유에 대한 말씀을 통해 우리에게 바라는 것은 무엇일까? 즉, 하나님의 1/N은 어떤 의미일까?

"모든 것이 합력하여 선을 이루기"(로마서 8:28) 원하시는 하나님께서는 당신의 능력을 1/N로 나누어 우리 각자에게 '은사'라는 이름으로 주시면서 그리스도 안에서 한 몸, 즉 'ONE TEAM'이 되길 원하신다. 따라서 하나님의 1/N은 우리가 이 땅에서도 하나님의 나라를 이루어 나갈 수 있도록 부족한 우리에게 허락하신 최고의 선물이다.

또한, 하나님의 1/N은 누군가의 희생을 요구하지도 않는다. 왜냐하면, 은사는 "자기 일에 즐거워하는 것보다 더 나은 것이 없음을"(전도서 3:22) 아시는 하나님께서 각자의 분량에 맞게 허락하신 선물이기 때문이다. 이처럼 하나님의 1/N은 각자에게 주어진 은사로 서로를 위한 구제와 섬김을 행하여 "믿는 무리가 한마음과 한 뜻"(사도행전 4:32)이 되게 만들며 누군가의 눈물 위에 피어나는 웃음이 아닌 '각 사람의 필요를 채워'(사도행전 4:34-35) 모두가 함께 웃는 공동선을 위한 것이다.

하나님의 1/N을 세상에서는 '상생'이라 말한다. 상생의 반대는 '이기심과 탐욕'이며 그것은 단기적으로 이익일 수 있으나 장기적으로는 모두에게 손해를 부른다. 한때 서울지역에서 가장 뛰어난 상권이었던 이화여대 앞 '이대거리'와 이태원의 '경리단길' 상권이 허물어진 것은 치솟는 임대료를 감당하지 못한 상인들이 하나둘 떠나면서 비롯되었다. 그 결과 건물의 공실률이 증가하면서 임대인들의 소득도 크게 줄어들었다.

이처럼 상생은, 모두를 이롭게 하시려는 하나님의 1/N, 하나님의 경제이다. 또한, 경쟁 프레임의 결과인 세상의 1/N이 기껏 자신의 곳간을 채우는 데 그친다면 협력 프레임의 결과인 하나님의 1/N은 여리고성도 단박에 무너뜨릴 만큼 힘이 있다.

따라서 기독교인이라면 먼저 하나님의 1/N, 하나님의 경제에 대한 이해를 바탕으로 평균을 앞세우는 세상의 1/N, 세상의 경제를 바라보고 해석하며 적용하는 노력이 필요하다. 예컨대 감리교 창시자인 웨슬리 목사가 1948년의 설교에서 기도교인의 경제생활에 대한 세 가지 규칙으로 펼친 '가능한 한 많이 벌어라', '가능한 한 많이 저축해라', '가능한 한 많이 나누어라'는 메시지는 성경적 재정관을 가장 쉽고 단순하게 설명했을 뿐만 아니라 하나님의 1/N을 위해 우리가 해야 할 역할이 무엇인지 명확하게 설명한 것이 아닐까 생각한다.

그러나 많은 기독교인에게 하나님의 경제가 공간적으로는 교회 안에서 시간상으로는 예배할 때나 존재하는 경제원리로 화석화되어 있다. 반대로 교회 밖에서는 세상의 경제를 더 신봉하며 앞서서 주장한다. 우리는 이미 맘몬의 그물에 붙들려 있다.

FRAME 전쟁

이해일치 vs 이해상충

완벽함과 부족함

그렇다면 협력이 되지 않는 이유는 무엇일까? 그것은 우리에게 왜 협력이 필요한지에 대한 의문에서 출발한다.

협력의 현실적인 동기는 '부족'이다. 하나님 한 분을 제외하면 그 누구도 완벽한 존재는 없다. 반대로 '내가 다 가지겠다'는 탐욕에서 비롯되는 경쟁은 '내가 다 할 수 있다'는 오만을 낳는다. 따라서 협력은 나 자신의 부족을 인정하는 것에서 시작된다.

다른 사람을 평가할 때도 마찬가지다. 그가 잘할 수 있는 은사가 있고 부족한 부분이 있다. 그런 그에게 부족한 부분을 채울 것을 요구하는 경우가 많다. 협력이 아닌 경쟁의 프레임에서 바라보기 때문이다. 따라서 상대방의 부족을 탓하기에 앞서 어떻게 그의 부족을 도와 함께 선을 이룰지에 대한 고민이 앞서야 한다.

협력은 또한 우리 각자가 다른 존재임과 동시에 귀한 존재라는 인식과 인정에서 출발한다. 즉 각자에게 허락하신 은사(달란트)가 서로 다르듯 그 은사로 이루어지는 세상에서의 역할도 다를 수밖에 없다.

맘몬 역시 우리가 은사대로 사는 것을 좋아하진 않는다. 서로 합력하여 선을 이루는 것이 두렵기 때문이다. 그래서 맘몬은 우리가 하나님께로부터 받은 은사를 찾고 계발하기에 힘쓰기보다 오직 세상의 목표에 집중하기를 원한다. 그러나 하나님은 각자에게 맡겨주신 은사에 최선을 다해 성실하기를 원하시며 그랬을 때 필요한 재정은 채워주실 것이라고 분명히 약속하셨다.

물론 내게 주신 은사를 발견하고 계발하는 과정은 자기 자신을 비롯해 특히 부모의 세심한 관찰과 응원, 그리고 인내가 필요하다. 반면 땅의 것, 즉 더 많은 돈과 더 높은 자리, 더 큰 감투와 명예 같은 세상의 가치는 끊임없이 우리를 유혹한다. 그 결과 서로의 '다름(은사)'을 인정하지 않고(ex. 다른 사람들은 하는데 너는 왜 못해?) 땅의 가치를 따라 성공한 소수의 사람을 선망하면서 1등이라는 좁은 문을 향한 치열한 경쟁을 되풀이하고 있다. 그러니 협력할 이유가 없어진다. 오히려 땅의 가치를 위해 그가 누구든 상관없는 계산적인 협력조차 '전략적'이라는 이름으로 주목받는 세상이다.

그러나 하나님께서 우리 각자에게 주신 서로 다른 은사는 하나님 나라를 위해 꼭 필요한 능력이다. 하나님께서 우리에게 협력을 명령하신 이유다. 또한, 협력을 통해 우리 스스로 확인해야 할 것은 'ONE TEAM', 즉 우리는 모두 하나님으로부터 각각 선택되었지만 하나의 팀을 이루고 있다는 공동체 정신이다. 그러기에 여리고 전쟁의 이스라엘 백성 가운데 누구도 자신의 역할에 불만을 드러내거나 게으른 사람이 없었으며 반대로 자신의 역할이 다른 사람보다 더 우월하다며 자랑하는 사람도 없었다. 처음부터 끝까지 강한 공동체 정신을 바탕으로 전쟁을 치렀다. 이처럼 협력으로 한 팀이 될 때 우리 앞의 여리고성을 무너뜨릴 수 있다.

맘몬과의 전쟁도 마찬가지다. 얼핏 개인의 문제로 생각할 수 있지만, 혼자서 감당할 수 있는 전쟁이 아니다. 배우자와 자녀는 물론 자주 만나는 교인들이 서로 협력하지 않으면 온갖 걱정과 의심, 두려움을 앞세운 맘몬에게 사로잡히고 만다.

> 그 때에는 이스라엘에 왕이 없었으므로 사람마다 자기 소견에 옳은 대로 행하였더라 (사사기 17:6)

기혼 부부의 재정상담을 하다 보면 재정문제를 부부가 서로 의논하는 가정과 그렇지 않은 가정의 결과는 판이하다. 심지어 어떤 가정은 재정문제가 곪을 대로 곪아 터지기에 이르러서야 알게 되는 경우도 많다.

자녀도 마찬가지다. 재정적인 문제는 부모의 몫이며 자녀에게까지 알릴 필요가 없다고 생각하는 사람이 많다. 그러나 최소한 중학생 이상의 자녀에게는 우리 가정의 재정적인 형편을 함께 공유해야 한다. 자녀 역시 소비지출 측면에서 가정경제의 한 축을 담당하고 있기 때문이다. 성경에서도 졸지에 남편을 잃고 과부가 된 여인이 살림에 쪼들려 결국 빚쟁이가 되었지만 엘리사의 지시에 따라 어린 두 아들과 함께 빚을 갚아가는 이야기(열왕기하 4:1-7)가 나온다.

맘몬과의 전쟁에서 우리가 먼저 협력해야 할 사람들은 누구일까?

첫째는 가족이다. 미혼이라면 부모와 형제다.

결혼으로 형성된 가족은 'ONE TEAM'으로서의 협력 프레임이 가장 구체적이고 명확하게 펼쳐지는 기본적인 단위이다. 특히 결혼은 남성의 장점과 부족, 여성의 장점과 부족이 하나 되어 새로운 생명을 잉태하는 가장 결정적인 협력이다. 서로의 부족함으로 차이를 느낀다는 것, 그것이 우리의 협력을 원하시는 하나님의 뜻이기 때문이다.

따라서 재정 정보를 부부가 함께 공유해야 한다. 각자 딴 주머니를 차지 말아야 한다는 뜻이다. 간혹 맞벌이 부부의 경우 각각의 통장을 따로 관리하기도 하는데 통장을 통합하지 않아 발생하는 중복지출은 물론 서로의 재정관리에서 이해상충의 문제(ex. 내 통장의 지출은 줄이고 배우자 통장의 지출을 유도)가 일어날 수 있고 그것이 빌미가 되어 부부 사이의 신뢰에 틈이 생길 수도 있다. 부부 사이에서 가장 기본적이어야 할 재정을 공유하지도 못하면서 서로의 신뢰와 사랑을 지속한다는 것 자체가 모순이다.

심지어 이혼을 염려하여 모든 재산을 남편인 자기 명의로만 하는 일도 있다. 아내도 만약의 때를 대비한 비자금을 만들려고 갖은 꾀를 동원하여 남편의 돈을 빼낸다. 이 두 사람을 과연 부부라 할 수 있을까?

둘째는 교회다.

주님의 몸 된 교회는 'ONE TEAM'의 도드라진 실체다. 그러나 많은 교인이 교회를 그저 주일에 예배 보는 곳으로만 알고 있다. 그들에게 교회는 기껏해야 잘 지어진 건축물에 불과하다면 교우들과 더불어 하나의 공동체, 'ONE TEAM'으로서의 진정한 '주님의 몸 된 교회'를 세워나가는 것 역시 곤란하지 않을까 생각된다.

특히 성도의 드리기로 모인 하나님의 재정을 관리하고 집행하는 교회의 재정관은 맘몬과 싸우는 성도에게 가장 큰 영향을 미친다. 부부의 재정이 서로에게 투명해야 하듯 교회 역시 성도에게 투명해야 하고, 성도에게 자족과 청빈을 요구하기에 앞서 교회와 목회자가 본이 될 때 맘몬과의 전쟁은 훨씬 쉬울 것이다.

마지막 셋째는 교우들이다.

어떤 여성 교인은 구역모임을 할 때마다 갈등에 시달려야 했다. 말씀 나눔과 기도가 끝난 후 지난 주간의 일상을 나누는 다과 시간이 되면 서로들 은근한 자랑으로 인해 마음이 편치 않았기 때문이다. 그 자랑의 대부분은 쇼핑이나 여행 등 돈과 관련된 것들이었다. 사실 그녀의 재정은 크게 부족하지 않지만 구역모임을 마치고 돌아올 때마다 맘몬은 이렇게 속삭였다고 한다.

"거 봐, 지금 가진 것으로는 별로 자랑할 게 없어. 그러니 훨씬 더 많은 돈을 가져야 한다니까?"

또한 자신의 재테크를 자랑하는 일에도 절제가 필요하다. 특히 갈수록 고령화되는 우리 사회에서 준조세를 포함한 세금부담률도 세대 간 갈등의 원인이 되고 있다. 그러다 보니 절세를 넘어 탈세를 부추기는 정보가 무분별하게 난무하는 현실이다. 심지어 시니어 세대가 가장 많은 혜택을 누리는 건강보험재정을 분담하는 건강보험료조차 소득이 많아지면 '폭탄'을 맞는다는 식의 이기적인 부추김도 많다. 그것은 마치 소득이 많아지면 십일조 폭탄을 맞는다는 것과 다르지 않다. 그러나 주님은 "가이사의 것은 가이사에게"(마태복음 22:21) 바치라고 분명하게 말씀하셨다. 왜냐하면 그것들은 사회공동체를 유지하기 위한 기본적인 비용이기 때문이다. 대신 우리는 성경적 재정원리의 생활화로 하나님과 더욱 화목하여 하나님의 것은 물론 가이사의 것조차 더 많이 부담하는 선한 부자, 거룩한 청지기가 되어야 하지 않을까 생각해 본다.

교회에서 혹은 교우들과의 공동체에서 우리는 무엇을 자랑하고 있는가? 오히려 침묵이 여리고성을 무너지게 할지언정 맘몬을 자랑하는 것은 다른 형제와 자매를 화목에서 멀어지게 하고 걱정과 탐심과 두려움으로 맘몬의 노리개가 되게 만든다.

이해일치 vs 이해상충

협력은 재정관리 전문가와의 관계에서도 중요하다. 그러나 조언으로 재정관리에 도움을 받기도 하지만 오히려 망치기도 한다. 그것은 조언자를 분별하는 능력과 조언 자체를 분별하는 능력 때문이다. 이럴 때 참고하면 좋을 기준이 '이해상충'이다.

짐을 함께 지는 사람을 뜻하는 '동역자'의 기본적인 조건은 함께 하려는 일의 목적이 같은 사람이다. 즉, 서로의 이해가 일치하는 사람의 조언은 조언의 옳고 그름을 떠나 진정성이 있다. 예를 들어 사울을 죽여 없애라는 다윗 부하들의 조언은 분명 진정성이 있었다. 다만, 다윗은 다른 선택을 했을 뿐이다.(사무엘상 24:10)

반대로 이해가 서로 상충하는 사람의 조언은 진정성을 의심받기에 족할뿐더러 그로 인해 곤경에 빠질 수도 있다. 가나안 정탐꾼 가운데 열 명은 하나님의 약속을 신뢰하지 않았다. 그런데도 이스라엘 백성은 그들의 말을 신뢰하여 큰 화를 자초했다.(민수기 14:35) 기생 라합과 두 정탐꾼의 관계도 마찬가지다. 비록 라합이 여리고 백성이었지만 그녀는 소문으로 들은 하나님을 신뢰했고 "하나님 여호와는 위로는 하늘에서도 아래로는 땅에서도 하나님이시니라"(여호수아 2:11)고 고백했다. 그런 다음 정탐꾼에게 "나의 부모와 나의 남녀 형제와 그들에게 속한 모든 사람을 살려 주어 우리 목숨을 죽음에서 건져내라"(여호수아 2:13)며 부탁한다. 그때부터 라합과 그의 모든 가족의 생명은 오직 정탐꾼의 안전에 달려있게 되었다. 정탐꾼이 안전하게 돌아가서 이스라엘 진영에 라합의 존재와 그녀와 맺은 약속을 전해 주어야 하기 때문이다.

재정관리에 필요한 전문가도 마찬가지다. 다음의 세 가지 기준을 참고해 보자.

첫째, 이해일치 혹은 이해상충의 관점에서 세상의 방법이 아닌 하나님의 방법으로 조언할 수 있는 전문가를 추천한다.

둘째, 고객의 구체적인 이익과 조언자의 이익이 일치하는지도 살펴보자. 예컨대 조언자가 얻는 소득의 원천이 금융상품을 판매하는 것에서 발생하는지 관리하는 것에서 발생하는지는 매우 중요하다. 만약 소득 대부분이 상품판매에서 비롯된다면 판매 이후 관리에 소홀할 수 있다. 고객 입장에서는 적합한 상품에 가입하는 것도 중요하지만 관리는 더 중요하며 특히 장기상품일수록 더욱 그렇다. 결국 이해상충 문제가 생길 수 있다.

셋째, 일정한 기간마다 피드백할 수 있어야 한다. 고객의 재정형편은 물론 직장이나 가족 등의 주변환경은 항상 변한다. 당연히 그에 따른 정기적인 점검이 중요하다.

◆ ACTION PLAN

· 지난 한 주, 많이 사용한 SNS(ex. 카카오톡, 페이스북, 인스타그램 등)
에 업로드한 게시물 가운데 자신의 부요를 자랑한 것은 없는지 생각해
보자.

다섯째 날
공동체 정신

□ SNS 체크리스트

암송
우리가 알거니와 하나님을 사랑하는 자
곧 그의 뜻대로 부르심을 입은 자들에게는
모든 것이 합력하여 선을 이루느니라
(로마서 8:28)

맘몬이 새파랗게 질렸어요~^^
조금만 더 힘내세요!!!

완료일   년   월   일

3편

경계

그런즉
선 줄로 생각하는 자는
넘어질까 조심하라
고린도전서 10:12

무너질까 조심하라!
분별(discernment)

3편 '경계-무너질까 조심하라!'는 두 가지 상반된 의미가 있다.

하나는 끝내 여리고성이 무너진 것처럼 우리도 맘몬과의 전쟁에서 반드시 이길 수밖에 없다는 진리의 확인이다. 다른 하나는 "그런즉 선 줄로 생각하는 자는 넘어질까 조심하라"(고린도전서 10:12)는 말씀처럼 여리고성이 무너지는 그때부터 방심하기 시작하여 아이성 전쟁에서의 참패와 같이 우리 앞에 또 다른 여리고성이 솟아나는 것을 의미한다.

그러다 보면 그리스신화 시시포스의 바위처럼 온 힘을 기울여 산꼭대기에 올려 놓으면 굴러떨어지는 일이 반복되면서 끝도 없는 여리고성 전쟁에 영원히 시달려야 할 수도 있다. 따라서 여리고성을 무너뜨리는 것도 중요하지만 무너진 여리고성이 우리 앞에 다시 일어나지 않도록 하는 것은 더 중요하다. 그 때문에 하나님께서도 무너진 여리고성을 다시 건축하지 말 것(여호수아 6:26)을 명령하셨다. 그렇다면 어떻게 해야 할까?

여리고성은 이스라엘의 목적이 아닌 목표라는 사실을 잊지 말아야 한다. 즉, 무너진 여리고성을 뒤로하고 변화와 성장을 통해 최종 목적지까지 나아가야 한다. 목표를 목적으로 착각하고 안주하는 순간 무너진 여리고성은 언제든 우리 앞에 다시 일어나기 때문이다. 그것이 《여리고에서 배우는 성경적 재정관리》의 목적이다. 그렇다면 무너진 여리고성을 다시 일어나게 하는 것들은 무엇일까? 지금부터 함께 나누어보자.

여리고BFS의 성경적 재정관 3

하나님은 우리의 부요를 원하신다.
그러나 그것이
하나님과의 화목을 가로막는
여리고성이 되지 않기를 원하신다.

나눔 Q10

—

신용카드(일시불 포함) 또는 체크카드(현금 포함)는
지출관리에 어떤 영향을 끼치는지
실제 경험을 토대로 함께 나누어보자.

무너짐의 법칙
보았고 탐냈고 가졌고 숨겼다

> 내가 노략질한 물건 중에 시날산의 아름다운 외투 한 벌과 은 이백 세겔
> 과 그 무게가 오십 세겔 되는 금덩이 하나를 보고 탐내어 가졌나이다 보
> 소서 이제 그 물건들을 내 장막 가운데 땅속에 감추었는데 은은 그 밑에
> 있나이다 하더라 (여호수아 7:21)

하나님의 것을 훔친 아간의 범죄는 처음부터 계획된 범죄가 아닌 순
간의 욕망이 불러일으킨 충동범죄였다. 마치 어떤 유명인이 한순간의 사
건으로 무너진 것처럼 아간의 범죄도 마찬가지였다. 그의 자백을 통해
우리는 4단계로 구성된 무너짐의 법칙을 발견할 수 있다. 그 과정을 한
줄로 정리하면 이렇다. '보았고 탐냈고 가졌고 숨겼다.'

보았다는 것이 문제의 발단이라면 눈이 범인이다. 그러나 설령 보았
더라도 탐내지 않았다면 문제 될 것도 없으니 그렇다면 마음이 더 큰 잘
못이다. 그런데 마음 또한 가만있지 않는다. 손이 없었다면 가질 수 없었
다고 따진다. 그렇다고 손이 졸지에 모든 죄를 뒤집어쓰겠는가? 훔친 물
건들을 장막까지 옮겨와 감출 수 있었던 것은 발 때문이라 한다. 결국엔

발이 문제다. 그러나 그 어떤 주장도 틀리지 않았다. 아간의 범죄는 정말 눈 깜짝할 사이에 일어났기 때문이다. 그렇다. 아무리 큰 죄도 순식간에 일어난다.

아간은 훔친 물건들을 가지고 진영으로 돌아와 자신의 장막 땅속에 숨겼다. 1세겔을 현재 단위로 환산하면 약 11.4g 정도라고 한다. 228g에 해당하는 은 이백 세겔과 57g에 해당하는 금 오십 세겔을 합친 285g은 장정 한 사람이 얼른 손으로 주워 담아 주머니에 넣을 수 있을 정도의 무게다. 제법 부피가 있었을 것 같은 외투 한 벌은 품속에 숨겼을 것이다. 욕망의 포로가 된 아간에게 그 정도 물건을 훔치는 것은 그리 어려운 일이 아니었다. 결국 눈도, 마음도, 손도, 발도 문제의 원인이 아니다. 욕망의 포로가 되었다는 것, 욕망을 관리하고 이기는 훈련 부족이 문제다.

그런데 이스라엘 백성 가운데 범죄한 사람은 딱 한 사람, 아간뿐이었다. 그만큼 훈련이 잘되어 있었다. 그렇게 되기까지 40년이 걸렸으며 애굽에서 나온 이스라엘 백성 가운데 갈렙과 여호수아를 제외한 모든 백성이 죽어야 했다.

그러나 지금 우리는 어느 한순간도 욕망의 유혹에서 벗어날 수 없는 시대에 살고 있다. 손과 일체가 되어버린 스마트폰은 물론, TV, 지하철, 버스, 거리의 모든 빌딩과 가게, 각종 잡지, 홈쇼핑과 백화점에서 배달되는 카탈로그들이 온갖 종류의 욕망을 부추긴다. 심지어 욕망에 빠져 사는 것이 진정한 나를 찾는 것이라는 광고마저 일상화되었다. 그렇다고 이스라엘 백성처럼 40년을 훈련할 수도 없다.

첫 직장생활에서부터 지금까지 빚을 달고 살았다는 50대 남성이 있다. 지금도 적지 않은 부채에 시달리고 있다. 그는 첫 직장에서 첫 월급을 받기도 전에 신용카드 12개월 할부로 양복을 샀다고 한다. 물론 이제 막 사회생활을 시작한 그에게 양복은 필요했다. 그러나 당장 현금은 없었다. 그런 그에게 신용카드는 너무 편리했다. 아무런 보증이나 담보도 없이 열두 달에 걸쳐 천천히 나누어서 갚으면 된다는 것도 편리했다.

첫 달 월급을 받은 다음 식당에서 친구들에게 월급 턱을 쏘았다. 다른 친구들도 그렇게 했으니 그랬다. 그런데 당장 현금을 내기보다 여러 달 나누어 내는 것이 부담이 적다고 생각했다. 현금 대신 신용카드를 긁은 이유다. 덕분에 월급은 월급대로 남아 생활비를 월급에 맞출 수 있었다. 그러나 몇 달이 지나면서 카드 결제액은 점점 불어났고 생활비는 점점 부족해졌다. 직장생활 1년이 지나지 않았을 때 마침내 은행에서 대출을 받았다. 그는 물론 나쁜 사람이 아니었다. 그러나 첫 직장에서 기분 좋게 긁은 신용카드가 그런 그를 지금까지 빚쟁이로 만들면서 평생을 '채권자의 종'(잠언 22:7)으로 살게 했다.

신실한 사람도 빚쟁이가 될 수 있다

어느덧 '빚 권하는 사회'가 되어버린 시대에서 너나없이 빚의 유혹에 노출돼 있지만 빚을 선택한 책임은 결국 개인 몫이다. 이 때문에 정부의 제도적 장치 못지않게 중요한 것이 빚을 대하는 개인의 태도라고 할 수 있다. 재정관리 측면에서 소득보다 더 중요한 것이 소비라는 점을 잊지 말아야 한다. 아무리 많은 돈을 벌고 불려도 그것보다 많은 돈을 지출하면 결국 마이너스이기 때문이다. 따라서 지출을 결정하기에 앞서 꼭 필요한 지출인지를 몇 번 더 고민하는 습관이 중요하다.

> 선지자의 제자들의 아내 중의 한 여인이 엘리사에게 부르짖어 이르되 당
> 신의 종 나의 남편이 이미 죽었는데 당신의 종이 여호와를 경외한 줄은 당
> 신이 아시는 바니이다 이제 빚 준 사람이 와서 나의 두 아이를 데려가 그
> 의 종을 삼고자 하나이다 하니 (열왕기하 4:1)

우리가 경계해야 할 것은 신실한 사람도 빚쟁이가 될 수 있다는 사실이다. 즉 빚은 그 사람의 믿음이나 교회 직분과는 상관이 없다. 채권자들에게 두 아이를 뺏길 위기에 처한 과부의 남편도 여호와를 경외한 사람이었다. 그런데 많은 빚을 남긴 채 죽고 말았다. 이처럼 빚은 믿음이 아니라 재정관리에 대한 태도와 소비습관에서 비롯된다.

아간의 범죄에서 눈여겨보아야 할 내용은 또 있다. 그 범죄는 여호수아를 비롯한 그 어떤 사람도 지시하지 않았다는 사실이다. 물론 여호수아도 전혀 모르는 일이었다. 소위 '단독범행'이다. 그런데도 하나님은 여호수아를 비롯한 이스라엘 백성 모두에게 책임을 물었다. 동시에 직접 당사자인 아간을 문책하는 것도 빠트리지 않았다.

때때로 교회나 목회자, 혹은 대단한 지위에 있는 유명 기독교인의 잘못된 행동이나 처신이 뉴스를 장식한다. 그럴 때 소위 '내 탓이로소이다' 하는 공동체의 회개와 함께 직접 당사자가 져야 할 합당한 책임이 병행되어야, 우리를 향한 하나님의 마음을 돌이킬 수 있지 않을까 생각된다.

좋은 부채 vs 나쁜 부채

부채는 크게 생활부채와 사업부채로 구분할 수 있다.

생활부채는 충동구매 같은 절제하지 못한 소비와 신용카드로 인한 외상거래 때문인 경우가 많다. 충동구매를 증가시킨 원인 가운데 하나는 손 안의 컴퓨터, 스마트폰이다. 과거의 이동전화가 편리한 통신을 위한 수단이었다면 지금의 스마트폰은 통신수단이 아닌 기업들의 상품이나 서비스를 홍보하는 마케팅 플랫폼이 되어있다. '힐링'으로 포장된 먹방 프로그램과 온갖 종류의 쾌락이 TV는 물론 스마트폰을 통해 나를 유혹한다. 폭발적으로 증가한 자유에 비해 절제와 책임은 턱없이 부족한 시대에서 중심을 잃어버리면 누구든 순식간에 재정적인 위험에 빠질 수 있다.

신용카드가 유발하는 외상거래는 야간의 범죄처럼 순식간에 발생한다. 디지털 혁명은 금융, 특히 결제수단을 매우 간편하게 만들어 지출을 쉽게 결정하게 만들었다. 명백한 외상거래인 신용카드는 물론 현금과 마찬가지로 생각하는 체크카드도 현금구매와 비교하면 구매를 쉽게 유도하는 단점이 있다. 신용카드와 체크카드는 플라스틱일 뿐 진짜 돈이 아니라는 느낌 때문이다. 현금보다 신용카드를 사용하면 약 3분의 1을 더 지출한다고 알려져 있다.

따라서 정해진 소득 범위 내에서 지출 규모를 가능한 한 꼼꼼하게 계획하고 계획된 범위 내에서 지출하는 습관을 들이는 것은 아무리 강조해도 지나치지 않다. 설령 어떤 물건이 필요하다 생각되어도 필요한 현금이 마련되어 있지 않다면 그것을 사는 것이 하나님의 뜻이 아닐 수도 있다.

관련하여, 통장을 분리하는 방법도 효과적이다. 예를 들어 월급통장과 지출통장을 분리한 다음, 먼저 저축과 투자를 위해 납부해야 하는 돈, 각종 보험료와 아파트관리비, 월세 등 고정적으로 지출하는 돈, 기타 예비비를 제외하고 남는 돈의 범위 내에서 매달의 지출에 필요한 돈을 지출통장에 이체한 후 이체된 금액의 범위 내에서 현금(또는 현금카드)으로 소비하는 습관을 들이는 것이 좋다. 체크카드 연결계좌는 당연히 지출통장으로 한다.

필요부채와 레버리지

그렇다고 모든 부채가 나쁜 부채는 아니다. 예컨대 주택구입처럼 큰 돈이 필요한 때는 어쩔 수 없이 모기지론이라고 부르는 장기주택담보대출, 즉 부채의 도움을 받아야 한다. 돈은 부족하지만 필요한 공부를 해야 할 때 받는 장기학자금대출도 마찬가지다. 이런 것들은 나쁜 부채가 아니라 필요부채다.

> 피차 사랑의 빚 외에는 아무에게든지 아무 빚도 지지 말라 (로마서 13:8)

하나님께서는 사랑의 빚 외에는 아무 빚도 지지 말라고 하셨다. 따라서 원칙적으로 좋은 부채는 없다. 그러나 땅을 경작하는데 엉겅퀴와 가시덤불이 생겨나는 것(창세기 3:18)처럼 자본주의 세상을 살아내는 과정에서 어쩔 수 없이 부채가 필요한 때도 있다. 기본적으로는 앞서 언급한 필요부채가 해당한다.

물론 투자 측면에서도 필요부채가 있을 수 있다. 예컨대 임대용 상가를 사면서 담보대출을 받은 후 임대소득에서 대출이자 등을 비용으로 처리하면 세금을 줄일 수 있다. 그러나 투자나 절세 측면에서 부채를 활용하는 것은 매우 조심해야 한다. 그것은 필요부채처럼 기본적인 생활에서의 필요보다 자산증식에 대한 욕망에서 비롯되는 것이기에 엉겅퀴와 가시덤불에 대한 분별력이 일상생활에서보다 훨씬 더 엄격하고 뛰어나야 한다. 예컨대 '레버리지 효과'라 하여 내가 가진 돈에 부채를 일으켜 더 비싼 부동산이나 더 많은 양의 주식을 매수한 후 가격이 오른 다음 되팔아 큰돈을 버는 투자기법을 자랑하기도 하지만 반대로 가격이 내려가면 큰 낭패를 볼 수 있다. 특히 주식이나 부동산 등의 자산가격이 단기간 내 크게 상승할 것을 섣불리 예단하고 빚을 내어 투자한다는 것은 자칫 하나님의 권위에 도전하는 것일 수도 있다.

물론 경제활동이나 투자활동에서 자산가격의 흐름을 예측하는 것은 결과 여부를 떠나 자연스런 행위에 속한다. 예컨대 아담 부부의 원죄로 탐욕이 결합된 자본주의 경제는 성장과 성숙, 그리고 교만으로 인한 붕괴와 침체의 4국면을 순환하기 때문에 그로 인한 자산가격의 자연적인 순환 사이클을 투자판단에 참고할 수 있다. 다만 소위 '영끌'이나 지나친 '빚투'같이 자신의 재정이나 기대소득으로는 도저히 상환할 수 없음을 알면서도 미래를 예단하고 빚을 내어 투자하는 것은 성경적 재정원리가 아닌 맘몬의 영역이다. 그래서 성공하면 맘몬의 포로가 될 가능성이 높고 실패하면 재정적인 질곡에 헤맬 수 있다.

그렇다면 나쁜 부채는 무엇일까?

한마디로 정의하면 당장의 생활을 옥죄는 것은 물론 미래희망마저 앗아가는 부채로 설명할 수 있다. 대부분은 과소비 등 욕망관리의 실패로 발생하는 생활부채가 쌓여 그렇게 되는 경우가 많지만, 주택담보대출처럼 필요한 부채도 당장의 소득이나 미래의 현금흐름을 살피기보다 집값 상승에 대한 지나친 기대가 앞서면 재정적인 질곡에 빠질 수 있다.

자녀들에 대한 교육비도 마찬가지다. 1편의 첫 번째 주제인 '선택받은 자_나는 하나님의 사람'에서도 나누었지만, 기독교인으로서 부모 역할에 대한 인식은 매우 중요하다. 자녀에 대한 소유권은 하나님께 있고 부모는 그저 양육권자일 뿐이다. 그렇다면 세상의 기준이 아닌 하나님의 뜻, 은사 중심의 양육(교육)이 매우 중요하다. 물론 쉽지는 않다. 그러기에 자녀 양육은 곧 하나님으로부터 위임받은 부모들의 사역이다.

그런데도 비교와 경쟁의 세상 프레임에 흔들리는 것은 과소비 같은 생활부채처럼 욕망관리에 실패했기 때문이라고 생각한다. 그 때문에 정작 필요한 부모의 노후준비에 소홀하여 결과적으로 평생을 재정적인 속박에 사로잡혀 살아야 하는 위험에 빠질 수도 있다.

부채상환 계획

부채가 있다면 당연히 상환계획도 준비되어 있어야 한다. 모든 부채는 상환을 전제로 발생하기 때문이다. 따라서 상환계획이 없다는 것은 과소비나 탐욕에 바탕한 나쁜 부채인 경우가 많다. 물론 상환계획의 핵심은 장래의 소득이다. 따라서 소득이 불안정한 경우에는 더욱 신중하게 부채 발생을 선택해야 한다. 또한 소득의 종류와 형태가 무엇이든 상관없이 주된 소득자의 실직이나 사망, 혹은 그것에 준하는 경우의 발생에 대비할 수 있는 최소한의 준비가 마련되어 있는지도 생각해 봐야 한다. 예컨대 주된 소득자의 실직에 대비할 수 있는 비상예비자금이나 환금성 자산, 심지어 주된 소득자의 사망에 대비할 수 있는 생명보험 등이다. 이때 생명보험은 보험료가 비싼 종신보험보다 상대적으로 저렴한 정기성 보험을 다른 특약 없이 주보험으로만 가입하면 큰 부담 갖지 않고 준비할 수 있다.

부채상환 방법

만약 부득이하게 부채가 생겼다면 배우자는 물론 자녀에게도 경제적 어려움과 부채 규모를 구체적으로 밝혀야 한다. 부채는 혼자만의 노력으로 해결할 수 있는 문제가 아니라 공동체와 가족 전체의 문제이기 때문이다.

간혹 부채가 눈덩이처럼 불어난 뒤에야 마지못해 가족에게 알리는 사람이 있다. 상처도 곪기 전 치료해야 하듯 자녀에게 왜 빚을 지게 됐고 앞으로 빚을 갚으려면 어떤 부분에서 생활비를 줄여야 하는지, 경제적 지원이 더는 불가능한 부분은 무엇인지 등 자세히 알려주고 함께 의논해야 한다.

열왕기하 4장 1~7절에는 부채상환 방법이 자세하게 설명되어 있다. 이렇게 구체적으로 말씀하신 이유는 하나님께서도 부채가 우리의 삶을 얼마나 망가뜨리는지 아시기 때문이 아닐까 생각한다. 성경적 재정원리를 말씀공부에만 그치지 말고 적극적이고 구체적으로 이해하고 실생활에 적용해야 하는 이유이다.

1 기도: "선지자의 제자들의 아내 중의 한 여인이 엘리사에게 부르짖어 이르되"
빚을 갚지 못하면 두 아들을 빼앗길 수밖에 없는 과부의 절박한 심정처럼 간절한 마음으로 빚을 갚게 도와달라는 기도를 드린다.
2 분석: "네 집에 무엇이 있는지 내게 말하라"
현재 소유한 자산과 상환능력 등을 확인하자. 과부는 자기 집에 기름 한 그릇밖에 없다고 말한다.

3 관계 정리: "밖에 나가서 모든 이웃에게 그릇을 빌리라"

가까운 지인이나 자신이 소속된 단체 구성원과의 여행 등 사람들과의 관계 유지를 위해 부채가 발생하는 경우도 많다. 그런 사람들에게 지금은 부채상환을 위해 힘써야 할 때라는 사실을 알리면 쓸데없는 오해가 생기지 않는다.

4 합심: "너는 네 두 아들과 함께"

가정의 부채상황을 모든 가족 구성원이 알게 하고 상환을 위해 모든 가족이 참여하도록 해야 한다. 이러한 노력은 빚을 지는 것이 얼마나 위험한지 경험하게 하는 교육적인 효과도 있다.

5 절제: "들어가서 문을 닫고"

소비를 유혹하는 모든 통로(홈쇼핑, 스마트폰 앱, 카탈로그 등)를 차단하여 가능한 최대의 절제를 할 수 있게 한다.

6 실행: "그 모든 그릇에 기름을 부어서 차는 대로 옮겨 놓으라"

부채상환에 대한 구체적인 계획을 세우고 사용하지 않는 자산이 있다면 팔아서 부채상환에 사용하는 등 최대한 노력한다. 사는 주택의 평수를 줄이거나 팔아야 할 수도 있다. 할부금 부담을 줄이기 위해 차를 팔거나 더 저렴한 중고차를 살 수도 있다. 부채를 상환할 때는 이자율이 높고 금액이 적은 부채부터 상환하여 부채를 갚을 수 있다는 자신감을 회복하는 것이 좋다.

7 끈기: "또 그릇을 내게로 가져오라 하니 아들이 이르되 다른 그릇이 없나이다"

빚이 불어나는 것은 한순간이지만 갚는 데는 오랜 시간과 노력이 필요하다. 부채상환 후 누리게 될 자유를 생각하면서 할 수 있는 최대한의 노력으로 끝까지 포기하지 않는 끈기가 중요하다.

8 변화: "너는 가서 기름을 팔아 빚을 갚고 남은 것으로 너와 네 두 아들이 생활하라"

부채상환은 그때까지의 생활방식을 완전히 바꾸는 것을 뜻한다. 매달 소득에서 계획된 부채상환을 완료한 다음 남는 돈으로 생활해야 한다. 하루라도 빨리 부채에서 벗어나기 위해 생활수준을 현격히 낮추는 것은 어쩔 수 없는 선택이다.

◆ ACTION PLAN

- 현재 우리 가정의 부채상환 리스트를 작성하고
  1. 그것을 필요부채와 나쁜 부채로 구분해 보자.
  2. 각각의 부채에 대한 상환계획을 작성해 보자.
  3. 만약의 경우(주된 소득자의 사망 등) 부채상환 계획에 심각한 차질이 발생한다면 그에 따른 대비책은 준비되어 있는지 생각해 보자.

◆ MISSION TRAVEL ◆

여섯째 날
무너짐의 법칙

□ 부채상환 체크리스트

암송
그런즉 선 줄로 생각하는 자는 넘어질까 조심하라
(고린도전서 10:12)

도저히 약점이 없군요~^^
최종 승리가 임박했어요!!!

완료일   년   월   일

나눔 Q11

우리가 연약하여 때로는 정직하지 못했던
순간이 있다. 어떤 경우에 그랬는지 생각해 보고,
그때의 마음을 함께 나누어보자.

3편 경계 | 무너질까 조심하라! 분별(discernment)

정직
하나님의 뜻을 좇아 사는 것

아간이 여호수아에게 대답하여 이르되 참으로 나는 이스라엘의 하나님 여호와께 범죄하여 이러이러하게 행하였나이다 (여호수아 7:20)

정직의 반대말은 거짓이 아니다

아간의 범죄는 하나님의 진노를 불러일으켰고 그로 인해 아이성을 공격했던 이스라엘 백성 서른여섯 명이 죽어야 했다. 여호수아가 하나님이 지시한 방법대로 범인을 색출하였더니 마침내 아간이 뽑혔다. 이제 아간의 자백만 남았다. 범인이 누구인지 점점 좁혀지는 과정에서 아간은 숨조차 쉬지 못할 정도의 두려움에 떨었다. 아간이 처음부터 자백할 수도 있었겠지만 이미 돌이킬 수 없는 상황에서 그런 마음을 먹기가 쉽지 않았을 것이다. 그렇다고 해서 하나님을 속일 수는 없는 일이다. 과연 이럴 때 나는 어떤 선택을 해야 할까? 두 가지 고민에 빠질 수 있다.

하나는 끝까지 죄를 부인하는 것이며 다른 하나는 죄를 자백하고 자비를 구하는 것이다. 여호수아도 아간의 고민을 짐작하고 있었다. 그래서 이렇게 간곡하게 부탁한다.

> 내 아들아 청하노니 이스라엘의 하나님 여호와께 영광을 돌려 그 앞에 자
> 복하고 네가 행한 일을 내게 알게 하라 그 일을 내게 숨기지 말라
> (여호수아 7:19)

이렇게 말하는 여호수아의 마음은 또 어땠을까? 죄를 자백하면 아간의 목숨이 불에 타 사라질 것을 알고 있다. '내 아들아' 하고 부르는 것은 말로 다할 수 없는 안타까움의 표현이다. 그러나 자백하지 않고 끝까지 버티면 하나님의 진노는 더욱 커질 것이다. 그러면 더 많은 이스라엘 백성이 희생될 수도 있다. '청하노니' 같은 표현은 그만큼 절박한 여호수아의 마음을 잘 나타내고 있다.

물론 하나님은 모든 것을 알고 있지만 직접 자백하고 회개하며 그에 합당한 벌을 받기 원하신다. 이 찰나의 순간, 아간은 자백을 선택했다. 그것이 곧 죽음임을 알면서도 더는 버티지 않은 것은 한껏 정중하면서도 안타까운 여호수아의 마음, 즉 더 이상의 희생을 막기 위한 유일한 방법이라고 생각했기 때문이 아니었을까.

기독교인으로서 살아가는 데 정직은 삶의 모든 영역에서 꼭 지켜야 할 원칙이지만 특히 성경적 재정관에서 '정직'은 매우 중요하다. 정직하지 못한 돈은 형제를 속여 자기 욕심을 채우는 것이기 때문에 탐욕과 친해질 수 있고 우리를 하나님과 멀어지게 하여 샬롬의 축복을 불가능하게 만든다. 또한 정직하지 못한 돈은 어느 누군가의 기회를 빼앗거나

3편 경계 | 무너질까 조심하라! 분별(discernment)

희생을 초래할 수도 있다. 따라서 정직은 먼저는 자기를 위해, 다음으로는 함께 살아가는 공동체를 위해 하나님께서 우리에게 분명히 요구하신 명령이다.

그런데 성경에는 우리가 위인으로 일컫는 성인들조차 정직하지 못한 경우가 많다. 예컨대 믿음의 조상으로 불리는 아브라함은 아내를 누이라고 속였으며 그 아들 이삭도 마찬가지였다. 그만큼 우리는 약한 자로서 스스로 완전하고 또한 의로울 수 없는 존재이기 때문에 하나님께 의지하고 자신을 경계하며 살아야 한다는 뜻이 아닐까.

그렇다고 하나님은 우리의 거짓을 그냥 지나치지 않는다. 정직하지 못한 사람에 대한 하나님의 징계는 반드시 이루어진다. 아버지 이삭을 속여 장남의 축복을 가로챈 야곱은 그 벌을 받아 타국 하란에서 20년을 고생해야 했고, 다윗은 밧세바와의 간음으로 아들을 잃었다. 그래서 거짓은 하나님께서 가장 싫어하는 죄악이며 심지어 "선을 이루기 위하여 악을 행하자"(로마서 3:8) 하는 것도 죄라고 말씀하신다. 여기서 우리는 여리고성 전쟁에서 라합의 거짓말을 생각해 보자.

> 그 여인이 그 두 사람을 이미 숨긴지라 이르되 과연 그 사람들이 내게 왔었으나 그들이 어디에서 왔는지 나는 알지 못하였고 (여호수아 2:4)

라합은 이스라엘 정탐꾼을 지붕에 숨긴 다음 여리고 왕이 보낸 관리들에게 거짓말을 했다. 또한 그때의 거짓말은 이스라엘이 여리고성 전쟁을 승리하는 데 크게 기여했다. 물론 전쟁의 승리는 하나님의 약속이기 때문에 설령 정탐꾼들이 잡혔더라도 전쟁의 결말이 달라지진 않았을 것이다. 다만 라합의 거짓말은 단지 정탐꾼들을 살리는 것에 그치지 않고 이미 드러난 하나님의 뜻을 이루기 위해 자신의 생명을 담보로 한 것이기에 오히려 아브라함과 이삭과 야곱의 거짓말에 비하면 훨씬 순종적이다. 그래서 기독교인의 정직은 세상의 정직과 다르며 정직의 반대말은 거짓이 아니라 하나님의 뜻을 따르지 않는 것이 아닐까 생각한다.

> 헤브론이 그니스 사람 여분네의 아들 갈렙의 기업이 되어 오늘까지 이르렀으니 이는 그가 이스라엘의 하나님 여호와를 온전히 좋았음이라
>
> (여호수아 14:14)

갈렙이 가나안 땅을 분배받는 과정에서 지난날 모세에게 받은 약속을 회상하고 헤브론 땅을 분배받게 되었는데 그것은 그가 하나님께 충성하였기 때문이라고 기록하고 있다.

아간의 범죄와 징계도 마찬가지다. 미리 계획된 범행이 아닌 순간적인 충동, 그것도 눈 깜짝할 사이에 일어났기 때문에 용서하거나 징계를 감해 줄 수도 있다. 그런데도 아간에 대한 징계가 우리의 상상을 뛰어넘었을 정도로 훨씬 가혹했던 이유는 무엇일까?

> 그의 아들들과 그의 딸들과 그의 소들과 그의 나귀들과 그의 양들과 그의 장막과 그에게 속한 모든 것을 이끌고 아골 골짜기로 가서 … 온 이스라엘이 그를 돌로 치고 물건들도 돌로 치고 불사르고 그 위에 돌무더기를 크게 쌓았더니 (여호수아 7:24-26)

하나님은 아간의 범죄가 씨앗이 되어 이스라엘이 더 큰 범죄에 빠지

지 않도록 더욱 강한 징계를 내리지 않았을까 생각된다. 그 같은 징계를 알면서도 자신의 죄를 자백한 아간도 마찬가지다. 자기 목숨보다 하나님의 뜻과 이스라엘 민족의 안위를 선택한 결과가 아니었을까. 이처럼 하나님은 당신의 뜻을 좇지 않는 사람들에게 그것에 합당한 회개와 책임을 원하신다.

우리도 마찬가지다. 예컨대 세상의 유명인들이 어떤 잘못을 저질렀을 때, 그것을 솔직히 인정한 경우엔 어느 정도 시간이 지나 다시 회복되지만 끝까지 자신의 잘못을 은폐한 사람은 영원히 구제받지 못한 경우가 많다. 이처럼 자리에 연연하지 않고 하나님의 뜻을 좇아 사는 사람이 있는 반면 거짓과 변명으로 자기를 지키려다 무너지는 사람도 많다. 크리스천 위정자들도 마찬가지다. 그들의 숫자가 아니라 그들의 정직이 하나님 나라를 구한다.

금융회사의 약속, 이제 '만나'는 없다

금융회사도 고객에게 약속한다. 비가 오면 우산을 주겠다는 약속도 하고 우리 회사가 만든 상품을 사면 앞으로의 미래가 행복한 장밋빛으로 바뀔 것이라는 약속도 한다. 그야말로 가장 최고의 상품이며 고객의 미래를 위한 완전한 상품이라며 자랑한다.

그러나 폭우가 쏟아져 고객의 우산이 찢어지면 그것마저 빼앗는 금융회사는 있어도 크고 튼튼한 새 우산을 건네주는 금융회사는 찾기 힘들다. 또한 금융회사와의 분쟁이나 각종 민원에 시달려 일상의 피곤과 경제적 손해를 하소연하는 사람도 많다. 세상의 약속, 특히 금융회사의 약속은 완전하지 않다.

반면 하나님의 '만나'는 완전식품이었다.

아무리 먹어도 체하지 않고 어떤 부작용도 없으며 몸에 필요한 모든 영양분이 완벽하게 채워져 있었다. 인류 역사상 무려 40년 동안이나 한 민족의 건강을 완벽하게 책임진 단일 식품은 없다. 이스라엘 백성은 애굽에서 가나안으로 가는 동안 하나님이 매일 밤 내려 주는 만나를 아침마다 바구니에 가득 담았다.(민수기 11:9)

그러나 가나안 땅에서의 첫 유월절 이후 이스라엘 백성은 더 이상 만나를 먹을 수 없었다. 그때부터 '땅에서의 소산물'을 스스로 경작하여 먹어야 했지만, 땅의 소산물이 만나처럼 완전할 수는 없었다. 바람과 태양과 폭우에 수확 못 할 수도 있고 설령 수확하더라도 별도의 가공을 거치지 않으면 질병에 걸릴 수도 있다. 특히 어떤 소산물이라도 그것 하나만으로는 사람에게 필요한 모든 영양분을 완벽하게 채울 수도 없다. 그런데도 각종 제품 광고에서 마치 완전식품인 것처럼 홍보하는 경우를 자주 볼 수 있다.

재테크상품도 마찬가지다. 금융회사가 만든 상품들은 온갖 환상적인 단어들이 따라다닌다. 이보다 더 좋은 상품이 없다는 식이다. 그러나 이제 '만나'가 없듯, 재테크도 완전한 상품은 없다.

재테크상품의 세 가지 재료

재테크상품이 완전할 수 없는 이유는 서로 배치되는 세 가지 재료를 버무려 만들었기 때문이다. 그 세 가지 재료란 안정성, 수익성, 환금성을 말한다.

먼저 안정성이다.

돈을 잃고 싶어 하는 사람은 아무도 없다. '어떻게 번 돈인데…' 첫 월급을 받은 대다수의 사람이 거의 무의식적으로 은행에서 통장을 만드는 이유다. 예금자보호법도 안정성에 대한 본능적인 욕구를 충족시키기 위해 만들어졌다. 안전하다고 생각하는 은행에서 사람들은 매달 붓는 정기적금을 들기도 하고 그렇게 만들어진 목돈을 정기예금에 넣기도 한다.

다음은 수익성이다.

이때 '수익'은 적어도 은행의 정기적금이나 예금보다 높아야 한다. 즉, 수익성은 안정성을 일정 부분 양보한 보상이기 때문에 당연히 그 이상의 이자(수익)를 기대한다. 물론 구체적인 기대수익률은 안정성을 양보하거나 포기한 정도에 따라 달라진다. 예를 들어 같은 상품이라도 원금이 100% 손실될 수도 있는 투자상품(ex. 원금비보장 ELS)의 기대수익률과 원금이 보장되는 투자상품(ex. 원금보장 ELS)의 기대수익률은 다를 수밖에 없다. 앞의 기대수익률이 뒤의 그것보다 훨씬 더 높을 것이다. 여기에서 우리는 기대수익률이 높으면 높을수록 손실 가능성, 즉 위험이 커진다는 사실을 이해할 수 있다. 반대의 경우도 마찬가지다.

마지막 세 번째는 환금성이다.

이것은 돈이 필요할 때 언제든 현금화할 수 있는 가능성을 의미한다. 이때 환금성은 '원금손실 정도'와 결합하여 평가된다. 예를 들어 은행 예·적금은 환금성이 뛰어나다. 설령 만기 이전에 갑자기 돈이 필요하여 해약하더라도 약정된 이자가 크게 줄어들거나 없을망정 최소한 원금손실은 없다. 반면 ETF나 일반의 공모펀드 등 원금이 보장되지 않는 실적형 투자상품에 가입한 경우에도 언제든 현금화할 수는 있지만 해약하는 시점에서의 평가액에 따라 원금손실이 생길 수 있다. 또한 ELS나 저축·투자성 보험상품처럼 만기가 되기 전에 해약하면 별도의 해지수수료를 부담해야 하는 경우도 있다.

중요한 것은 금융상품의 세 가지 재료인 안정성, 수익성, 환금성이 서로 배치된다는 점이다. 즉 이 세 가지를 모두 만족하는 상품은 없다. 예를 들어 더 높은 수익을 원하면 더 많은 위험(손실)을 감수해야 한다. 수익은 안전을 포기하는 보상이기 때문이다. 환금성도 마찬가지다. 안정적이면서 은행 예·적금 이상의 수익성과 함께 환금성까지 보증하는 상품은 없다. 그렇다면 점점 더 복잡해질 재테크상품은 어떻게 선택하면 좋을까? 역으로 생각하면 뜻밖에 단순하다. 다음 세 가지 방법을 적용해 보자.

첫째, 이제 '만나'는 없다.

즉 안정성과 수익성, 환금성을 동시에 만족하는 금융상품은 존재하지 않는다는 사실을 꼭 기억하자. 따라서 금융회사나 판매자가 마치 만능상품인 양 설명하면 무조건 경계해야 한다.

둘째, 모든 재테크상품은 위 세 가지 재료를 우선순위에 따라 비중을 조절하여 만든다는 것을 이해하자. 예를 들어 은행 예·적금은 수익성이 낮은 대신 안정성과 환금성은 높다. 그리고 원금이 보장되지 않는 실적형 투자상품은 안정성이 낮은 대신 수익성은 높다.

따라서 셋째, 안정성, 수익성, 환금성 가운데 자신이 원하는 재정적인 목표에 맞는 우선순위를 정한 다음 그것에 적합한 금융상품을 찾자. 예를 들어 짧은 기간 안에 목돈을 만들기 원한다면 안정성과 환금성이 뛰어나야 하고 그런 상품은 단연 은행 예·적금이다. 반대로 비교적 여유 있는 기간(ex. 최소한 3년, 가능하면 5년 이상) 동안 돈을 불리기 원한다면 수익성을 우선하는 것이 좋다. 그렇다면 ETF나 일반의 공모펀드처럼 실적형 투자상품이다. 만약 절세효과까지 기대한다면 ISA계좌를 활용하여 해당 상품에 투자하는 것이 좋다.

은퇴준비나 자녀지원자금 등 재무목표가 10년, 20년, 30년 이후인 경우도 마찬가지다. 실적형 투자상품을 통해 수익성을 기본으로 장기분산투자를 통한 복리효과까지 기대할 수 있다. 만약 절세효과까지 기대한다면 연금저축계좌, 개인형 퇴직연금계좌(IRP) 및 장기저축(투자)성 변액보험 등을 비교하여 적절히 선택한다.

이처럼 재테크상품의 세 가지 재료를 잘 기억해 두면 특히 노후에 빈번하게 발생하는 금융사기에 노출될 위험도 사라진다. 예를 들어 매년 20~30%나 되는 높은 수익률을 제시하면서 원금이 보장된다고 말한다면 100% 금융사기로 생각하면 된다. 잊지 말자. 더 이상 만나는 없다.

◈ ACTION PLAN

· 현재 가입한 금융상품을 안정성, 수익성, 환금성의 세 가지 기준으로 평가해 보자.

나눔 Q12

—

만약 교회에서 성가대를 섬기고 있는데
회사의 중요한 프로젝트 때문에 모든 팀원이 주일에
출근해야 한다면 어떻게 하면 좋을지 함께 나누어보자.

일
칠 일 가운데 하루는 안식일이었다

너희 모든 군사는 그 성을 둘러 성 주위를 매일 한 번씩 돌되 엿새 동안을
그리하라 제사장 일곱은 일곱 양각 나팔을 잡고 언약궤 앞에서 나아갈 것
이요 일곱째 날에는 그 성을 일곱 번 돌며 그 제사장들은 나팔을 불 것이
며 제사장들이 양각 나팔을 길게 불어 그 나팔 소리가 너희에게 들릴 때
에는 백성은 다 큰 소리로 외쳐 부를 것이라 그리하면 그 성벽이 무너져
내리리니 백성은 각기 앞으로 올라갈지니라 하시매 (여호수아 6:3-5)

선을 행하고 생명을 구하는 날

하나님께서는 여호수아에게 모든 이스라엘 백성이 해야 할 일을 일자
별, 역할별, 행위별로 구분하여 매우 구체적으로 지시하고 있다. 여기서
눈여겨보아야 할 대목은 '일곱째 날'이다. 일반적으로 제7일은 복된 날,
안식일이다. 그런데 지금까지의 그 어떤 날보다 더 많이 돌고(일곱 바퀴)
엄청난 일(무너짐)을 감당하면서 격하게 행동(앞으로 올라가서 여리고를 정
복)할 것을 명령한다.

물론 '일곱째 날'이 안식일이 아니었을 수도 있다. 그러나 총 7일 가운데 어느 하루는 분명 안식일이었을 것이고 안식일에는 만나조차 공급하지 않았다.(출애굽기 16:26) 그런데도 여리고성 전쟁에서 이스라엘 백성이 안식했다는 기록은 없다. 여기서 우리는 안식일에 대한 예수님의 정의를 돌이켜 생각해 본다.

열여덟 해 동안 사탄에게 매인 바 되어 허리를 펴지 못한 여인을 안수하여 고친 날도 안식일(누가복음 13:16)이었고 밀밭을 지나던 예수님의 제자들이 이삭을 잘라 손으로 비비어 먹은 날도 안식일이었으며 오른손 마른 사람을 "네 손을 내밀라" 하시며 고쳐주신 날도 안식일(누가복음 6:1, 10)이었다.

그러면서 "인자는 안식일의 주인"(누가복음 6:5)이며 "안식일에 선을 행하고 생명을 구하는 일이 옳다"(누가복음 6:9)고 말씀하셨다. 즉 예수님은 안식일이 우리를 아무것도 못 하게 속박하는 날이 아니라 선을 행하고 생명을 구할 수 있는 복된 날이라고 말씀하신다. 물론 칠 일 동안 계속된 여리고 전쟁도 하나님의 선을 행한 복된 날이었고 의인 라합을 구해 낸 생명의 날이기도 했다. 주일에 우리를 교회로 부르시는 것도 우리가 선을 행하고 생명을 구해야 하는 사람들이 가장 많이 모이는 장소가 교회이기 때문이다. 따라서 혹여 주일성수를 가볍게 여긴다면 하나님 앞에서 그 이상의 가치를 증거할 수 있어야 한다.

또 어떤 사람이 타국에 갈 때 그 종들을 불러 자기 소유를 맡김과 같으니

(마태복음 25:14)

그 유명한 달란트 비유의 첫 구절은 이렇게 시작한다. 여기서 타국이

3편 경계 | 무너질까 조심하라! 분별(discernment)

란 세상이 아닌 천국이며 그 종들이란 구원받은 우리를 의미하고 자기 소유를 맡겼다 함은 천지에 있는 모든 것이 하나님 것임과 함께 우리가 그 청지기 됨을 뜻한다는 사실도 알고 있다. 물론 잠시 타국으로 떠난 예수님은 언젠가 우리 앞에 다시 돌아오시리라는 재림의 믿음과 함께 그때 행해질 하나님과의 결산도 암시하고 있다.

그런데 이어지는 구절들에서는 각각의 달란트를 받은 종들이 주인과 더불어 결산할 때 맡겨주신 돈을 각각 두 배로 남겼다는 두 명의 종은 그것을 어떻게 두 배로 남겼는지 구체적으로 설명하지 않았다. 반대로 그 주인이 바깥 어두운 데로 내쫓은 종은 자기가 주인에게 받았던 한 달란트를 그동안 "땅에 감추어 두었다"고 자세히 설명하고 있다.

그러나 주인은 다른 두 종을 크게 칭찬하며 더 많은 것을 맡기면서 주인의 즐거움에 참여시켰지만 한 달란트를 땅에 감추었다가 그대로 내어놓은 종에게는 "악하고 게으르며 무익하다" 꾸짖고 한 달란트마저 빼앗아버린다. 심지어 내쫓긴 곳에서 "슬피 울며 이를 갈리라"는 저주도 서슴지 않으셨다.

간혹 이 이야기를 세상의 재테크와 단순 연결하여 설명하는 어처구니없는 사례도 있다. 그러나 천지에 있는 모든 것의 주인이신 하나님께서 단지 세상의 재테크에 실패했다고 해서 그 종을 지옥으로 내치지는 않았을 것이다.

안식일을 포함하여 세상의 모든 날은 잠시 타국으로 떠난 예수님께서 우리에게 맡겨주신 각자의 은사를 잘 관리하여 언젠가 결산의 때를 위해 교회는 물론 교회 밖에서 최선을 다해야 하는 날들이다. 칠 일 동안 계속된 여리고 전쟁 가운데 어느 하루의 안식일에도 이스라엘 백성은 하나님의 곳간을 채우는 데 온전히 사용했다. 또한 결산의 때에 이르러 하나님은 우리에게 어떻게 남겼는지보다 더 많이 남겼다는 보고를 받기 원하신다. 다만, 우리가 남길 것이 단지 땅에서의 돈을 뜻하는 것은 아니라는 사실은 꼭 기억해야 한다. 즉, 하나님은 이 땅에 그들의 재물을 감추어 두는 대신 생명력 있는 것들로 하나님의 곳간을 더 많이 채우기를 원하신다.

일과 관련하여 많이 나누고 묵상하는 누가복음 16장 1절에서 12절까지의 말씀에서도 우리가 자칫 악하고 게으르며 무익한 종이 되지 않도록 재촉하고 다그치며 일깨워주시려는 하나님의 마음이 잘 나타나 있다. 하나님은 "이 세대의 아들들이 자기 시대에 있어서는 빛의 아들들보다 더 지혜롭다"(8절)는 완곡한 표현으로 우리를 다그치면서 "불의한 재물이나 남의 것에도 충성하지 않는 너희에게 참된 것을 맡길 수 없다"(11-12절)며 꾸짖는다. 이것은 우리의 일터에서 어떻게 일하기를 원하시는지 알 수 있는 대목이다. 즉, '이 세대의 아들들보다 더 뛰어나기'를 바라신다.

이처럼 하나님께서는 영원하신 하나님 나라의 목적을 위해 각각의 은사대로 그의 소유를 맡은 빛의 아들들인 우리가 언젠가는 썩어 없어질 땅에서의 목표를 위해서조차 온갖 지혜를 동원하는 이 세대의 아들들보다 못해서 되겠느냐며 우리를 재촉하고 있다.

기도할까? 일할까?

신실한 배우자 vs 돈 버는 능력

교회 청년부에서 미혼 자매들을 만나 보면 그들의 현실적인 고민을 엿볼 수 있다. 신실한 청년과 결혼하고 싶은데 그들은 돈 버는 능력이 부족하고 돈 버는 능력만 보고 결혼하자니 신앙생활이 힘들 것 같다는 갈등이다. 그런 이야기를 듣다 보니 비슷한 내용 때문에 고민하는 지인이 떠올랐다.

그는 성공한 기업을 운영하는 크리스천 CEO다. 물론 그의 성공이 하루아침에 이루어진 것은 아니다. 그때까지 여러 번 포기해야겠다고 생각했을 만큼 힘들고 어렵게 일어선 기업이었다. 그에게서 이런 이야기를 들었다.

"당분간은 크리스천 직원들을 뽑지 않으려고요."

그 누구보다 신실한 사람이었음을 잘 알고 있기에 그의 말을 듣는 순간 내 귀를 의심했다. 그렇게 생각한 이유가 궁금했던 나에게 그의 대답은 많은 것을 생각하게 했다.

"회사가 어렵고 힘들다 보니 늘 일손이 부족했지요. 급하게 마무리해야 할 프로젝트도 많았고요. 그럴 때 스스로 휴일을 반납해 가며 밤을 새운 직원 가운데는 크리스천이 아닌 사람이 더 많았습니다. 오히려 제가 믿었던 크리스천 직원들은 기도회와 다락방, 수련회 등을 이유로 빠지기 일쑤였지요. 저 또한 크리스천 CEO로서 그렇게 말하는 직원들이 잘못되었다고 말할 수도 없었고요. 그러다 보니 직원들 사이에서 미묘한 갈등도 자주 있었습니다. 결과적으로 회사가 지금만큼 성장할 때까지 일반 직원들의 헌신이 훨씬 더 컸어요."

사실 이런 사례들은 수많은 크리스천 CEO의 공통적인 고민이다. 또한 그것은 과연 '어떤 기업이 하나님의 기업인가?'라는 문제와 맞닿아 있다. 어떤 사람은 CEO의 도덕성을 말하기도 하고 또 어떤 사람은 직장 예배와 신우회의 존재 여부를 말하기도 한다. 그러나 예수님은 겉으로 보이는 제도와 형식을 하나님의 기업인가 아닌가의 기준으로 삼지 않는다는 사실도 분명하다. 다만 하나님은 빛의 아들들인 우리가 언젠가는 썩어 없어질 땅에서의 목표가 아닌 하나님 나라의 목적을 위해 일하기 원하시며 그 일을 위해 이 세대의 아들들보다 뛰어나야 한다고 말하고 있다.

즉 하나님은 우리가 기도만 열심히 하면서 한 달란트를 땅에 숨겨 그대로 돌려주기 원하시는 것이 아니라 받은 달란트를 두 배로 남길 것을 명령하고 있다. 하나님 뒤에 숨어 있기보다 하나님 앞에서 당당히 싸워 이길 것을 바라신다. 그것이 하나님의 기업에도 같이 적용될 기준이 아닌가 생각된다. 그 과정에서 우리는 당연히 기도해야 하지만 그것 때문에 이 세대의 사람들보다 뒤처지는 것을 원치 않으신다. 때에 따라 기도와 일의 우선순위를 잘 분별하는 것이 중요한 이유다.

세상에서 'ONE TEAM'의 가치는 일터에서 펼쳐진다. 따라서 직장선택의 기준도 그 기업의 경영철학과 비전을 각자에게 베풀어주신 은사와 결합하여 판단해야 하지만 현실은 급여가 우선인 경우가 많다. 그러나 가장 많은 청년이 선호한다는 어느 대기업에 취업한 직원 가운데 1/3이 채 일 년도 되지 않아 퇴직한다는 사실은 직장선택의 우선순위가 뒤바뀐 일터에서 보람과 즐거움이 공유되는 진정한 'ONE TEAM'의 가치를 실현한다는 것이 생각만큼 쉽지 않다는 사실을 잘 설명하고 있다.

즉, 급여가 중요하지 않다는 것이 아니라 기독교인의 직업관에서 가장 우선적인 기준은 아니라는 뜻이다. 따라서 우리의 일터에서 최선을 다해 'ONE TEAM'의 가치를 실현하는 것은 크리스천에게 주어진 사명이다. 교회도 마찬가지다. 인터넷이 일반화되면서 소위 '온라인 예배'를 선호하는 사람이 많아지고 있다. 그러나 교회는 단지 말씀만 듣는 곳이 아니라 우리가 'ONE TEAM'으로 연합하여 머리 되신 주님의 몸을 함께 세우는 거룩한 공간이다. 그랬을 때 진정한 예배가 될 수 있다.

전쟁터는 교회 밖에 있다

가끔 기독교인들이 일하는 방식이나 능력이 문제 되는 때도 있다. 예컨대 '교회 다니는 사람들은…', '예수 믿는 사람들은…' 그런 식이다. 그 때문에 자신이 기독교인임을 드러내지 않는 경우도 많다고 한다.

그러나 하나님의 자녀인 우리가 어떤 이유에서든 그 같은 사실을 감추는 것은 예수님을 세 번 부인한 베드로와 같다. 대신 먼저 섬기고 그들보다 탁월하기 위해 애써야 한다. 그것이 주님의 피로 만든 하나님 나라를 지키고 확장하는 방법이다.

또 자기 십자가를 지고 나를 따르지 않는 자도 내게 합당하지 아니하니라

(마태복음 10:38)

우리가 성경적 재정원리를 알고 일상의 재정관리에 적용해야 하는 이유도 마찬가지다. 두 주인을 섬기지 않고 오직 하나님의 능력을 덧입어 삶의 모든 영역에서 탁월해지기 위해서다.

갈수록 교회와 기독교 공동체에 특히 청년 일꾼이 부족하다 보니 한 사람의 헌신자를 오랫동안 붙들기 위해 능력 이상으로 칭찬하고 격려하는 경우가 많다. 그러나 그로 인해 자신의 업무능력을 객관적으로 평가하지 못하는 것은 안타까운 일이다. 그렇게 시간이 지날수록 교회 밖에서 요구하는 업무능력과 멀어지면서 결국 교회 밖에서 자신의 은사를 계발하고 활용할 기회조차 얻지 못할 뿐만 아니라 교회 공동체 전체의 역량을 떨어뜨리는 악순환을 초래한다.

우리가 싸워야 할 전쟁터는 교회가 아니라 교회 밖에 있다.

말씀과 기도로 영성을 키우는 것에 그치지 말고 교회 밖의 여리고성 전쟁에서 승리하여 하나님을 증거해야 할 소명이 우리 모두에게 있다. 우리가 세상 사람들보다 더 많이 일하고 더 바쁘게 살아야 하는 이유가 아닐까 생각한다.

◆ ACTION PLAN

- 자신의 영성과 일터에서의 역량을 스스로 평가해 보자.
  가능하면 다른 사람의 객관적인 평가를 받아보는 것도 좋다.

나눔 Q13

―

지금 당장 하나님과 결산을 한다면
내가 받은 달란트로
무엇을 얼마나 남겼는지 함께 나누어보자.

결산
동상이몽

이스라엘이 범죄하여 내가 그들에게 명령한 나의 언약을 어겼으며 또한 그들이 온전히 바친 물건을 가져가고 도둑질하며 속이고 그것을 그들의 물건들 가운데에 두었느니라 그러므로 이스라엘 자손들이 그들의 원수 앞에 능히 맞서지 못하고 그 앞에서 돌아섰나니 이는 그들도 온전히 바친 것이 됨이라 그 온전히 바친 물건을 너희 중에서 멸하지 아니하면 내가 다시는 너희와 함께 있지 아니하리라 (여호수아 7:11-12)

하나님의 결산기준

여리고성을 함락시킨 이스라엘이 여세를 몰아 아이성을 공격했지만 참패했다. 아이성은 여리고에 비해 정말 보잘것없는 성이었다. 전혀 예상 밖의 참패, 원인은 결산에 대한 서로 다른 태도였다.

여리고성 전쟁이 끝난 다음 이스라엘 백성의 결산은 없었다. 하나님 께서 붙여주시겠다는 약속에도 불구하고 전쟁에 필요한 식량을 준비 하고 정탐꾼을 보내는 등 준비에 철저했던 이스라엘이 정작 하나님의 약속이 이루어진 다음에 보인 행동은 하나님께 대한 감사와 영광의 제사가 아니었다. 오히려 여호수아의 소문만 온 땅에 퍼져 나갔다.(여호수아 6:27) 동상이몽(同床異夢), 스스로 교만을 알지 못한 채 아이성을 공격한 것이다.

입으로는 하나님의 약속을 믿는다고 말하면서 동시에 의심하고 여호수아 못지않은 준비들로 자신을 무장하는 경우가 많다. 그 결과 우리의 확신은 하나님께 대한 신뢰보다 스스로 준비한 것들로부터 생겨날 수도 있다. 그러다 하나님의 약속이 실현되면 마치 나 자신의 능력 때문이라 생각하며 교만해진다. 역시 동상이몽이다.

《여리고에서 배우는 성경적 재정관리》, 마지막은 결산이다.

결산이 잘못되면 우리도 이스라엘처럼 서른여섯 명의 목숨을 바쳐야 할 수도 있고 우리의 샬롬도 하나님께로부터 멀어질 수밖에 없다. 정확한 결산을 위해 먼저 필요한 것은 결산에 대한 하나님의 기준을 정확히 이해하는 것이다.

우리는 주인이신 하나님께서 맡겨주신 물질을 잘 관리해야 하는 전문경영인이며 세상의 CEO와는 달리 우리의 연봉은 '일용할 양식'에 불과하다. 그러나 눈에 보이는 것이 소망은 아니다. 보이는 것을 바랄 사람은 없기 때문(로마서 8:24)이다. 대신 우리는 눈으로는 볼 수 없는 평안, 즉 샬롬을 약속받았다.

또한 하나님께로부터 전문경영인으로 선택받은 우리는 각자에게 맡겨주신 달란트로 썩어 없어질 땅의 목표가 아닌 영원한 생명의 보물, 즉 하나님의 목적을 위해 더 많이 써야 하며 그것을 위해 이 세대의 아들들보다 더 뛰어나야 한다고 말씀하신다.

> 형제들아 내가 이것을 말하노니 혈과 육은 하나님 나라를 이어받을 수 없
> 고 또한 썩는 것은 썩지 아니하는 것을 유업으로 받지 못하느니라
>
> (고린도전서 15:50)

그렇다면 우리의 삶에서 가장 결정적일 때는 과연 언제일까?

누구에게나 하나님 앞에서 우리의 모든 삶을 낱낱이 돌이켜 결산해야 할 '때'가 있다. 바로 그 '때'가 아닐까 생각한다. 그러나 우리 각자가 하나님과의 1:1 결산을 하는 때는 물론이거니와 모든 것이 다 변화되는 마지막 때, 즉 최후심판의 때도 있다. 그런데 그 '때'가 여리고성 전쟁에서는 길게 울렸던 나팔 소리와 함께 닥쳤다는 점에서 여리고성 전쟁은 곧 최후심판의 예표일 수도 있다.

> 보라 내가 너희에게 비밀을 말하노니 우리가 다 잠 잘 것이 아니요 마지막
> 나팔에 순식간에 홀연히 다 변화되리니 (고린도전서 15:51)

> 제사장들이 양각 나팔을 길게 불어 그 나팔 소리가 너희에게 들릴 때에는
> 백성은 다 큰 소리로 외쳐 부를 것이라 그리하면 그 성벽이 무너져 내리리
> 니 (여호수아 6:5)

때때로 어떤 사람은 하늘나라를 마치 세상의 도피처인 것처럼 말하기도 한다. 그러나 십자가의 예수님이 '다 이루었다'고 하신 말씀은 하나님 나라가 그때로부터 이 땅에 이미 임했다는 선언이었다. 그렇지 않고서는 창세 전부터 우리를 정하셨지만 당신의 아들로 우리 죄를 대신 속죄시킨 후에야 우리를 이 땅에 부르신 이유를 찾을 수 없기 때문이다.

그러니 무조건 하늘나라로 가는 것이 축복이 아니라 언젠가 하나님 앞에서 계산될 최종 결산의 '때'에 "참 잘했도다" 칭찬받을 수 있도록 우리를 보내신 이의 뜻에 따라 최선을 다해 살아가는 것이 우리가 바라야 할 가장 큰 축복이 아닐까 생각한다. 그렇다면 하나님의 결산기준은 무엇일까? 돈보다 사람이 아닐까. 천지에 있는 모든 것의 주인이신 하나님에게 돈이 먼저일 수는 없기 때문이다. 따라서 언제일지 모를 결산의 때에 조금씩 가까워지는 노후에도 재물을 지키고 불리는 것에만 집착하는 것이 우리의 모습일 수는 없다. 따라서 우리는 재물을 포함하여 우리 각자에게 주신 달란트를 어떻게 쓰는 것이 하나님의 결산기준에 맞는지 생각할 필요가 있다.

하나님께서는 먼저 친구를 사귀는 데 쓰라고 말씀하신다. 그렇게 사귄 친구들이 우리를 영원한 처소로 영접할 것^(누가복음 16:9)이기 때문이다. 하나님은 또한 그런 친구들이 구체적으로 누구인지에 대해서도 달란트 비유에 이어지는 최후심판의 비유를 통해 자세히 알려주신다.

내가 주릴 때에 너희가 먹을 것을 주었고 목마를 때에 마시게 하였고 나그네 되었을 때에 영접하였고 헐벗었을 때에 옷을 입혔고 병들었을 때에 돌보았고 옥에 갇혔을 때에 와서 보았느니라 (마태복음 25:35-36)

특히 예수님은 우리가 어떻게 하면 그런 친구들과 가까워질 수 있는지를 몸소 보여주시기도 했다.

인자는 와서 먹고 마시매 말하기를 보라 먹기를 탐하고 포도주를 즐기는 사람이요 (마태복음 11:19)

3편 경계 | 무너질까 조심하라! 분별(discernment)

그러니 이제 명백하다.

우리의 눈에 보이는 부자와 나사로의 삶이 그들 인생의 전부가 아니 듯, 하나님께서는 우리 각자에게 맡겨주신 달란트로 불의의 재물을 힘 껏 모으되 그것을 위해 땅의 곳간을 더 크게 지어 쌓아두거나 주인으로 삼지 말고 영원하신 하나님의 처소로 영접할 친구들을 더 많이 남기는 데 사용하라고 말씀하신다.

이것은 달란트 비유에서 각각 두 배로 불린 종들은 주인의 즐거움에 참여할 수 있었지만 한 달란트를 땅에 감추었다가 그대로 내어놓은 종 은 바깥 어두운 데로 내친 것에서도 잘 알 수 있다. 즉, 달란트 비유가 마 태복음의 같은 장에서 위의 최후심판의 비유로 이어지고 있다는 점에서 달란트를 두 배로 불린다는 의미가 단지 이 땅에서 불리고 쌓은 돈의 규 모가 아니라 그것으로 사귄 예수님의 친구들이 아닐까 생각해 볼 필요 가 있다. 그것이 우리의 결산이며 우리가 받을 상급의 기준이 되어야 하 지 않을까?

따라서 우리가 하나님께로부터 공급받은 재정관리에 힘써야 하는 이 유는 구제와 긍휼로 표현되는 사랑의 실천, 즉 이 땅에서 예수님의 친구 들을 더 많이 사귀는 데 사용하기 위함이며 그것이 세상의 재테크와 하 나님의 재정관리가 명백히 달라지는 지점이다. 물론 공급받은 재정을 증여·상속 등으로 자녀에게 남길 수도 있으나 성경적 재정관에 합당한 승계전략을 마련하는 것이 좋다. 그렇지 않으면 자녀의 인생에서 돈이 하나님과의 화목을 가로막는 장애물이 될 수 있다.

우리는 지금까지 '믿고, 돌고, 무너지고'로 구분된 총 3편의 마지막 결 산에 이르기까지 13개의 이야기를 나누었다. 그러나 자신에게 적용할 때

13개 모두에서 온전히 만족한 사람은 없을 것이다. 때론 소명의식, 때론 협력, 때론 성실과 변화, 때론 정직 등 각자의 마음에 걸리는 것들이 정도의 차이만 다를 뿐 우리 모두에게 있을 것이다.

욥기에서처럼 그 누구도 하나님의 시험을 완벽하게 통과할 사람이 없다는 것을 인정한다면 저마다 받은 달란트로 우리 곁에 더 많은 예수님의 친구들을 불러 모아 하나님과의 결산기준에 합당한 상급을 더 많이 쌓을 수 있도록 힘써 노력하는 수밖에 없다.

따라서 하나님과의 결산서, 즉 자산과 부채 항목의 대차대조표에서 자산에 속할 항목이 우리가 불린 예수님의 친구들을 뜻한다면 부채에 들어갈 항목은 "감히 눈을 들어 하늘을 쳐다보지도 못하고 다만 가슴을 치며 이르되 하나님이여 불쌍히 여기소서 나는 죄인이로소이다"(누가복음 18:13)라고 고백해야 할 것들이 아닐까 생각한다.

카지노 VS 머니데이(money-day)

어떤 일에서든 집중력이 높을수록 좋은 결과로 이어질 확률이 높다. 그러나 지나친 집중이 오히려 일을 망치기도 한다. 카지노가 좋은 사례다. 그곳에는 고객이 오직 도박에만 집중할 수 있도록 거울과 시계는 물론 창문도 없다. 그래서 카지노에 한번 발을 들였다가 신세를 망치는 사람이 많다.

재정관리도 마찬가지다. 정기적인 점검을 통해 스스로를 되돌아보면서 최초의 계획과 현재까지의 결과를 평가하고 필요하면 수정할 수도 있다. 또한, 삶과 재정의 균형을 위해 가끔 '나무(재테크)'에서 벗어나 '숲(삶)'을 바라보는 시간을 확보하여 삶의 여유를 찾는 것도 중요하다.

따라서 최소한 1년에 하루는 재정을 비롯한 자신의 삶을 되돌아보는 시간으로 확보할 것을 권한다. '머니데이(money-day)'라고 이름을 붙인 이날을 또한 '삶의 나침반'이라 표현하는 이유다. 머니데이를 잘 활용하면 두 마리 토끼를 동시에 잡을 수 있다. 몇 가지 방법을 정리해 본다.

첫째, 최소 1년에 하루는 머니데이로 지정하자.

특히 기혼자는 결혼기념일 같은 다른 기념일과 겹치지 않게 한다. 이슈가 분산돼 효과적인 결과를 기대하기 어렵다. 차라리 매년 같은 날 혹은 같은 요일(ex. 10월 두 번째 금요일)로 정해 평가 기간의 일관성을 유지하는 것이 좋다. 물론 부부의 재정관리는 잘할 수 있는 사람을 정해 맡길 수 있지만 정기적으로 공유하는 것이 중요하다. 그것이 머니데이다.

둘째, 기본적으로는 재정적인 이슈를 중심으로 점검한다.

예를 들어 지난 1년 동안의 돈의 흐름을 살펴보면서 계획과 결과를 비교하고 평가하며 좀 더 바람직한 방향을 의논한다. 이때 월별로는 주로 소비지출 부분, 분기별로는 불규칙한 소득(성과급 등)이나 지출(휴가비 등), 그리고 연간으로는 투자성과 등을 기준으로 살펴보면 편리하다.

셋째, 재정에 영향을 미치는 비재정적인 이슈를 함께 점검한다.

예컨대 자기계발이나 다른 사람들과의 관계, 기혼자의 경우 자녀 양육과 교육문제 등이다.

넷째, 머니데이를 마치 시험지 채점하는 날로 생각하지 않는다.

인생의 어떤 분야든 마음먹은 대로 결과가 나오지 않는 경우가 많다. 특히 돈 관리는 우리의 기대치를 벗어날 가능성이 크므로 결과 때문에 자신을 너무 자책하거나 기혼자의 경우 상대방에게 책임을 떠넘기는 행위 혹은 지적질은 금물이다. 자칫 갈등으로 이어지면서 머니데이를 지속하기 힘들어진다. 따라서 현재의 사실을 공유하되 그것이 목적이 되어서는 안 된다. 오히려 삶에 지친 서로를 격려하고 응원하는 힐링타임으로 만들어보자. 그래서 그날은 맛난 식사도 하고 재밌는 영화도 보는 것이 좋다.

기혼자라면 부부가 함께 멋진 곳에서 데이트도 즐겨보자. 머니데이, 그날은 돈 쓰는 날이다. 다만, 판단과 평가가 필요한 부분은 제3자, 즉 전문가의 도움을 받는 것도 좋다.

마지막 다섯째, 기독교인의 머니데이는 또 다른 목적이 추가된다.

하나님과의 관계에서 돈에 대한 태도, 즉 자기 안의 여리고성이 얼마나 작아졌는지, 오히려 더 높이 솟아나지는 않았는지 점검해 본다. 하나님께서 약속하신 샬롬의 축복을 되새기면서 지난 1년 동안 최고의 감사 10개를 선정해 보면 샬롬을 더욱 구체적으로 느낄 수 있다. 물론 예수님의 친구를 사귀는 데 사용된 시간과 물질을 따져보고 그것을 계획과 비교하여 평가하는 것은 필수항목이다.

◆ ACTION PLAN

· 가장 최근의 머니데이가 어땠는지 기록해 보자.
  만약 머니데이가 없다면 지금 당장 첫 번째 머니데이를 정해 보자.

◆ MISSION TRAVEL ◆

일곱째 날
하나님의 결산

☐ 자기계발 체크리스트
☐ 머니데이 정하기

암송
이에 그가 그들을 자기 마음의 완전함으로 기르고
그의 손의 능숙함으로 그들을 지도하였도다
(시편 78:72)

여호와 이레!!!
맘몬의 성이 무너졌어요!!!

정복일   년   월   일

종합적용

월급쟁이 부자, 야곱의 성경적 재정관리

오늘 내가 외삼촌의 양 떼에 두루 다니며 그 양 중에 아롱진 것과 점 있는 것과 검은 것을 가려내며 또 염소 중에 점 있는 것과 아롱진 것을 가려내리니 이 같은 것이 내 품삯이 되리이다 (창세기 30:32)

야곱은 성경에 등장하는 인물 가운데 가장 대표적인 월급쟁이였다. 그는 형 에서를 두려워하여 요단강을 건너 지팡이 하나만 가지고 하란에 있는 외삼촌 라반의 집에 이르렀으나 다시 돌아올 때는 그의 재산이 "두 떼나 이룰"(창세기 32:10) 만큼 부자가 되었다.

야곱이 라반의 집에서 일한 처음 14년 동안 받은 품삯은 그의 아내 라헬과 레아, 그들의 시녀였던 빌하와 실바였다. 그런 다음 다시 6년을 일하는 동안 '아롱진 것과 점 있는 것과 검은 양 및 점 있는 것과 아롱진 염소'(창세기 30:32)를 품삯으로 받아 그것들로 "매우 번창하여 양 떼와 노비와 낙타와 나귀가 많은"(창세기 30:43) 부자가 될 수 있었다. 특히 그 기간 라반은 야곱의 품삯을 무려 10번씩이나 바꾸면서 그를 괴롭게 했다.

야곱이 그의 품삯만으로 부자가 된 과정에는 여리고에서 배우는 성경적 재정관리의 핵심내용이 그대로 담겨 있다. 또한 그것은 여리고성 전쟁의 승리공식들이 고스란히 적용된 사례일 뿐만 아니라 세상의 재테크에도 적용할 수 있다. 이제부터 월급쟁이 야곱을 부자로 만든 비결을 함께 나누어보자.

첫 번째는 하나님과의 관계, 분명한 지휘체계를 확립했다.

야곱은 형 에서를 속인 죄로 부모의 집을 떠나야 했다. 이것은 스스로 독립된 경제생활을 시작했다는 뜻이기도 하다. 그가 외삼촌이 살던 하란으로 가는 도중에 루스(벧엘)라는 곳에서 꿈에 나타난 하나님으로부터 축복을 받은 사건은 야곱이 하나님께로부터 받은 최초의 직접적인 축복이었다. 이에 야곱이 서원하여 하나님께 은혜를 구하면서 "내가 기둥으로 세운 이 돌이 하나님의 집이 될 것이요 하나님께서 내게 주신 모든 것에서 십분의 일을 내가 반드시 하나님께 드리겠나이다"(창세기 28:22) 하는 말로 하나님께 십일조를 약속했다.

이처럼 야곱이 부모의 그늘을 떠나 독립적인 인생을 시작하면서 가장 먼저 한 일은 하나님을 주인으로 고백하고 하나님께서 임명하여 주신 최고경영자의 지위를 기쁘게 받아들이는 것이었다.

우리도 세상과의 영적 전쟁을 준비할 때 가장 먼저 하나님과의 관계, 즉 지휘체계부터 확립해야 하며 이때 십일조로 상징되는 드리기는 주인이신 하나님의 소유권을 인정하는 것임과 동시에 하나님과의 관계를 확정 짓는 분명한 계약이다.

두 번째는 믿음이다.

외삼촌의 거듭된 말 바꾸기와 힘든 노동에도 불구하고 20년을 한결

같이 충성할 수 있었던 것은 그가 형 에서에 대한 두려움으로 도망치듯 밧단아람으로 가던 도중에 벧엘에서 꿈에 나타나신 하나님의 약속 때문이었다. 창세기 28장 14절에서 15절의 기록에는 하나님께서 지칠 대로 지친 야곱에게 "네 자손이 땅의 티끌같이 되어 땅의 모든 족속이 너와 네 자손으로 말미암아 복을 받을 것"이며 또한 "네가 어디로 가든지 너를 지키며 너를 이끌어 이 땅으로 돌아오게" 하고 "네게 허락한 것을 다 이루기까지 너를 떠나지 아니하리라"고 밝히고 있다. 야곱은 하나님의 약속을 굳게 믿고 그 터에 돌을 가져다 기둥을 세워 믿음의 증거로 삼았는데 그 결과 하나님의 약속대로 모든 것을 이룰 수 있었다.

세 번째는 분명한 계획과 목표였다.

사실 야곱의 14년 역시 그의 외삼촌 라반에게는 '조건'이었지만 야곱에게는 '목표'였다. 그에겐 사랑하는 라헬을 아내로 맞는 것만큼 중요한 목표는 없었다. 그래서 첫 7년을 인내할 수 있었을 뿐만 아니라 라반의 속임수에도 불구하고 다시 7년을 인내할 수 있었다. 그렇게 14년을 지내고 비로소 라헬을 아내로 맞아들이면서 더 많은 가족이 생겨났고 그들을 위해 돈을 모아야 했으며 또한 언젠가 고향으로 돌아가야 할 때를 위해서도 재산을 불려야 했다.

재테크에서도 돈을 모아야 하는 목표인 '재무목표'를 바탕으로 구체적인 계획이 중요하다. 그것이 결혼자금이나 주택구입, 여행자금일 수도 있고 자녀독립을 위한 지원자금이나 창업 또는 은퇴준비자금일 수도 있다. 그러한 재무목표가 얼마나 즐겁고 때론 절박하며 그리고 명확하냐에 따라 그때까지의 시간을 인내하는 태도가 달라진다. 야곱이

종합적용

정한 재무목표는 그 자신을 위한 목표(라헬을 아내로 맞이하는 것)와 가족을 위한 목표(마지막 6년)로 구분된다.

우리도 마찬가지다. 결혼이나 여행, 은퇴처럼 자기 자신을 위한 목표도 있지만 주택구입이나 가족여행, 자녀지원 등 가족을 위한 목표도 있다. 그런데 그동안 숱한 상담경험을 토대로 생각하면 가족 등 사랑하는 사람들을 위한 재무목표 달성도가 훨씬 높다는 것을 느낄 수 있었다. 그것을 우리는 '선한 책임'이라 생각한다. 야곱도 마찬가지였지만 사랑하는 사람을 위해 스스로 정하는 책임만큼 즐겁고 명확한 목표는 없다.

네 번째는 하나님의 성실이었다.

한 직장에서 20년을 근속한다는 것은 대단히 힘든 일이다. 그것도 고용인이 무려 10번씩이나 급여기준을 일방적으로 바꾸었다면 누구도 버텨낼 수 없었을 것이다. 야곱이 딱 그랬다. 그래서 야곱은 그를 추격해 온 외삼촌 라반에게 이렇게 따질 수 있었다.

> 내가 이와 같이 낮에는 더위와 밤에는 추위를 무릅쓰고 눈 붙일 겨를도 없이 지냈나이다. 내가 외삼촌의 집에 있는 이 이십 년 동안 외삼촌의 두 딸을 위하여 십사 년, 외삼촌의 양 떼를 위하여 육 년을 외삼촌에게 봉사하였거니와 외삼촌께서 내 품삯을 열 번이나 바꾸셨으며 (창세기 31:40-41)

그러나 야곱이 20년을 인내할 수 있었던 이유를 앞에서 함께 나눈 세 가지 비결만으로 설명하기엔 부족하다. 야곱이 보여준 성실함 정도라면 언제든 그 외삼촌을 떠나 다른 주인을 찾아갔어도 충분히 성공할 수 있었다고 생각되기 때문이다. 그런데 야곱은 20년 동안 외삼촌의 거짓에 맞서기보다 오히려 최선을 다해 순종했다.

세상을 사는 우리도 수많은 거짓과 맞닥뜨린다. 때론 직장과 사회에서, 심지어 교회에서조차 정직하지 못한 여러 가지 사건 앞에서 과연 어떻게 행동하는 것이 최선일지 갈등한다. 물론 크리스천에게 정직은 가장 기본적인 습관이며 태도이다. 그러나 다른 사람의 부정직에 대해 어떻게 대처하는 것이 좋을지에 관해서는 지혜가 필요하다. 이때 야곱의 행동은 많은 생각을 하게 한다.

외삼촌 라반의 부정직함으로 인한 피해자는 야곱 그 자신이다. 성경에는 야곱 외 다른 피해자에 대한 기록은 없다(아마 야곱처럼 탁월했던 종은 없었다고 생각된다). 만약 라반의 거짓으로 인한 다른 피해자가 있었다면 그때 야곱의 선택은 달라졌을 수도 있다. 예를 들어 애굽의 왕자였던 모세는 그의 민족이 애굽 사람들에게 봉변당하는 것을 참지 못해 살인을 저지르고 미디안 광야로 달아났지만 그로부터 40년이 지나 하나님께서 이스라엘 백성의 지도자로 삼아주셨다.

그러나 외삼촌 라반의 거짓으로 인한 피해자는 야곱뿐이었다. 이때 야곱의 선택기준은 그가 세운 목표가 아니었을까 생각된다. 즉, 야곱이 라반의 집에서 이루어야 하는 목표는 상상만 해도 즐겁고 명확했기 때문에 외삼촌 라반의 거듭된 거짓에도 불구하고 순종할 수 있었다.

성경에도 비록 여러 가지 해석을 낳긴 하지만 "너희가 만일 불의한 재물에도 충성하지 아니하면 누가 참된 것으로 너희에게 맡기겠느냐"(누가복음 16:11)는 말씀이 있다. 이 구절을 야곱의 행동에 적용해 보면 불의한 주인에게도 충성을 요구하신 하나님의 목적은 우리를 끝내 승리케 하기 위해서가 아닐까 생각된다.

종합적용

야곱도 불의한 외삼촌에게 마침내 승리한다. 또한 한때 도망자였던 모세도 이스라엘 민족의 지도자로 다시 돌아와 최종 승리자로 세우신 것을 생각하면 하나님께서는 거짓과 불의를 외면하거나 타협하기를 원하시는 것이 아니라 그것들에 지혜롭게 맞서 끝내 승리하기를 원하신다는 사실을 이해할 수 있다.

다섯 번째는 하나님의 '친절'을 기억했다.
야곱이 외삼촌 라반의 집에서 두 아내를 만나 13명의 자녀를 생산하고 마침내 부자가 되어 돌아올 수 있었던 것은 하나님께서 그 모든 것을 약속했기 때문이다. 그때 야곱은 기둥을 세우고 기름을 부어 기억했다.

> 야곱이 아침에 일찍이 일어나 베개로 삼았던 돌을 가져다가 기둥으로 세우고 그 위에 기름을 붓고 (창세기 28:18)

이처럼 우리가 하나님의 약속을 잊지 않고 항상 간직하면 세상과의 전쟁을 더욱 성실하게 준비하는 영적 에너지가 된다.

여섯 번째는 시간을 통한 변화였다.
어떤 계획이든 실행하지 않으면 이루어질 수 없다. 또한 그 실행이 '시간'을 통한 지속성을 유지해야만 원했던 결과를 얻을 수 있다. 야곱의 계획에 필요했던 최소한의 시간은 7년이었으며 그 7년이 두 번 반복되는 동안 그는 '가족'이란 울타리를 완성할 수 있었다.
이스라엘 백성도 그 견고한 성을 7일째 돌고 나서야 마침내 여리고성이 무너졌다. 또한 7일은 하나님께서 천지창조를 마친 다음 우리에게 안식을 명령한 날이기도 하다. 이외에도 성경에는 7 혹은 7의 배수를 기준으로 정한 원칙이 많다. 그래서 숫자 7은 기독교인에게는 '완전'을 의미한다.

물론 하나님께서는 여리고성을 단 하루 만에 무너뜨릴 수도 있었다. 그런데도 7일을 선택하신 것은 사랑이었다고 생각한다. 때론 우리도 자녀의 요구에 즉시 대응하기보다 필요하다고 생각하는 최소한의 기다림을 요구한다. 이처럼 시간을 인내하는 것은 사랑하는 자녀에게 꼭 필요한 훈련이기 때문이다.

재테크에서는 '시간'을 복리로 설명한다. 알다시피 복리란 원금에서 발생한 이자(수익)가 새로운 이자를 낳는 개념이다. 외삼촌 라반의 집에서 일했던 야곱의 마지막 6년은 본격적인 재산형성기였다. 처음 1년 동안 그의 품삯으로 주어진 '아롱진 것과 점 있는 것과 검은 양 및 점 있는 것과 아롱진 염소'는 얼마 되지 않았을 것이다. 그런데 그것들이 새끼를 치기 시작하면서 2년, 3년, 4년, 5년, 6년에 이르는 동안 크게 불어나면서 마침내 부자가 될 수 있었다. 처음 야곱의 소유가 된 염소와 양이 새끼를 치고 그 새끼들이 자라 다시 새끼를 치는 과정이 반복된 결과였다. 그런 원리를 사람들은 복리라 부르고 있다.

일곱 번째는 자족, 즉 지출관리였다.

야곱이 외삼촌 집에서 사는 동안 '숙식제공'이라는 특혜가 주어졌다. 야곱에 대하여 기록된 성경 어디에도 야곱이 그의 외삼촌 라반에게 집세나 음식값을 별도로 지급했다는 내용은 없다. 청년들이 결혼을 미루거나 포기하는 원인 가운데 큰 비중을 차지하는 것이 결혼 이후

종합적용

배우자와 자녀 등 가족이 함께 생활하는 데 필요한 생활비를 감당하기 힘들기 때문이다.

사람들은 대체로 '재테크=수익률'로 생각한다. 그러나 가장 확실한 재테크는 투자를 통해 얻는 이익보다 지출을 줄여 절약한 돈이다. 아무리 돈을 많이 벌어도 그 이상을 소비하면 아무 소용이 없다. 앞으로 한 달 동안 10%의 수익을 올리기는 어렵지만 지난달의 지출을 10% 줄이는 것은 마음만 먹으면 누구나 도전할 수 있다. 우리의 샬롬 역시 더 많은 돈이 아닌 자족에서 비롯된다.(빌립보서 4:11-12) 따라서 기독교인의 재정관리도 먼저 자족훈련을 통해 지출을 관리하는 습관에서 시작되어야 하며 그것은 가정에서 가르치고 훈련되는 것이 바람직하다.

자족을 방해하는 욕구로는 비교와 소유욕을 꼽을 수 있다. 실제로 다른 사람과의 비교나 타인의 시선에 민감한 사람일수록 지출이 많은 편이며 자주 사용하지 않는 물건을 소유하려는 욕구도 지출증가를 부채질하는 원인이다. 어떤 물건을 소유하면 소유비용이라는 고정비(ex. 자동차 세금, 보험료, 주차료, 감가상각비 등) 혹은 간접비(ex. 물건보관에 필요한 공간비용 등)가 발생하기 때문이다.

이처럼 야곱의 삶은 우리의 인생과 참 많이 닮았다. "험악한 세월을 보냈나이다"(창세기 47:9)는 그의 고백도 우리의 마음을 뭉클하게 한다. 그런데도 좋으신 주님께서는 야곱의 인생 끝날까지 함께하시면서 우리에게 샬롬의 구체적인 모습을 보여주셨다. 우리도 끝까지 함께하실 하나님의 약속을 믿고 모든 일을 오직 기도와 간구로 하면 반드시 이길 수밖에 없을 것이다.

그러나 성경적 재정원리로 부를 이룬 야곱을 통해 하나님께서 우리

에게 전하려는 결정적 메시지는 다른 어떤 것보다 '사랑'이라고 생각
한다.

> 자기는 그들 앞에서 나아가되 몸을 일곱 번 땅에 굽히며 그의 형 에서에
> 게 가까이 가니 에서가 달려와서 그를 맞이하여 안고 목을 어긋맞추어 그
> 와 입맞추고 서로 우니라 (창세기 33:3-4)

야곱은 그의 형 에서와 극도로 불화한 끝에 외삼촌이 있는 하란으
로 쫓기듯 도망쳐야 했다. 그렇게 20년이 지나 다시 돌아오는 야곱의
귀국 과정을 기록한 성경은 형 에서와의 화해를 위한 야곱의 노심초사
와 지혜로 채워져 있다. 비록 빈털터리로 도망쳤지만 지금은 엄청난 부
자가 되었다고 거만해하거나 더 많은 병사를 고용하여 형과의 싸움을
준비한 것이 아니라 '몸을 일곱 번 땅에 굽히며' 그의 형 에서에게 가
까이 나아갔고 마침내 '서로 안고 입맞추며 울었다.' 야곱과 에서가 오
랫동안의 갈등과 반목에서 해방되어 마침내 사랑을 회복하는 감동적
인 장면이다.
이처럼 하나님은 우리에게 부요가 왜 필요한지, 어디에, 어떻게 써야
할지를 분명하게 말씀하신다. 《여리고에서 배우는 성경적 재정관리》의
결말이 '사랑'일 수밖에 없는 이유다.

종합적용

Life As JBFS

유불리가 아닌 다름

우리가 하나님과의 화목으로 삶의 모든 영역에서 탁월함을 원한다면 세상이 아닌 하나님의 방법으로 세상의 것을 지배할 수 있어야 합니다. 그렇지만 하나님의 방법은 세상의 방법보다 유리 혹은 불리를 따지는 것이 아니라 완전히 다른 삶의 방식이라고 생각합니다.

DOING in BEING

기독교인이 아니라도 착하게 살면 되지 않느냐는 사람, 정의롭게 살면 되지 않느냐는 사람들은 행위(Doing) 중심의 가치관을 따라 삽니다. 그러나 존재(Being)에 대한 인식 없는 행위 중심의 삶은 그 뿌리와 기반이 약하여 당장의 형편에 따라 행위가 달라질 수 있습니다. 그것은 마치 대단한 영웅들이 할거했지만 존재에 대한 인식 없이 '자기 소견에 옳은 대로' 행했던 사사기 시대의 방황을 연상케 합니다. 《여리고에서 배우는 성경적 재정관리》의 1편 '믿음 - 무엇을 믿을까?'에서처럼 존재에 대한 인식이 가장 중요하다고 생각하는 이유입니다.

내 안에 거하라 나도 너희 안에 거하리라 가지가 포도나무에 붙어 있지 아

EPILOGUE

니하면 스스로 열매를 맺을 수 없음 같이 너희도 내 안에 있지 아니하면 그 러하리라 나는 포도나무요 너희는 가지라 그가 내 안에, 내가 그 안에 거하면 사람이 열매를 많이 맺나니 나를 떠나서는 너희가 아무것도 할 수 없음이라 사람이 내 안에 거하지 아니하면 가지처럼 밖에 버려져 마르나니 사람들이 그것을 모아다가 불에 던져 사르느니라 (요한복음 15:4-6)

BEING
나는 하나님의 사람, 드리기, 샬롬,
사명자의 의무, 때, 하나님의 친절, 결산

따라서 우리는 주님의 몸에서 뻗어 나온 가지라는 존재의 인식 안에 서 합당한 행위, 즉 2편, '실행 - 어떻게 돌까?'를 적용해야 합니다. 그 결과 우리는 이 세대의 아들들보다 더 많은 열매를 맺을 수 있지만, 그렇지 않으면 자칫 밖에 버려져 불에 던져지는 무의미한 삶으로 전락하기 때문입니다.

DOING
자족, 준비(정탐꾼), 성실,
인내, 협력, 욕망관리, 정직, 감사

그런데도 우리는 때때로 존재에 대한 인식이 흐릿해집니다. 그 결과 하나님이 아닌 세상과의 화목을 위해 하나님께서 공급하여 주신 우리의 귀한 재정을 남용하는 것도 모자라 빚의 노예가 되기도 합니다. 예컨대 서로 다른 은사를 발견하고 계발하기에 힘쓰기보다 세상이 원하는 스펙을 위한 비교와 경쟁에 떠밀려 지출하는 과다한 사교육비가 우리의 재정을 짓누르고 하나님의 자녀들을 괴롭게 하고 있습니다. 3편, '경계 - 무너질까 조심하라!'가 중요한 이유입니다.

> 우리가 한 몸에 많은 지체를 가졌으나 모든 지체가 같은 기능을 가진 것이 아니니 이와 같이 우리 많은 사람이 그리스도 안에서 한 몸이 되어 서로 지체가 되었느니라 (로마서 12:4-5)

하나님은 우리에게 돈과 소유에 관해 수없이 많은 말씀을 들려주셨지만 그것이 세상의 재테크 노하우는 아닙니다. 하나님의 자녀, 포도나무의 가지로서 삶에 대한 우리의 태도와 방식이 세상 사람들과 온전히 달라질 때 우리의 재정 또한 샬롬을 회복하고 하나님의 영광을 덧입어 삶의 모든 영역에서 탁월해질 수 있습니다. 그것이 맘몬의 여리고성을 무너뜨리는 우리의 병기입니다.

따라서 맘몬의 여리고성을 단지 재정에만 국한하여 생각하지 않았으면 좋겠습니다. 그것은 삶의 태도와 방식에 대한 문제이며 성경적 재정관의 본질이 돈이 아닌 하나님과의 화목인 이유인 것과 같습니다. 그럴때 돈과 소유에 관한 하나님의 말씀, 즉 성경적 재정원리를 현실의 삶에 제대로 적용할 수 있습니다. 또한 우리에게 맡겨주신 하나님의 자녀들을 하나님의 일꾼으로 양육해야 할 책임을 맡은 부모가 먼저 성경적 재정관리의 본을 보이는 것이 중요합니다.

'Life As JBFS',

지금까지 함께 나눈《여리고에서 배우는 성경적 재정관리》가 우리의 일상에 온전히 스며들어 "생활비도 부족한데 십일조는 꼭 해야 하나요?", "크리스천으로 산다는 것이 너무 힘들어요…" 탄식하는 대신 삶의 모든 영역에서 탁월함을 회복하여 우리 앞의 여리고성을 무너뜨리는 하나님의 방법을 이해하고 적용하는 데 조금이라도 도움이 되기를 소망합니다.

지금까지처럼
앞으로도 우리,
샬롬합시다~!

이 책을 읽기 전에 기독교인으로서 품었던 돈에 대한 의문과 해결하기를 원했던 문제가 어느 정도 해소되었는지 편안하게 적어 보자.

1. _____

2. _____

3. _____

4. _____

5. _____

여리고에서 배우는

성경적 재정관리

초판 1쇄 발행	2017년 2월 1일
개정판 1쇄(4쇄) 발행	2019년 3월 19일
개정2판 1쇄(5쇄) 발행	2024년 10월 1일
지은이	여리고성경적재정교육(JBFS)
	김광주, 김의수
책임편집	김민아
디자인	미래출판기획
제작	(주)한국학술정보
펴낸곳	(주)솔로몬박스
출판등록	제2019-000049호
주소	서울 강남구 영동대로 85길 28 성원타워1 5층
전화	02-6954-0157
팩스	0505-504-0153
이메일	jbfslife@gmail.com
ISBN	979-11-966256-8-9 (03320)

www.jbfs.kr